汉字发展史纲要

刘又辛　方有国　著

西南師範大學出版社
国家一级出版社　全国百佳图书出版单位

图书在版编目(CIP)数据

汉字发展史纲要 / 刘又辛，方有国著. — 重庆 ：西南师范大学出版社，2020.1
ISBN 978-7-5621-9761-4

Ⅰ. ①汉… Ⅱ. ①刘… ②方… Ⅲ. ①汉字—汉语史 Ⅳ. ①H12

中国版本图书馆 CIP 数据核字(2019)第 074337 号

汉字发展史纲要
HANZI FAZHAN SHI GANGYAO

刘又辛　方有国　著

责任编辑:李晓瑞
责任校对:程　晋
装帧设计:观止堂_未　氓
排　　版:重庆大雅数码印刷有限公司·夏　洁
出版发行:西南师范大学出版社
地址:重庆市北碚区天生路 2 号
网址:http://www.xscbs.com
邮编:400715　电话:023-68253705
印 刷 者:重庆康豪彩印有限公司
幅面尺寸:170mm×240mm
印　　张:17.75
字　　数:326 千字
版　　次:2020 年 3 月　第 1 版
印　　次:2020 年 3 月　第 1 次印刷
书　　号:ISBN 978-7-5621-9761-4
定　　价:78.00 元

学术记忆与学科发展

——西南大学文学院“雨僧文库”序

西南大学文学院“雨僧文库”丛书即将出版了，这是一件令人非常高兴的事。为它写上几句话也让我从心底里生出一种特殊的感怀。岁月的流逝总会让人忘却许多往事，而有些记忆无论经过多少岁月，却总是很难消失，因为它已经成为人们前行道路上的重要标记。一个人的成长如此，一个学科的发展和一个学院的建设也是这样。

西南大学文学院的前身为1940年建立的国立女子师范学院国文系和1942年建立的四川省立教育学院的国文系，1950年合并为西南师范学院中文系，2003年更名为西南师范大学文学院。中国的大学包括学科的建立及发展的时间并不长，拥有近80年的学科历史也就算比较久远的了。所以，在介绍时说它历史悠久，此言不虚也。一大批名家先贤先后汇聚于此，探研学术，传承文脉。1949年前，有胡小石、吴宓、高亨、商承祚、唐圭璋、台静农、罗根泽、詹锳、李何林、魏建功、李霁野、赖以庄、吴则虞等在这里潜心治学，为科学研究建立了严谨求实的学术传统。1949年后，亦有吴宓、高亨、赖以庄、钟稚琚、郑思虞、何剑薰、徐德庵、杨欣安、魏兴南、曹慕樊、徐无闻、李景白、谭优学、李运益、刘又辛、荀运昌等学者继续在此传道授业，筚路蓝缕，为学院的发展奠定了坚实的基础。今天的文学院设有中文系、影视艺术系、汉语国际教育系；拥有中国语言文学一级学科博士学位授权点，戏剧与影视学一级学科硕士学位授权点，美学二级学科博士学位授权点；建有中国语言文学博士后科研流动站。其中国语言文学为重庆市重点学科。

我相信一个学科的历史和发展总是由一代又一代学者创造的成果累积而成的。为了坚守学术精神，保存学术记忆，发扬学术传统，学院积极筹划了这套“雨僧文库”。我们选取了文学院前辈学者的代表性成果，主要有曹慕樊先生的《庄子新义》，谭优学先生的《唐诗人行年考》，徐无闻先生的《徐无闻批注〈唐人万首绝句选〉》，荀运昌先生的《诗词及楹联写作》，熊宪光先生的《亦说文稿》，徐洪火先生的《中国古代戏曲史纲》；刘又辛先生和方有国教授合著的《汉字发展史纲要》，杨欣安先生的《杨欣安现代汉语论集》，翟时雨先生的《语言漫议》；苏鸿昌先生的《大旨谈情：苏鸿昌文艺美学文集》，曹廷华先生的《文艺美学论稿》；苏光文先生的《新文学：新观念新文本新交流》和胡润森先生的《胡润森论戏剧》等13册。如做一个简单划分的话，它们可分为古代文学及文献学、汉语言文字及语言应用、文艺学及美学，以及中国现当代文学等学科板块和知识领域。这些论著的选择不拘形式，有的是旧作再版，有的是论著新编，有的是学者选集。这些前辈学者和他们的论著都曾在学科和学术史上产生了重要影响，也代表或者说体现了西南大学文学院中国语言文学学科的历史特点和学术优势。有点儿小遗憾的是，名为“雨僧文库”，却没有编入吴宓先生的著述，只有等待以后再来弥补了。

西南大学文学院高度重视人才培养和学科建设，长期坚持以人才培养为根本，以学科发展为龙头，以科学研究为中心，以队伍建设为支撑，以社会服务与文化创新为动力的学院发展之路。就学术研究和学科建设而言，坚持有所为有所不为，不好高骛远，不追逐时尚，把人才培养和学术研究工作落到实处，做向深处，不搞花架子，紧紧抓住人才队伍、学术成果和学术环境等条件要素，去做学科建设。搞学科建设，首先要有人，其次要做事，另外还要有做事的环境和心情。有人就是要有从事教学科研的人，做事就是做教学科研之事。大学教师不仅要从事教学工作，还要积极开展科学研究。教学科研形式不同，目标相近，都是为了人才培养，它们会有偏重，但不应分彼此。学科建设亦非一朝一夕之事，要一步一个脚印，守正笃实，久久为功，还要有“功成不必在我”的心态和境界。在学术建设和学科发展的链条上，历史总是一环扣一环，后来者不应忘记前行者的坚实步履。学术研究是个人的人生事业，学科建设也是学院的名山工程。对个人而言，学术研究要有兴趣，更要有理想、有毅力。过去的学术氛围和学术环境不同于当下，不像今天这样，从学校到学院都在一个劲儿地鼓噪。他们为什么对学问有兴趣？为什么那么执着？为什么做？怎么做？做得怎么样？他们肯定是有思考的。我想，从这些论著里，我们既可学习到一些做学问的方法，悟出一点儿做学问的门径来，也能感受到他们严谨认真的学术道德和高贵豁达的学术精神。今天的学术环境虽然变化了，做学问的条件和成效也不一样了，但高远的学术理想和执着的学术精神还是应该继承下来，坚守得住，才能发扬光大。

这套前辈学者成果的出版应是西南大学文学院学科建设的大喜事。近年来，我们连续筹划了“博导文库”和“中青年学者文库”，正在筹划“学科及学术专题文库”。“雨僧文库”主要是前辈学者文库，它是西南大学文学院历史发展中的学术积淀和学科基因，它的出版，有助于学院的学术传承，也让学院的学术史更加清晰明朗，学科发展更有底气。在此，我要特别感谢这些前辈学者的家人及弟子们的大力支持，感谢学院相近学科同仁们的积极参与，有了他们的理解和参与，这项工作才得以顺利而圆满地完成。也要感谢西南师范大学出版社吕杭女士的辛勤劳动。

就此说上几句，既表达对“雨僧文库”出版的祝贺，也有对学院学科建设的希冀。

王本朝

2020年1月

序

马学良

汉字功过，中外学人论者多矣。论功者认为，汉字是中国几千年文化的载体，不但功在本国，而且有功于东方一些国家采用汉字或借用汉字的造字法自己造字，表示自己的民族语言，因而，对东方文化发展也是功不可没的。然而，它失之于呆板的方块字，不像西方拼音文字流线式的优美；它的最大过失是妨碍了文化的发展，不能国际化，不能登世界文明之堂。看来，汉字是要退出历史舞台，让位于拉丁化的拼音文字了。如此评说，汉字是过大于功的。

评论事物功过，不能只从表面现象去看，更不能攻其一点不及其余，应透过表面现象对本质做深入细致的分析，才会得出公正的评价。

近读西南师范大学（今西南大学）刘又辛教授和方有国副教授合著的《汉字发展史纲要》一书，该书对汉字的源流演变做了实质性的分析研究，把汉字发展的历史划分为三个阶段：(1)图画文字阶段，(2)以表形文字为基础，以表音文字为主体的表音文字阶段，(3)以形声字为主体，还保留了一些表形和表音的形音文字阶段。这改变了前人传统的划分法，即以字体的变化为标准，划为大篆、小篆、隶书、楷书四个阶段，或者把甲骨文字另算一个阶段。作者认为字体的变化并不是文字本质的变化，不能说明汉字的历史发展规律。

我们知道语言是人类最重要的交际工具，而文字是记录语言的符号系统，语言是随着社会的发展而发展的，因而文字也必然随着语言的发展而发展。中外文字历史表明，文字大都是在从实物记事发展到图画记事的过程中产生的，一般认为这是表形文字。文字必须同一定的语言单位发生固定的联系，而图像仅仅能解释整个的图像意义，不能分解为个别的词语，每个图形不能代表语言里一定的词语，只能算是文字萌芽的半文字阶段。文字学大师沈兼士先生名之曰“文字画”是确切的，到了象形文字才使每个图形代表语言里一定的词语。

随着社会经济文化的发展，庶业其繁，简单的图画文字已不能满足社会的需要，文字向表意表音方面发展，最终走向表音的道路，这是世界文字发展的一般规律。这一发展规律，中西文字概莫能外。但如何发展到拼音文字，各种文字有各自发展的内部规律。我们研究汉字的变化，主要是寻找它的内部发展规律，字体的变化并不是文字的本质变化，不能说明汉字的历史发展规律。如本书作者所说："只有文字构造方法的变化，文字构造类别数量变化，才能说明汉字的本质变化。"从世界各国文字发展史来看，以假借字为主的表音文字阶段，是所有古文字都经过的阶段，如埃及古文字、苏美尔文字，都同甲骨文属于同一发展阶段。

不过其他古文字都在表音文字道路上继续发展，后来变成了音节文字或字母文字，只有汉字没有沿着这个道路发展，而是向兼表形音的形声字方向发展，形成了独特的汉字体系。因此形声字在汉代以后大量增加，如《说文解字》中的形声字竟增加到80%以上。这种数量上的巨大变化，就是先秦文字和汉代以后文字的根本区别。这种变化是本质性的变化。

文字是记录语言的书面符号，无论哪一种发展成熟的文字，都是那个民族根据自己的条件创造发展而成的。现在世界上比较通行的文字，绝大多数都是表音文字，完全抛弃了"形"，用几十个字母记录词语的语音，只有汉字是兼表音和形的形声字。

表音文字和汉字这两类文字体系，各有优缺点。本书作者认为，汉字属于有理性的文字，拼音文字是无理性文字。汉字形声字是以形符表事物的类，以声符表音。如"江""河"二字，因江河都属水类，形符用水（氵）；"工""可"两个声符分别表示两字的读音，使人一望而知其类，一读而知其音，形（类）音结合，很容易同它记录的词联系起来。这类望文生义、有理性的形声字，较之只靠强记硬背字母的无理性的拼音文字有很大的优越性，容易继承中国的古代文化遗产，而且是团结七个大方言区人民的书面语言的交际工具。

感谢作者让我成为这部书的第一个读者。上述的几点，算是我读这部书的心得，或可起到一点导读的作用。总之，《汉字发展史纲要》是一部超越前贤的新著，新在突破了以汉字字体变化为标准划分四个发展阶段的传统划分法。如上所说，作者认为，字体的变化并不是文字本质的变化，只有文字构造方法的变化，文字构造类别的数量变化，才能说明汉字的本质变化。这种变化规律得来不易，作者自言："这个设想是在四十多年前初步形成的，那时只是一个大胆的假设，后来根据这个设想考察了古今汉字的大量材料，反复验证，证明这个设想基本符合汉字发展的历史事实。”没有反复思考、锲而不舍的治学精神是难以得出如此科学的结论的。不仅如此，书中确用古今文字的大量材料，从商代甲骨文、周秦文字、汉代文字以及魏晋以后文字的发展出发，对文字形体变化和文字构造方法、构造类别变化加以比较研究，博采众议，抒发己见。最可贵者，书中除用古今文字做比较外，还应用比较文字学的方法，用甲骨文与纳西象形文字比较。因为“在现代文字中，纳西文字是唯一的一种从图画文字逐渐发展成纯表音文字的文字体系，在几百年的时间内，经历了文字发展的几乎所有的重要历程，这简直是个奇迹”。这个文字“奇迹”，很早就引起了作者对纳西文字研究的兴趣，作者发表了很多有启发性的研究成果，他从中看到纳西图画文字过渡到纳西的表音哥巴文字，向音节文字发展的演变历程。他用纳西象形文字同甲骨文比较，据以推测比甲骨文更早的商代初期和夏代文字的面貌。

近半个多世纪以来，由于汉藏语系语言的调查研究，很多资料对汉语史的研究很有启发，已引起中外治汉语史的学者注意并参考汉藏语系亲属语言研究汉语上古音。如李方桂先生屡次在《上古音研究》中提到：“汉语与别的汉藏语系的语言的比较研究，这是将来发展汉语上古音系的一条大路。”王力先生20世纪50年代在他的《汉语史稿》中就强调：“在汉语史的研究中应用历史比较法，就是对汉藏语系诸语言做比较研究，那样做是大大有利于上古汉语的研究的。”两位语言学大师很早就提出汉语应与汉藏语系语言做比较研究。

历史比较语言学起步早，19世纪在欧洲已对印欧语进行比较，建立起印欧语系。我国对汉藏语系语言也在做历史比较研究。文字是代表语言的符号系统，汉语文字学就是研究古汉语演变的一条途径，对历史比较语言学有更大的参考价值。我国比较文字学起步较晚，为建立汉藏语系，应加强比较文字学的研究。汉字比较应收集国内外汉字型文字，仅国内少数民族汉字型文字就有30种。我们有如此丰富的文字遗产，正是文字比较的珍贵资料。当然，文字比较跟语言历史比较不一样，首先要有正确的文字比较的方法论。作者在本书中对甲骨文与纳西文字的比较研究，已做出古汉字与其他文字比较的示范。我们应当扩大视野，把全部汉字型文字作为一个整体进行比较研究，从中找出这类文字的发展规律，结合汉字的实际，提出汉字改革的意见。当前比较文字学的目的是改革汉字，以利于汉字教学，发展文化教育。在实践考验中，对汉字功过做出公正的结论。

进行比较文字学研究需要有古今文字学殷实的根底，广博精深的知识。又辛教授青年时代在北京大学中文系师从沈兼士、罗常培、唐兰先生，研习古文字学和训诂学、声韵学。半个多世纪以来，他博览群书，专精研究文字训诂学，每一著述多为前人所未发之精论。这部《汉字发展史纲要》是刘又辛教授多年对汉字研究的成果，该书不但理清了古今汉字的本质与发展规律，而且根据汉字发展的必然趋势，提出汉字改革的方向和汉字教学等一系列的重要问题，是一部研究汉字史和文字改革的务实的论著。

1997年2月25日写于
中央民族大学素园书屋

自序

这本书终于写成，算是了却了五六十年来的一点心愿。

这个心愿，还得从六十多年前说起。1934年，我考入北京大学中文系，开始学习语言文字学。那一年，罗常培先生、沈兼士先生、唐兰先生、魏建功先生等分任语音学、中国文字学、古文字学导论等语言专业课。在他们的影响下，我决定沿着他们做学问的路子走下去，希望在这一领域有所贡献。

最初，我想学音韵学。罗先生那时正在译注高本汉的《中国音韵学研究》，他的《厦门音系》《临川音系》以及《中国音韵学导论》等经典著作都已出版。他把欧洲学者研究印欧语系语言学的历史比较法应用在汉语音韵史的研究中，在高本汉开创的路子上继续前进；他和赵元任、李方桂两位先生成为这一领域的三位大师，使音韵学研究进入一个全新的阶段，同当时中国文字学、训诂学、语法学等姊妹学科前进迟缓的状况形成鲜明的对比。罗先生又很会讲课，他渊博的学识，先进的治学方法，再加上深入浅出、妙语连珠的讲课艺术，让学生们听了无不感到如沐春风，是一种最高的享受。我在读高中时，也曾翻阅过几本清代人的音韵学著作，但如同读天书一般；听了罗先生的课，有恍然大悟、茅塞顿开之感。我在大学时所写的几篇小论文，有两篇就是调查方音的。

但是，我对文字学却有更大的兴趣。我在读高中时，曾经听过陆宗达先生讲授的文字学课（那时北平市立一中的高中分文、理班），那是我第一次知道一点文字学的知识。在北大，听沈兼士先生反复讲述关于“文字画”的观点，觉得非常新鲜。听唐兰先生的“三书说”，觉得比旧时的“六书”高明得多。但是，在拳拳服膺之余，却产生了一连串的疑问：

兼士先生把汉字发展史分成四级，即：

一、文字画。

二、象形文字。

三、表义字。

四、表音字。

他说:“中国文字之创造和变迁……最初是用形象来表示,进而用意义表示,更进而用声音来表示……可惜到了半音符阶级,却走错(上)了歧路,遂致终于不能完全脱离意符的束缚而造成一种有规律的字母文字。”[①]兼士先生的四级(阶段)论,是第一次从历史发展角度来研究汉字发展史的论述。这个论述给我最深的印象是关于文字画的设想,但对他把“象形字”和“表义字”分属两个阶段,以及关于“表音字”的说明却觉得不足。

唐兰先生的“三书说”,使我感到耳目一新,觉得比许慎讲解的“六书”要简明得多。但是,他分“象形”“象意”为二,且把“假借”排除在外,也引起我的怀疑。

两位先生的启发和因此而引发的疑问,成为我立志要解决这一课题的动力。这个课题一直放在我心里。经过多年的反复思考和学习,我认为,要研究汉字发展的历史,必须用历史比较的方法,才能在前辈研究的基础上有所创新。中国音韵学到了高本汉、赵元任、罗常培、李方桂几位先生手里就面目一新,进入了一个新阶段,主要原因是研究方法的创新。他们用欧洲的语音学做工具,用历史比较法观察汉语音韵的演变;在资料方面,又扩大到全国各地方言和历代的对音材料。我多年探索的道路,就是把历史比较法应用在文字历史的研究方面。根据这个设想,1955年我写出《从汉字演变的历史看文字改革》一文,趁在京参加现代汉语规范会议之便,向几位先生请教。1957年该文在《中国语文》上发表。在这篇文章中,我第一次提出汉字发展历史三阶段的假说。这个论点引发了几位朋友的兴趣,可惜因为当时的“反右”运动扼杀了一切正常的学术活动,讨论也只得中止。一直到1978年十一届三中全会以后,我参加了《汉语大字典》的编撰工作,这项研究才又重新开始。我提出的三阶段论,第一阶段(表形文字)和第三阶段(形声字)是多数文字学家都容易接受的,但第二阶段——假借字阶段,则需要做出深入的阐述。于是我写出了《通假概说》一书,实际上是对三阶段说的第一次较深入的检验和论证。我虽然从1992年才开始下笔写《汉字发展史纲要》这部书,但从1955年算起,这本小书的撰写时间应该说是四十多年。这是我想说的第一点。

其次,学术界很讲究师承,这一点我承认。这部小书,如果没有几位先师的

①沈兼士:《沈兼士学术论文集》,中华书局1986年版,第30页。

引导,是写不出来的。但讲师承并不是谨守师说,而且也不是只守某一位老师的说法。我对于好多位老师,往往是择善而从。凡是对我的研究有益的议论,虽片言只字,也常常受到启发,加以吸取;反之,即使对于十分尊敬的老师,也往往对其某些论点持存疑的态度。这就是古人说的"温故而知新"的态度。一门学问,前人研究的成果叫"故",通过老师的引导好好掌握这些"故",就有了做学问的基础和出发点。但这只是一个方面。另一方面,是要"知新"。人类的知识在不断创新。一门学问如果老是停留在一个水平上,不发展,不创新,这门学问就僵化了。一个人如果只能温故,不能创新,这人的学问也就到此为止了。反之,不温故而只想创新,不肯读书,不肯下苦功夫研究问题,只凭一点小聪明,妄想出人头地,一鸣惊人,往往聪明反被聪明误,对于学术的发展,对于自己,都没有好处。我自知属于愚笨一类的人,只好老老实实学习,老老实实思考问题。眼前的这点成果实在微不足道,只能说是温故而稍稍知新。这点"新"得来不易,是否能站得住,也还需要今后的检验,希望得到认真的批评和指教。

第三,把历史比较法应用在文字演变这个领域,同语言研究不一样。语言的比较,主要是在亲属语言间比较,借以发现语音、语法、词义等方面的发展变化。文字的比较,就不能这么做。同属于汉藏语系的藏文、彝文、纳西文,分属于不同的文字体系。纳西象形文字和纳西音字也分属于两种文字体系。古埃及文字、苏美尔文字同中国的甲骨文虽然语系不同,文字的性质却极相近。因此,比较文字学的研究方法要另辟蹊径。我们用三种方法进行比较:一是用纳西象形文字同甲骨文做构形方法的比较,用以推测甲骨文以前的原始汉字情况,又从二者形声字的异同说明汉字向形声字方向发展的趋势。二是用甲骨文、金文中三类文字(表形字、假借字、形声字)同秦汉文字做比较,用统计法说明三类文字的重大比例变化,当作划分古今汉字两个阶段的标准。三是用汉字体系同拼音文字体系的文字比较,重新拟定人类文字发展历史的框架,用以说明汉字的历史地位。这种做法如果可行,可以进一步建立历史比较文字学这样一个学科。这样就有助于研究某些尚未认知的早期文字体系,对于某些使用双体系文字的日文、韩文等,也可以加以理论和历史的解释,希望有志于此道的同行朋友能在这方面做些探索。

第四,我对汉字研究的兴趣,最根本的原因还是我对我国五千年传统文化怀有崇敬爱护的拳拳之心。汉字是中国传统文化的一部分,又是整个传统文化以及当代中国文化的载体。"五四"时期,一些教育家和先进人物,从人民教育的角度否定汉字,一些欧美学者,从欧洲中心主义的观点出发也说汉字落后。这二者出发点完全不同，但在歧视汉字这一点上却合而为一，因而得出汉字必须改为拼音文字这一结论。这种议论在我脑子里一直打着一个很大的问号。难道真是这样吗？难道创造了五千年灿烂文化的中国人，竟然在文字创造这个重要的文化领域表现得如此笨拙吗？五六十年来，我一直在探索正确的答案。近年来，一些心理学家、教育学家、医学家、计算机工作者，从不同的方面证明了汉字的优越性，但还需要从理论上，从历史发展的角度，对汉字的发展和性质做出科学的阐述。这本小书就是一份答卷，一份尚待验证的答卷。从整个汉字史来看，历代的统治者都对文字的改革与否非常关心。不过这些人为的改革，有的成功，有的失败；有的其影响延及千百年，有的热闹一时，旋兴旋灭。例如，秦代李斯的"书同文字"政策，废除六国文字中与秦文字相异的文字（异体字），上承西周文字，下开汉代文字的发展趋向，是一项大规模的汉字规范化措施，奠定了汉字体系的基础。这是政府利用其权威进行文字整顿的典型例证。因为李斯规定的政策，符合汉字发展规律，所以在秦代是成功的。甚至在秦王朝灭亡以后，其文字政策的继续推行并没有受到损害。但也有不少相反的例子，如战国时期六国文字中最具地方特点的楚国文字，随着楚国的灭亡而失去了它的特点。南北朝时期出现了在各朝政府支持下乱造新字的风习，唐代武则天也造过一些新字，但是这些新字大都随着政权的更替而消亡，原因是这些新字不符合汉字发展的自身规律。这是一个重要的历史启示：政府可以凭借其权威对文字加以整顿或改革，但是文字的整顿、改革必须符合文字自身的演变规律，否则，这种改革就不能持久。1955年国家成立了文字改革委员会，当时有些人要求推行汉语拼音文字，废除汉字，但是政府没有采纳。周恩来总理在全国文字改革大会上宣布了简化汉字、推广普通话和推行拼音方案以辅助汉字这三大任务的语言文字政策，这实在是非常英明的重要决策。至于在简化字中有些脱离汉字本身规律的成分，将来通过认真的研究，在适当的时机加以解决，也是可以预见的。我写这本小书的动机之一，也是希望这些历史经验和教训有助于今后这方面的工作。

方有国从1995年开始参加这部书的撰写。他在读研究生时，我让他跟林序达教授学习古汉语语法。那些年，我常带他们参加少数民族语言的学术会议，有意让他们从汉藏语系亲属语言的比较中建立上古汉语研究的新体系。毕业后，他写过好多篇关于古汉语虚词发展的论文，喜得小成。为了让他熟习甲骨卜辞和两周金器铭文的语法，我让他参加这本书的撰写，把本书第八、九两章的撰写任务交给他。这样既可分担我的工作，又有助于他利用这些资料研究上古汉语语法,以弥补古籍材料的不足。另外,他还对全书进行了校读,纠正了好多引文的错漏和笔误;有些问题,我们也反复讨论过多次。

马学良教授为本书作序,是让我最高兴的事。回想六十多年前在北京大学读书时,我们两人同在语言文字组学习,他是我心目中最敬佩的同班同学。他当时撰写的关于文字训诂的文章,很得沈兼士先生的赏识。后来他在李方桂先生指导下,从事彝语、彝文研究,成为国内外著名的语言学家。晚年虽无暇继续文字训诂之学,但由于他在汉藏语方面的巨大成就,站得高,看得远,因而对汉字发展的问题,说得极为中肯。他指出的继续研究比较文字的路子,希望乐于此道的青年学者能够继续走下去。

最后还要感谢西南师范大学出版社原社长陈锡礼先生,为此书的出版费心,才能使这本书早日面世。

这部书是国家社会科学基金资助的项目。因为有了一点资助,这部书才得以完稿。我们怀着惴惴不安的心情交了这份答卷,希望我们没有白白耗费了人民的这点宝贵资金。

刘又辛

一九九七年七月一日香港回归日记,

时年八十四岁又半岁

A Brief introduction to *An Outline of the History of the Development of the Chinese Characters*

This is a book on the history of the development of the Chinese characters.

Many books about the history of the Chinese characters have been published. Among them some have discussed the topic in detail and some in roughness. Though they are different, they all regard the change of the scripts of the Chinese characters, from the inscriptions on bones or tortoise shells to the inscriptions on ancient bronze objects, the lesser seal characters, the official scripts, and to the regular scripts... as the standard for dividing the stages of the development of the Chinese characters. There were only Mr. Shen Jianshi and Mr. Tang Lan who intended to start a new way in their research different from the traditional ones. But they did not have finished a complete work.

Forty years ago the author of this book using the comparative approach of philology sketched the framework of the three stages of the development of the Chinese characters. After dozens of years' repeated explorations and examinations, the author finally has finished this book. The author has made use of, and absorbed, the experiences and lessons of the older generation from the angle of the development of the written languages in the world, and compared the Chinese characters with different written languages, thus a unique way of the development of the Chinese characters has been discovered. Henceforth, a scientific criterion for the position and assessment of the Chinese character is established.

The author of this book has expressed his new views of some important problems in the following:

1. The three stages of the development of the Chinese characters has been advanced. From the Chinese characters' coming into being to the early period of the

Shang Dynasty, Chinese characters are mainly pictographic characters in the period from the Shang Dynasty to the time when the First Emperor of Qin unified China, phonetic loan characters were mainly used with the pictographic characters as the basis; and from the Qin and Han Dynasties till today, the pictophonetic characters have formed the main part of the Chinese characters. This is the thread of the whole book.

2. Comparing the characters of the Naxi (Nahsi) nationality with the inscriptions on bones or tortoise shells of the Shang Dynasty, we may work out the features of the Chinese characters before the inscriptions on bones or tortoise shells of the Shang Dynasty. (The same result may also be obtained by comparing the ancient Greek and the ancient Sumerian with the ancient Chinese characters.) Comparing the alphabetic writings with he Chinese characters in modern times, we may draw a conclusion that the way of the development of the Chinese characters is a unique one. Thus we correct some traditional wrong idea that the Chinese character is of a backward writing.

3. There are various opinions about the essence and influence of Li Si's policy, "standardization of the written script in form", and there is no unanimous conclusion as well. The author of this book has analyzed the essence of the policy from the way of the development of the pictophonetic characters and that of the variant forms of the Chinese characters. Thus, it is more convincing.

4. The characteristics and functions of the phonetic loan characters have been regarded as a hard nut to crack in the critical interpretation of ancient scripts. About this the author has already discussed in his *An Introduction to the Interchangeability of Characters*, *Some New Opinions About the Critical Interpretation of Ancient Text*, and also in some of his articles. After comparing with the "rebus", which was advanced by the French scholars in their study of the ancient Egyptian pictograph, the author in this book has further explained the main position of the phonetic loan characters in the characters of the Yin and Zhou Dynasties. And thus the conception of "phonetic loan character" is liberated from the old view of the six categories of Chinese characters, and it also has got its new connotation.

5. The teaching of modern Chinese characters must be improved. It must break free from the conventional idea that it is difficult to learn the Chinese characters. The

author considers that the Chinese characters basically belongs to the system of rational written languages and symbols. Learners must grasp the structural theoretical foundation of the Chinese characters. Once they have grasped this, they may get twice result with half effort.

6. From the rule of the development of the Chinese characters in modern times, the author has discovered the rule of the development of form symbol and sound symbol of the pictophonetic characters, from which the trend of the development of the Chinese characters is deduced. This is of a certain reference value for the standardization of the Chinese characters in the future.

In a word, this book is about the history of the Chinese characters and it is of special characteristics. The author has inherited the foresight and sagacity in the research of the seniors and he has also applied the historical comparative approach in linguistics to the research on the history of the written languages. Therefore, he has completed such a new book.

凡例

一、本书叙述文字及引文，一般使用简化字。被释例字和与被释例字相关的字及引文中的被释字，均采用繁体字。

二、繁体例字有相应的简化字者，必要时在繁体例字始举时，用括号在例字后注出，如“來（来）”“褘（袆）”等。

三、引用书刊器物名时，“後”“鐘”二字不用简化字。

四、本书古文字考释，采用公认的说法时，不注明出自某家；如系一家卓见，则注明“某某说”。

五、文字注音，汉字一般用汉语拼音；汉语方言字有的用国际音标；其他民族文字均用国际音标。

六、引用书刊名，或用全名，多数用简称。书名简称见书后所附《本书所引书刊简称表》。

目　录

001 | 第一章　文字

009 | 第二章　世界各国文字和汉字

019 | 第三章　研究汉字发展史的资料

034 | 第四章　汉字字体的演变

049 | 第五章　“六书”和“三书”

057 | 第六章　商代的甲骨文

105 | 第七章　甲骨文与纳西象形文字比较

117 | 第八章　周代文字的发展

146 | 第九章　秦代的“书同文字”政策

157 | 第十章　汉代文字的发展(上)

176 | 第十一章　汉代文字的发展(下)

195 | 第十二章　魏晋以后的文字发展

220 | 第十三章　几个问题的探讨

236 | 本书所引书刊简称表

238 | 跋

241 | 附录1　关于汉字发展史的几个问题

255 | 附录2　国家社会科学规划项目成果要报

第一章　文字

文字是每一个受过教育的人都要经常使用的东西。一个人从上小学就开始学习认字写字。读完中学,或继续上大学,或到社会上工作,几乎天天离不开文字。

什么叫作文字？给文字下个确切的定义很不容易。为了使我们对文字有个比较全面的认识,姑且给文字做这样一个规定:文字是人类用以进行交际、记录语言的视觉符号体系。这个定义很啰唆,需要分几个方面一一加以说明。

一

人类也跟别的动物一样,需要和同类交换信息。但如何交换信息,各种动物多不相同。例如,鸟兽多用叫声传达求偶、斗争、逃避等信息。有些昆虫,如蜜蜂,用触角或飞舞告诉同伴到什么地方去采花粉。这些交换信息的符号都比较简单。

人类的交际符号却要复杂得多。

人类的交际符号,可以按照感觉器官的不同分为视觉符号、听觉符号和触觉符号这三大类。

视觉符号是用眼睛看的。手势是原始人常用的视觉符号，现在还在讲演或日常交际时当作辅助手段来运用。为聋哑人设计的手语，则是一种独特而完整的符号体系。古人利用火光和烽烟作为传递敌情的手段，也是一种视觉符号。

用实物交流信息是一种实物和视觉相结合的符号。许慎在《说文解字·叙》中说“神农氏结绳为治”。用结绳法记事，这是人类在创造文字以前一种帮助记忆的符号。秘鲁土人的结绳是很著名的，他们用不同长度、不同颜色的绳子，打成各样的结，用以记录财产的数目。人类学家甚至称这种符号为魁普文字(quipu writing)。北美印第安人使用的贝壳数珠(wampums)也属于此类，他们把不同颜色的贝壳用绳子穿成带子，用以传递信息，白色的贝壳象征和平，紫色的贝壳象征战争。

用竹木、玉石和兽骨做的符契，也是实物交际的一种，不过其重点不在实物本身，而在上面的契刻符号。《韩非子·主道篇》中说：“符契之所合，赏罚之所生也。”古人用的符契，在竹木或金玉上刻上标志或文字，分而为二，双方各执其一以为信。《史记·孝文本纪》中说：“初与郡国守相为铜虎符，竹使符。”《集解》引应劭注：“铜虎符第一至第五，国家当发兵，遣使者至郡合符，符合乃听受之。”铜虎符用铜制成，作虎形，分为两半，一半在朝廷，一半在郡国。朝廷如调集武装，便派使臣拿着这一半虎符做信物，“合符”后郡国才服从调遣。不过这已经是很进步的符契了，上面大都刻了文字。

原始的契刻大概要简单得多。过去的染坊，在收染衣、布时，用竹制的契刻，一分为二，一半给雇主，一半扎在布物上，取物时以合契为凭证。这大约是原始符契的残留。至于安特生在甘肃发现的骨契，或在骨边刻齿，或在骨上刻计数的符号，这大约是一种原始的计数法，这类方法在我国一些少数民族中仍在使用。

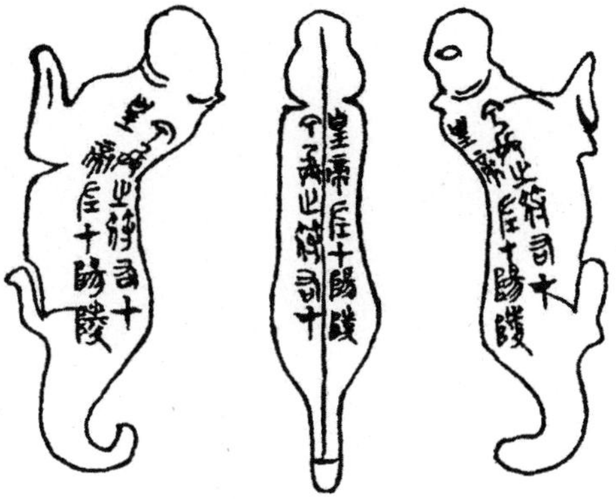

秦阳陵虎符图

中国历史博物馆藏，铜铸，分左右两半，背上刻文“甲兵之符右在皇帝左在阳陵”十二字，两半相合处有牙，依牙合符。

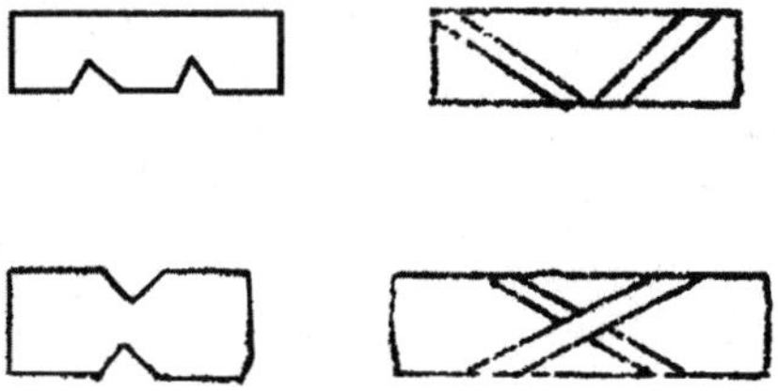

仰韶期骨契图

见安特生《甘肃考古记》，骨契在甘肃西宁县（今青海省西宁市）周家寨出土。

上面这些视觉符号都和文字的产生无关。和文字关系最密切的视觉符号是图画。

大约在旧石器时代，人类已经能够作画，而且画得很好，能画出很生动的动物图画。那时人类住在天然的山洞里，他们在洞里画的岩画有的至今还保留着。历史学家把旧石器时代晚期（前35000—前15000）活动的人类叫作驯鹿人。许多出色的洞穴壁画和刻画都出于这一时期。例如，在西班牙阿尔塔米拉洞穴画的一幅四色彩绘野兽，神态逼真，技艺高超。这些人还能把一些图案刻在兽骨上，形象也同样逼真。不过这个时期的洞画和刻画，全是单个的人或动物，还看不出有明显的记事的意图，因此从交际符号的角度来看，意义不是很大。

西班牙阿尔塔米拉洞穴中驯鹿人的壁画

到了新石器时期，岩画的内容渐趋复杂，内容多描绘战争、舞蹈、狩猎等场面，世界各地都有发现，多在悬崖绝壁上，往往形成绵延数里甚至数十里的画廊，非常壮观。我国北魏著名的地理学家郦道元（？—527）在《水经注》中早就有了关于岩画的记载。近年来发现的岩画分布南北各地，内蒙古海勃湾桌子山，广西左江，福建华安，云南沧源等地都有发现。

原始人的绘画，向两个方向发展：一是成为艺术品的绘画；一是成为记事的图画。新石器时期的岩画，已有明显的记事性质。下面这幅岩画，描绘了一个舞蹈的场面，舞者一手执矛，一手执盾，做跳跃状，形象威武雄壮；有几个人徒手欢跃。从绘画的角度看，技艺并不高超，但从记事的角度看，却是一大进步。

云南沧源岩画

这种记事图画还要经历很长的路程才发展成为文字。文字是人类创造的最重要的视觉符号。

视觉符号之外，听觉符号是利用发音器官和听觉器官创造的交际符号。许多动物都有各自的听觉符号，它们用各种叫声交流信息。有些动物的叫声所表达的信息相当复杂，但是这些叫声都是先天的。人类所创造的最主要的交际符号是语言，语言则是一种复杂的听觉符号体系。人类大约在五十万年到一百万年以前逐渐创造了语言，而人类创造文字的历史只有一万年左右。在一万年前，人类在记事图画的基础上把语言这种听觉符号转化为视觉符号，成为书面语言，这就是文字。

除了语言之外，当然还有其他的听觉符号。如战争时的战鼓声、号角声，欢庆时的鼓掌声、顿足声以及各种乐器的声音，都可以传达某些信息。但是这些符号的重要性都不能同语言相比，而且同文字的产生无关。至于这类符号传达信息的方式，这里就不多说了。

从上面的分析可以得出以下三点结论：第一，文字是人类创造的最重要的视觉符号。第二，文字是由原始的记事图画发展而成的。第三，文字是记录听觉符号——语言的书面符号。语言和文字是人类创造的两种重要的交际符号。人类自从创造了语言，才从类人猿而成为真人；人类创造了文字，才开始了人类的文明史。

二

人类是怎样把语言这种听觉符号转化为文字的呢？

上面说过，文字是从记事图画发展来的，但原始的记事图画并不是文字。辨别这二者的区别，不是一件容易事。

早在20世纪20年代，沈兼士先生就在一次学术讲演中首次提出“文字画”的问题。他说：

> 盖于六书文字时期之前，应尚有一阶级，为六书文字之导源，今姑定名为“文字画时期”。
>
> ……
>
> 余以为文字之起源，实由于记事之绘画。而初民社会所最需要

者，厥维三事：曰祭祀，曰战争，曰田猎，故文字画中亦以此三类为较著。如“”“”之为祭祀，“”“”之为战争，“”“”之为田猎。此等文字画固可认为《说文》中象形指事字之祖先，而不得即目之为有音之文字。

（《沈兼士学术论文集·从古器款识上推寻六书以前之文字画》，中华书局1986年版，第69页）

沈先生认为，在文字以前有个文字画时期。文字画和文字的不同，在于它还不是“有音之文字”，也就是说它还不是记录语言的符号。这是个非常卓越的见解。当时有关这方面的材料很少，这种说法只是一种揣测，所以他又说：

或虞夏之世尚为通用文字画之时期欤？而我辈今后之所切望者，尤在考古学上能发见关于此问题之新材料，以供文字学家之研究焉。

（《沈兼士学术论文集·从古器款识上推寻六书以前之文字画》，中华书局1986年版，第71页）

沈先生的这个愿望，今天已经成为现实。近几十年来在世界各地发现的大量记事岩画，还有人类社会学家关于落后民族使用记事图画的调查，都可以证实沈先生的拟测。

不过沈先生在文章中举出的例子，同上述岩画还不相同。商周铜器款识上的那些“文字画”的残迹，可能已经是记录语言的文字符号，只是还没有形成一字一音的对等关系而已。文字符号记录语言的程度是逐步发展的。在初期阶段，书写符号是综合型的，一个综合符号可能表示语言中的一个句子或一个词组。第二步，书写符号从综合趋向分析，一个文字符号代表一个词或一个词素，或只表示一个音节或音素。沈先生列举的那些书写符号，按照字形结构，同某些会意字并没有根本的区别。例如，甲骨文“鬥”字作“”“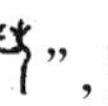”，同“”形相似；甲骨文“罹”（即羅）字作“”，像用网捕鸟，同上面的“”形极相近。像这类书写符号，很可能是早期的文字，不过它可能表示语言中的一个词组，还没有发展到一字一词一音的地步。

因为至今还没有发现比甲骨文更早的图画文字阶段的文字，我们可以用纳西象形文字来说明文字的初期阶段的情况。

甲骨文已经是比较成熟的文字，口语中的词基本上可以用文字记录下来，而且一个字基本上读一个音节，和口语中的一个词或词素相当。云南纳西族的东巴象形文字，则是保存初期文字特点的文字。例如，野鸽为野鸽形，围栅为篱栅形，和汉字的象形字相当；射[k‘æ˥]做张弓射箭形，为会意字；人口中画一曲线表示说话，类似汉字的指事字。也有一些借音字和注音字，如借神座形表示早晨，因为二者读音相同。这同汉字的假借字一个样。

如果从文字和语言的对应关系着眼，就会发现这种文字同一切成熟的文字大不相同，字与词不是一对一的关系。例如，太阳单读为[n̥i˧]；又读为[n̥i˧n̥i˧]，意为第二天。

从这些地方我们可以看出记事图画开始和语言结合的原始情况，据此可以推测，早于甲骨文字的文字符号当是综合型的，一个综合符号可以代表一个词组，甚至一句话。以后文字逐渐成熟，从综合型演变为分析型，一个文字符号逐渐只表示一个词或词素，这就发展成为成熟的文字。商周时期的甲骨文和金器铭文已经大大超过了纳西东巴象形文字的发展阶段，基本上达到了一字一词（词素）一音节的程度。可能还有少数原始图形文字的残余。章太炎曾在《国故论衡·一字重音说》一文中说："中夏文字，率一字一音。亦有一字二音者，此轶出常轨者也。"一个字读两个音节，现在看起来很奇怪，但商周文字中很可能有这种残余。用以同纳西象形文字相参证，这个推测不是毫无道理。沈先生说的那些古器款识的例子，大概也属于这类初期文字，同岩画的记事图画不是一类。

从上面的分析可以得出文字成熟与否的标准，就是看这种文字是否能把口语中的词一一记录下来。如果这种文字还不能完全胜任这个任务，那就是尚未成熟的文字，纳西象形文字，尤其是纳西早期经典中使用的文字，就属于这一类。我们将在后面讨论这个问题。

三

弄清了语言和文字的关系以后，再来谈谈文字是一个符号体系的问题。

有许多为表示某种信息而制定的符号，但是除了语言和文字以外，都不是完整的体系。例如，基督教用十字架当作他们的宗教符号；托运的包装箱上贴个标签，上面画一个正放的酒杯，表示不要倒放；道路转弯的地方立个画着号筒的木牌，提示汽车到这里要按喇叭；剧毒药的瓶子外面画个骷髅，打个叉，表示小心中毒。这类符号多得很。这些符号都不能构成一个体系，而且和语言不发生直接的关系。瓶子上画的骷髅，你可以理解为“毒药！”“不可入口！”“小心中毒！”等等。而且英国人、日本人、德国人都能理解这个符号的用意，但说出来则是不同的语言。

《易经》八卦也是一种符号，而且形成了一个体系。许慎在《说文解字·叙》一文中，把八卦当作一种在文字产生以前表示天人关系信息的符号。他说：“古者庖羲氏之王天下也，仰则观象于天，俯则观法于地，视鸟兽之文与地之宜，近取诸身，远取诸物，于是始作《易》八卦，以垂宪象。”其实，《易经》八卦是把天地万物的自然现象加以抽象化用以占卜吉凶祸福顺逆穷通的一套符号。这套符号被后来的哲学家加进许多哲学道理，用以和人际关系相糅合，于是成为深奥难懂的东西。从符号学的角度看，这无疑是一种比较完备的符号体系。但是，这个体系和语言没有直接的联系，更不是文字的先驱，它同文字不是一个来源。

文字是各种交际符号中最复杂、最完备的阅读符号体系。一种成熟的文字，要有一整套符号用以记录语言，而且有许多有关的规则。这一套文字必须同这种语言的特点相适应，能记录这种语言，把这种语言从听觉符号转化成书面阅读符号。如果这些都基本上做到了，那就是成熟的文字体系。

文字从产生到成熟，要经历很长很长的时间。世界上的古老文字，都走过一大段共同的道路：最初是记事图画，后来和语言相结合，用图画式的象形符号记录词语和句子，最后发展为各种文字体系。

四

上面我们从几个方面对文字的性质做了一些分析。在开始时我们曾给文字下了个定义：文字是人类用以进行交际的、记录语言的视觉符号体系。现在同上面的几段分析相对照，对什么是文字这个问题大约可以有比较清楚的认识了。

第二章 世界各国文字和汉字

大约在四五千年以前，人类才逐步创造了真正的文字。古埃及的“圣书字”，美索不达米亚的苏美尔楔形文字，大约产生于五千年前；以商代甲骨文字为代表的上古汉字，也有三千三百年的历史。这都是世界上最古老的真正的文字。这三种古文字，按其发展阶段来说，都是在原始记事图画的基础上发展而成的最早的真正的文字，同石器时代的记事图画有本质的不同，但又都是尚未完全成熟的文字。

后来这些古文字继续发展，埃及古文字和苏美尔楔形文字都发展成纯表音的字母文字。现在世界上大多数文字都采用表音文字的方法，只有汉字的发展走了另一条道路，它没有沿着表音文字的道路发展，而是开辟了一条表形和表音兼顾的道路，直至变成现代汉字体系。

汉字的这种独特性，是人类文字发展史上的一个奇特现象。两三百年来的国外学者，大都对汉字的这种独特性认识不足，往往做出错误的解释。我国古代的文字学家，因为缺乏比较文字学的研究，对汉字发展的历史也很少做出科学的描述。近现代以来，一些学者往往轻易接受国外学者的错误观点，至今这个问题仍然众说纷纭。因此，在研究汉字发展史这个课题之先，有必要把七八十年来国外几种影响较大的有关论述加以介绍和评论。

一

英国历史学家韦尔斯(H. G. Wells)的《世界史纲——生物和人类的简明史》(*The Outline of History——A Plain History of Life and Mankind*，吴文藻、谢冰心、费孝通等译本，人民出版社1982年版)，是一部影响很大的世界史著作。这部书经过多次修订，于1918年出版。

韦氏把人类创造的文字分成三类，即象形文字、音节文字和字母文字。这三类文字是按照文字发展的不同阶段划分的。韦氏所说的“象形文字”，包括了文字产生以前的记事图画，“像现在的美洲印第安人、布须曼人和世界各地的未开化民族还在使用的文字那样。这主要是事物和动作的图画，加上专有名称的徽志，并用划和点来表示日期、距离以及诸如此类的数量观念”。

他举了美洲印第安人的两幅记事图画当作“象形文字”的实例。一幅是在苏比利尔湖边岩石上绘制的：画了五只独木舟，舟上画的竖道表示人数；一只翠鸟代表首领；三条弓形曲线代表天；三个太阳表示航行三天；乌龟表示安全到达彼岸。这是一次横渡苏必利尔湖的记事图画。另一幅是一些印第安部落向美国国会提出的请愿书：用貂、熊、人鱼、猫鱼等图形(图腾)表示部落；一只鹤表示首领；每只动物的心和眼都同鹤的心、眼用线条连结，表示它们一条心；鹤的眼又由一条线连到右下角的几个小湖上，表示他们要求在那些小湖上有捕鱼的权利。

韦氏接着说：“和这种象形文字十分类似的是今天在欧洲大陆的国际列车时刻表中仍在使用的象形文字，表上用一个小黑色杯形的符号表示站着用餐的小食部；交置的刀叉表示餐馆；小轮船表示换船的场所；驷马御者的号角表示公共汽车。在欧洲供汽车驾驶者参考的著名的《米什林行车指南》中也使用类似的符号，如以信封表示邮局所在地，以电话听筒表示打电话的地方。旅馆的等级以旅馆的一个、两个、三个或四个的三角墙来表示等等。同样，欧洲的公路道旁设有标记，如画一个门表示前面是平面交叉路，一道弯曲的线指急转弯等等。”

韦氏把所有这些记事图画和符号都叫作象形文字。

他把汉字也归入象形文字这一原始类型之内。他认为，上面说到的那些记事图画、象形符号，同"汉字的最初成分相距并不太远"。他列举了一些汉字，说明"汉字是象形文字的代表"。韦氏的这些错误论点，我们将在后面再加评论。

韦氏认为文字发展的第二个阶段是音节文字。音节文字是从象形文字发展而成的。这个发展的过程，韦氏的解释大致是正确的。他说："有一种称为画谜的猜谜，这是用图画表示词汇的一种方法，它并不画出该词所表达的事物，而是画一个同音词所代表的其他东西。例如，画两扇门（gate）和一个头（head）就是'gateshead'一词的画谜；又如，画一条小河（beck）、一个戴着皇冠的国王（king）和一只火腿（ham）就是'Beckingham'一词的画谜。苏美尔文字就是善于用这种表现方法的一种文字……这种楔形文字，很快地就发展为一种音节文字，其中每个符号都表达一个音节。""不久，当闪米特人征服了苏美尔人的时候，便把这种音节体系应用到自己的语言里去了，所以，这种文字就整个变成了一符一音的文字。""这种楔形文字曾传遍亚述、巴比伦尼亚和近东，流行过很长时间。"

韦氏关于从象形文字发展而为音节文字的描述，以及关于画谜（rebus）的说明，都来自18世纪法国学者关于埃及古文字的研究成果，这些论点基本上是正确的。但是韦氏不知，早在公元1世纪，东汉的许慎关于这个论点就已经有了更为明确的阐述：所谓"画谜"，其实就是"六书"中的假借。许慎给假借字的说明是"本无其字，依声托事"，就是用一个同音字表示一个画不出来的词语。例如，当作虚词用的"其"，不可能用象形造字法造出这个字，于是借用"簸箕"的"其"（古文字"箕"作"其"）来充当。甲骨卜辞的"其风""其雨"中，"其"都是虚词。这就是韦氏所说的"画谜"。甲骨卜辞和周代铜器铭文中有大批这样的假借字。"画谜"或假借字是人类文字从表形的困境中解脱出来向表音方向发展的第一步，但这还不能算是音节文字；发展成成熟的音节文字或字母文字，还要经过一段很长的道路。典型的音节文字，应该用一个字符表示一个音节。如果一种语言的音节只有几百个，那音节文字也只应该筛选成几百个字符。例如，日本的假名是典型的音节文字。

韦氏把字母文字看成同音节文字平行发展的另一类文字体系。他说："在埃及和地中海海岸上还有另一种文字体系在发展。它大概萌芽于埃及僧侣的象形文字（圣书字）。这种象形文字也照例部分地成为音符体系……埃及以外的地中海各民族，如腓尼基人、利比亚人、吕底亚人、克里特人和克尔特-利比利亚人接受了这种文字并在商业上使用了它。它的一些字母借自后期的楔形文字，这种混合文字在外国人手里……完全变成了一套纯粹音符体系的字母。”“这类字母在地中海一带有好几种，彼此大不相同。”“在伊里亚特时代很久以后，这些地中海的字母有一种传到了希腊。”

以上是韦氏关于文字发展的主要论述。他对文字从原始文字发展为表音文字的过程做了粗略的叙述。这个论述的最大错误是把汉字看作与原始记事图画属于同一阶段的原始文字。他所列举的汉字，有些是形声字。他也没有认识到汉字中的大量假借字。韦氏对于汉字的论述可以说一无是处。但是更为奇怪的是这种谬说竟然被二十世纪二三十年代的一些中国学者所接受，那时关于文字学的论著里，大都认为汉字是一种象形文字。

二

布龙菲尔德（Leonard Bloomfield）的《语言论》（*Language*，1933年）一书是一部欧美现代语言学的权威著作，对中国的语言学界影响极大。布氏关于人类文字发展历史的叙述有许多精彩的议论。他对汉字的评论，与20世纪30年代以前的学者稍有不同，但同样具有欧洲人的偏见。

布氏在记事图画和文字的关系这个问题上，说得非常明确。他说明了文字是从记事图画发展而成的，却又明确指出这二者的区别。

他说：“一位曼丹印第安人给一个皮货商人寄去下面这样一幅画：当中是两根交叉的线；交叉线的一边画着一支枪和一张海狸皮，海狸皮上方画了二十九条平行的线条；交叉线的另一边画着一只黄鼠狼、一只水獭和一头水牛。大意是说‘我愿意用一张黄鼠狼皮、一张水獭皮和一张野水牛皮，交换一支枪和三十张海狸毛皮。’”“这一类的记载和信件往往被说成是‘图画文字’，但是这个名称很容易引起误会。这样的记载和信件，跟文字一样，有利于长期保存和携带传递，但是远不如文字确切，因为同语言形式没有固定的联系，所以并不能像语言形式安排得那么细致巧妙。”（引文据袁家骅等译本，商务印书馆1980年版，下同。）

什么是真正的文字呢？布氏说：“真正的文字是利用数目有限的传统符号……一个图画到了已经约定俗成时，我们就不妨称之为字。”“另外还有更重要的一个方面，就是字跟语言形式的联系……在真正的文字里，有些字具有双重价值，既代表一个可以描绘的事物，又代表一个语音的或语言的形式。”

在这里,布氏指出了真正的文字和记事图画不同的两个特点:一是图形的约定俗成,二是文字和语言形式的联系。这后一点特别重要。这一段论述澄清了过去把文字和图画混而为一的糊涂观念。

布氏另一个论点是关于表意文字和表词文字的论述。布氏认为,既然文字是书写符号和语言相联系的产物,那么,“词(words)显然是首先用符号表现在文字里的语言单位,用一个符号代表口语里的每个词,这样的文字体系就是所谓表意文字(ideographic writing)”。但是,他接着又说,“表意文字”这个名称很容易引起误会,因为“字并不是代表实际世界的特征(‘观念’),而是代表写字人的语言的特征;所以不如叫作表词文字或言词文字(word-writing或logo graphic writing)”。

布氏认为文字的发展可分为五个阶段:原始的记事图画—图画文字(象形文字)—表意文字(表词文字)—音节文字—字母文字。他也同欧洲过去的语言学家一样,认为字母文字是人类文字发展的最高阶段。

他认为汉字是属于表意文字阶段的文字。一方面他似乎把汉字的历史地位稍有提高;但按照他的分析,汉字仍然属于落后文字的阶段。布氏的这个论点,对中国语言学界影响很大,近几十年来的有关论著,大都接受了这个观点,多数人都说汉字是表意文字,也有少数学者(如赵元任先生)采用了“表词文字”这个术语。

从布氏对汉字的分析来看,他对汉字的认识仍很浅陋。首先,他把上古汉字和现代汉字混而为一,没有看出汉字本身的发展变化。其次,他把汉字中的会意字和形声字混而为一,没有看出这二者的本质差别。最后,他关于表词文字的阐述,也不能令人信服。从这三个方面可以看出当代语言学家在文字发展史这个问题上的困惑。

三

现在我们再看看《大英百科全书》第十五版“文字”(writing)条关于文字发展历史的新框架。该书文字条下列了一个世界古文字发展阶段表:

文字发展阶段表

非文字阶段：图画

前文字阶段：表意文字

真正的文字阶段：表音文字

表词·音节文字	苏美尔文字	埃及文字	赫梯文字	汉字
音节文字	楔形文字	西闪米特文字	爱琴海文字	日语
	音节表	音节表	音节表	音节表
字母文字		希腊文字		朝鲜文字
		希伯来文字		
		拉丁文字		

这个阶段表的第一个特点，是把真正的文字都叫作表音文字。不过表音文字又分三个阶段，四种古文字——苏美尔文字、埃及文字、赫梯文字和汉字都属于表音文字的初级阶段——“表词·音节文字”阶段。

第二个特点是对“表意文字”做了明确的叙述。作者明确指出，表意符号是一种原始的交际手段。一方面同原始的并无明确交际目的的图画不同，另一方面又没有同语言建立直接联系，所以不是真正的文字。例如，在新墨西哥州一条陡峭的小路旁有一幅印第安岩画：一只直立的山羊和一个倒立的骑马的男人。这幅画的意思是：“不要走这条路！”它告诉骑马的人，只有山羊能攀登这条路，马则要摔倒。

又如，非洲埃维人常用一幅画表示一句格言：画一根穿着线的针，表示格言“线随着针走”。

这类符号和语言没有系统的联系，所以不是文字，而是文字的前驱，不宜把这些符号叫作象形文字或图画文字。

这些论述补充了布龙菲尔德关于图画和文字有根本区别的论点，认为表意文字属于“前文字阶段”，把汉字列入“真正的文字”之中，也对布氏稍有纠正。

这个阶段表的第三个特点是把几种古文字都归入表音文字的初级阶段——表词·音节文字。作者说：“表词·音节文字发现于东方从地中海左岸到太平洋西岸的亚洲广大地区。由于历史的原因，至少在前希腊时期，在埃及和爱琴海地区共发现了七种原始的但十分发达的表词·音节文字体系……在这七个体系中，现在所能解读的只有四种，即苏美尔文字、埃及文字、赫梯文字和汉字。”作者认为，这四种文字体系的词符构造是相同或非常相似的。

作者对词符文字做了较细致的分析。他说：“词符文字是利用各种不同的手段创制出来的。”共有六种类型：第一种，用写实的图画代表具体的事物和行为，如用太阳的图画表示太阳；第二种，用具体的图画表示相关的概念，如用太阳的图画表示白天；第三种，用各种几何线条表示某些词，如用一条直线表示“一”，用一个圆圈表示全体；第四种，用语义标记的办法，比如画一片林地和一张犁表示“犁地”，画一个男人和一张犁表示“把犁人”；第五种，象形兼假借，如苏美尔文字用一支箭的图画表示“箭”，又表示“生命”这个词，因为两者读音相同（都读[ti]）；第六种，在假借字上再加注音，如苏美尔文字“男人们”读音为“crown”（花冠），就在花冠上加上语音标记“en”来表示。

可以看出作者对于词符文字的这种分析，恰好同中国关于六种造字方法的“六书”相合。这恐怕不会是古今论点的偶合，作者很可能根据许慎六书的解释在苏美尔文字中寻找了一些例证。但是他对形声字的说明却不够准确，说形声字是在假借字上又加声符（应该是形符），不符合形声字的造字原则。就是在古汉字中，这类结构的字也很少。

四

以上是国外学者关于人类文字发展阶段的三种影响最大的观点。这三种观点，概括了一百多年来关于这个课题的大量研究成果。这三种观点有两个共同点：第一，他们设计的文字发展框架，都把字母文字当作最先进的文字，认为一切文字最终都要发展成字母文字；第二，他们都把汉字看成一种原始的或者尚未发展成熟的文字。早期的说法认为，汉字是象形文字，后来认为是一种表意文字，最后又说是一种表词·音节文字。总之，汉字不是进步文字。

我国的传统文字学家，对汉字的造字方法以及字形和字音、字义（语词、词素）的关系做过非常深入的研究，近七八十年来的古文字研究把汉字研究又大大向前推进了一步。但是，他们较少从历史发展的角度研究汉字发展的历史，更没有从世界文字发展的角度来研究汉字，因此对于汉字的历史地位这样的大问题，一向总是跟在国外学者的后面亦步亦趋。早期的象形文字说，20世纪50年代以后的表意文字说，以及近几年的表词、表音文字说，都是直接从上面三部著述中传过来的。最近出版的《中国大百科全书·语言文字卷》“文字”条中，有一个“文字发展阶段表”，完全译自《大英百科全书》十五版，表中汉字的地位也丝毫未加改变。这种做法，正可反映我国语言文字学在这一领域的严重不足。

目前这一问题已引起国内外汉语学家的重视，许多学者发表了很不相同的意见。这些意见使人不得不思考下面这两个根本性的大问题。

第一个问题：世界各国有识之士都承认，中华民族历史悠久，四五千年来，对人类文明做出了巨大的贡献，直至今日，中国仍然屹立于世界民族之林，继续推进着全世界的进步和平事业；三四千年来，汉字一直是中华文明历史的载体，直至今日，汉字仍然是全体中国人民和海外华人共同使用的书面交际工具。这个载体或工具，经过几千年的发展和实践检验，证明它绝不是所谓落后的或不成熟的文字。有些国外学者，早已发觉到这个矛盾，因而走向另一个极端，认为汉字是最进步的文字。科学史家李约瑟（Joseph Needham）在《中国科学技术史》（*Science & Civilisation in China*）一书中说："（汉字）这种古老的文字……超过人类创造出来的表达思想感情的任何其他工具。"近来还有人认为，汉字是中国的"第五大发明"。但是这些论点都没有从理论上加以论证。

第二个问题：是不是所有的文字最终都会演变成字母文字？

按照欧美语言学家拟定的文字发展阶段的模式，这个答案是肯定的。但是，如果同时又承认汉字是一种进步的、发展成熟的文字，那么，这两个观点的矛盾将如何解决？

我们认为，用科学的态度而不是凭感情或民族偏见来认识这个问题，必须从根本上审查旧说，重新构架符合实际的新的文字发展历史蓝图。这个蓝图应该建立在下面的理论基础上：

第一，文字符号必须和语言的基本单位——词或词素密切联系，才是成熟的文字。这个论点应当肯定。用这个标准可以把记事图画和文字加以区分。例如，商周时期的汉字，已经是成熟的文字；纳西东巴文字，则处在尚未成熟或接近成熟的发展阶段，因为，在许多用东巴文字书写的经文中，有些词语并没有写出来。记事图画则只能表示意义，和语言没有直接的联系。

第二，用语言单位的大小来区分文字的成熟或进步，这个标准不大妥当。因为从世界文字的实际情况来看，从古至今没有哪一种真正成熟的文字是用一个文字符号代表一个句子或词组的，像纳西文字那样用一个简单的文字符号表示一句话或一个词组，只能看作文字尚未成熟的现象。所有的现代文字，以及埃及文字、苏美尔文字、古汉字等古文字，都是用一个文字符号表示一个词素或词的文字。字母文字用一个字母表示一个音素，但书写起来仍然以词为单位。用语言形式的大小做标准，并不能说明文字的进步与落后。音节文字和字母文字的区别不能用文字发展的阶段来说明。日本的假名是典型的音节文字符号，这种表示音节的文字，不可能也不必要改变成表示音素的字母文字。

第三，要重新构架文字发展的蓝图，必须重新考虑文字符号的基本类型。文字是一种特殊的符号体系，一切文字符号表示词语的基本方法可以归纳为三种：一种是表形法；一种是表音法；第三种是表形兼表音的方法。这三种方法的应用在各阶段的文字中有所不同。单用表形法制造的文字符号不是成熟的文字体系，因为语言中的许多词语，如虚词或表示抽象概念的词，不大可能用表形的文字加以表示。一切古文字中都有不少表形字。象形字、会意字和指事字都是表形字。但除此以外，还要加上许多表音字。一切古文字都有大量假借字，或叫作"画谜"字，这是表音字的最早形式。一切古文字，如埃及圣书字、苏美尔楔形文字、赫梯文字、商周时的古汉字，都有大量假借字。这几种古文字，都是在表形字基础上发展而成的初级阶段表音文字体系。这时，一切古文字都处在同一发展阶段中。

但是在此以后，世界文字的发展却走向两条不同的发展道路：一条道路沿着表音文字的方向继续发展，于是表形字逐渐被淘汰，逐渐演变成纯粹表音的音节文字或字母文字。这是世界大多数文字所走的道路。另一条道路，保留了一部分表形字和借音字，但主流却向表形兼表音的形声字方向发展。这就是汉字所走的道路。

根据上面所说的标准和原则，对世界文字发展的阶段重新加以描述，可以列出一个新表。

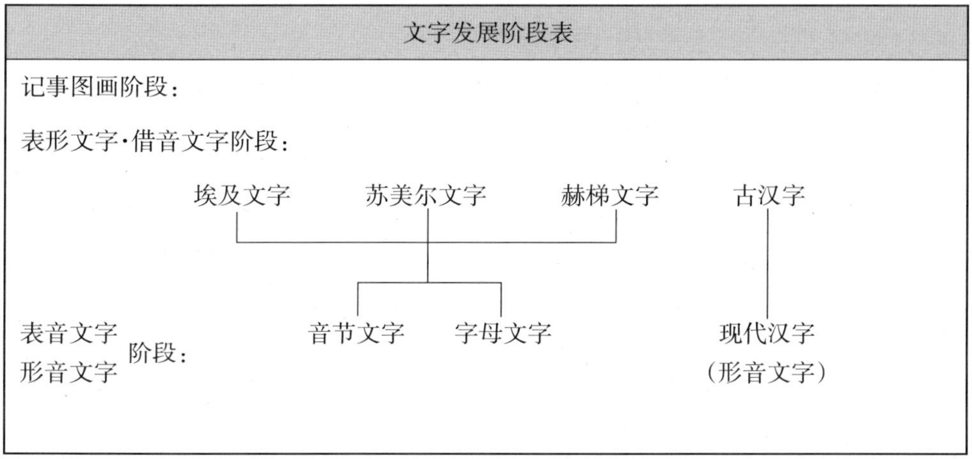

这个文字发展阶段表可以纠正国外学者以印欧语为中心的偏见,可以给汉字以应有的历史地位。

这是个大问题。要证明这个论点,需要用汉字发展的大量材料和发展规律加以论证,才能充分地加以说明。这里我们只是先从宏观的角度提出这个问题和论点,以后再对汉字的发展历史做具体的分析。

第三章　研究汉字发展史的资料

研究任何学科都需要两个基本条件：一是掌握这门学科所需要的资料；二是掌握研究这门学科的科学方法。这二者缺一不可。资料不完备或只有很少的资料，“巧妇难为无米之炊”，不可能得出可靠的结论；只有一堆一堆的材料，没有采用科学的方法加以分析，也不会对这些资料做出科学的说明。这一章主要谈关于汉字史的资料，有些地方也要涉及方法，但不是这一章的主题。

一

汉字究竟有多少年的历史，还说不大清楚。现在所能见到的最早的古文字是殷代的甲骨文，距今约三千余年。但是甲骨文已经是一种成熟的文字。从文字发展的历史来推测，从原始汉字发展到甲骨文，大概需要上千年的时间。可惜我们至今还没有发现这类原始汉字的可靠资料。

《左传·昭公二十年》中有一段记载，说楚国的左史倚相能读《三坟》《五典》《八索》《九丘》这些古书。

这是些什么书呢？汉代孔安国在《尚书·序》中说：

> 古者伏羲氏之王天下也，始画八卦、造书契，以代结绳之政。由是文籍生焉：伏羲、神农、黄帝之书，谓之《三坟》，言大道也。少昊、颛顼、高辛、唐、虞之书，谓之《五典》，言常道也。至于夏、商、周之书，虽设教不伦，雅诰奥义，其归一揆。是故历代宝之，以为大训。八卦之说谓之《八索》，求其义也。九州之志，谓之《九丘》。丘，聚也。言九州所有，土地所生，风气所宜，皆聚此书也。《春秋左氏传》曰：楚左史倚相能读《三坟》《五典》《八索》《九丘》，即谓上世帝王遗书也。
>
> 先君孔子，生于周末，睹史籍之烦文，惧览之者不一，遂乃定礼乐，明旧章，删《诗》为三百篇，约史记而修《春秋》，赞《易》道以黜《八索》，述职方以除《九丘》。讨论《坟》《典》，断自唐虞以下讫于周，芟夷烦乱，剪截浮辞，举其宏纲，撮其机要，足以垂世立教，典谟训诰誓命之文，凡百篇，所以恢弘至道，示人主以轨范也。

对于这些解说，我们当然不能完全相信。例如，说在三皇五帝时已经有了文字，而且有了《三坟》《五典》这些典籍，并且说到了孔子时这些典籍还在，并据以改编成《春秋》《尚书》等书，这都是不可能的。就是《尚书》中的《尧典》《舜典》也是后人伪造的。但是说孔子见过夏代、殷代的典籍，则是合理的。

《国语·楚语》中也有一段关于古籍的记载，则比较可信。楚庄王（前613—前591）曾向楚大夫申叔时询问太子的学习情况，申叔时回答说：

> 教之《春秋》，而为之耸善而抑恶焉，以戒劝其心；教之《世》，而为之昭明德而废幽昏焉，以休惧其动；教之《诗》，而为之导广显德，以耀明其志；教之《礼》，使知上下之则；教之《乐》，以疏其秽而镇其浮；教之《令》，使访物官；教之《语》，使明其德，而知先王之务用明德于民也；教之《故志》，使知废兴者而戒惧焉；教之《训典》，使知族类，行比义焉。

这段话中的《春秋》《世》《诗》《礼》《乐》《令》《语》《故志》《训典》，可能都是当时贵族子弟专用的教材。韦昭注说："世，谓先王之世系也。""令，谓先王之官法时令也。""语，治国之善语。""故志，谓所记前世成败之书。""训典，五帝之书。"这些多数是春秋以前的古籍，一部分是春秋时编纂的。这类典籍后来都失传了。

《吕氏春秋·先识览》中论述“国之亡也，有道者必先去”的情况时说：

> 夏太史令终古，出其《图》《法》，执而泣之……乃出奔如商……
>
> 殷内史向挚见纣之愈乱迷惑也，于是载其《图》《法》出亡之周。武王大说……

《图》《法》当是史官所掌管的典籍，属于国家档案一类。夏殷将亡，史官携带这些档案投奔新君。这种记载也是可信的。

还有一条可供参考的记载。孔颖达在《尚书正义》中引《尚书纬》说：

> 孔子求《书》，得黄帝玄孙帝魁之书，迄于秦穆公，凡三千二百四十篇。断远取近，定可以为世法者百二十篇。以百二十篇为《尚书》，十八篇为《中候》。

这种记载多数是儒家编造出来的，清代人对《尚书》的真伪已做出考证。但孔子曾经见过商代甚至夏代的一些典籍，则是可以相信的。甲骨文中有“册”“典”两字。“册”字作“”（粹一〇九七），像竹木简（或骨简）编成的册形。“典”字作“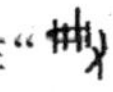”（粹七八四），像以手持册形。把简编成册，在出土的战国文物中已屡见不鲜。商代肯定已有这类典册。夏代肯定已有了原始的文字，因而也不能排除已有原始记载的可能。

可是这类最早的典籍现在已经看不到了。现在研究汉字发展史，最早的资料是甲骨文；其次是商周的金器铭文；第三是地下出土的战国典籍简书、帛书；第四是秦汉以后历代的石刻文字；第五是敦煌抄本古籍；第六是历代的字书；第七是现存的大量古代典籍。这些资料下面分别加以概括介绍。

二

甲骨文之前，最早的汉字可能产生于夏朝。但是，至今还没有发现这种文字。20世纪50年代在西安半坡发现的彩陶上有五十多个记事符号，有人认为这就是原始的汉字，是夏民族创制的文字。这个说法还有待进一步研究。因为符号太少，还看不出这种“文字”的体系。其次，这些符号笔画都很简单，如“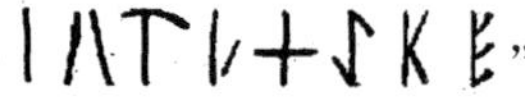”等，这不会是原始的汉字。按照文字发展的规律，甲骨文以前的文字应该和记事图画更相近，不会是这类笔画简单的符号。近年来发现的夏代文化遗址日渐增多，我们期待这一时期的宝贵文字资料能够出现。在这些资料未出现以前，我们只能从甲骨文谈起。

甲骨文是商代人刻在龟甲兽骨上的文字。许多原始民族都有占卜的习惯，商代已经进入奴隶制社会，依然保持着这种习惯。君王出征、狩猎、祭祀、问天时、问疾病，都要叫“贞人”占卜，以定吉凶。然后把占卜的内容及结果用文字刻记在甲骨上，这种记载叫作卜辞。也有一些记事的记载。这些资料就是商王朝的国家档案。把这些原始档案编纂成册，就是正式的典册。因为龟甲和兽骨不像竹木那样容易腐烂，又因河南安阳一带为沙质土壤，排水性能好，所以这些甲骨能在地下埋藏许多年而不腐烂。

人们认识这些骨片上的文字，只是一百多年以前的事。原来这些骨片一直被当作中药“龙骨”在使用。汉代名医张仲景在《伤寒论》中的“柴胡加龙骨牡蛎汤”“救逆汤”等方剂中，就将龙骨和牡蛎合用以救虚脱。唐代孙思邈的《千金要方》中也有几个方剂用龙骨。以后历代不断以至于今。这些甲骨片竟然被当作药品吃了两千年！一直到清光绪二十五年（1899年）金石学家王懿荣才发现“龙骨”上的文字之可贵。这个发现到今天只有一百多年。

这一百多年逐渐建立了甲骨学这一门学科，给汉字史增添了一大批宝贵资料。至今为止，有文字的甲骨片已发现了七万多片。单字共四千多，已经认识的有一千个左右。

一百多年来许多学者对甲骨文的搜集、整理、考释做出了巨大的贡献。

刘鹗把王懿荣所藏的1500片甲骨印成《铁云藏龟》一书，该书是第一部著录甲骨文的书。孙诒让据以作《契文举例》，考释了一百多个字，该书是第一部考释甲骨文字的著作。

罗振玉在搜集和考释方面有较大的贡献。他将搜集的甲骨编印成《殷虚书契》（前编、后编、续编）及《殷虚书契菁华》等书，共收入甲骨五千余片。他的《殷商贞卜文字考》一书则是考释甲骨文字的名著。

王国维的《戬寿堂所藏殷虚文字考释》一书，所释多是卜辞中很重要的常用字。他还利用甲骨卜辞研究殷代的历史，开创了一条史学上的新路子。他的《殷卜辞中所见先公先王考》和《殷周制度论》都是古史研究的重要论文。

在董作宾、李济主持下，曾在安阳小屯进行了多次发掘，共出土甲骨三万余片，大部分收入《殷虚文字甲编》《甲骨文字乙编》（上、中、下）中。董氏是甲骨文断代研究的开创者。

郭沫若的贡献是利用卜辞做古代社会的研究，在文字考释方面也偶有精辟的见解。他著有《卜辞中之古代社会》《甲骨文字研究》《卜辞通纂》《殷虚粹编》等书。

唐兰和于省吾考释文字最多。唐先生的《古文字学导论》是一部论述古文字的权威著作。于省吾的《甲骨文字释林》是其一生考订甲骨文字的最后结集。

胡厚宣在甲骨文的搜集整理方面做出了很大的贡献。由郭沫若任主编、胡氏任总编的《甲骨文合集》是一部甲骨文的汇编。这部书把散见于国内外的甲骨文拓片合编为一书，共收甲骨七万余片（去掉重复），共十三册。再加上近年出土的《小屯南地甲骨》，英国和日本所藏甲骨，甲骨刻辞的原始资料已大体齐备。

下面再介绍几部理论和字典类著作，以便查阅。

陈梦家的《殷虚卜辞综述》（科学出版社1956年版），对甲骨卜辞做了全面系统的阐述，对甲骨文字的性质演化做了理论上的探讨。

唐兰先生的《古文字学导论》（齐鲁书社1981年增订本），是其1935年在北京大学中文系讲授古文字学时的讲义。书中提出他的“三书说”和破释古文字的方法，是一部很有影响的古文字理论著作。

字典类著作有孙海波的《甲骨文编》，徐中舒的《甲骨文字典》，李孝定的《甲骨文字集释》，姚孝遂、肖丁的《殷虚甲骨刻辞摹释总集》，于省吾主编的《甲骨文诂林》等书。各书详略不同，体例各异，都有助于翻检、研究。

有关甲骨文字的论著很多，有专门的目录编著。这里只是从汉字历史资料的角度做了简单介绍。

三

金文是殷周时期青铜器铭刻文字的简称。“器”是器皿。做饭、饮酒、盛水的器皿和兵器、乐器、量器等都是器。原始人的器皿多用自然的物品改造而成，如将葫芦剖开为瓢，将牛角加工成酒器等。夏代已经会烧制陶器，如鬲、盘等。到了商代，贵族开始用铜铸造器皿。有些器皿是在祭祀祖先或天地时使用的礼器，上面往往刻有铭文，这种文字被称为金文。

金器上的铭文有的多达几百字，多数只有几个或几十个字。西周晚期的毛公鼎，为周宣王（前827—前782）时重器，记天下四方动乱，周宣王命毛公父厝辅协事，共497字。春秋战国时的金器铭文一般都较长。湖北随县曾侯乙墓出土的65个编钟，上刻铭文2800余字。最早的金器铭文约在商代中期，比甲骨文还早。

宋代已有著录商代金文的著作。有的著作既绘制器物形状，又摹写器物款识（即铭文），如吕大临的《考古图》《续考古图》，王黼的《宣和博古图录》等。有的加文字考释，如薛尚功的《历代钟鼎彝器款识》，除摹写器物铭文外，有释文，有考说，还有原器出土的地点和收藏人。全书收器五百余件。书中对铭文的考释多有精当之处，是南宋金文著作中至今犹存的一部重要著作。

清代乾嘉以来，小学成为一代显学，关于金文著录和考释的著作异常昌盛。乾隆敕编的《西清古鉴》《宁寿鉴古》《西清续鉴》（甲、乙编），钱坫的《十六长乐堂古器款识考》，曹载奎的《怀米山房吉金图》，刘喜海的《长安获古编》，吴云的《两罍轩彝器图释》，潘祖荫的《攀古楼彝器款识》，吴大澂的《恒轩所见所藏吉金录》，端方的《陶斋吉金录》和《陶斋吉金续录》，罗振玉的《梦郼草堂吉金图》等，都摹写器形及款识，属于《考古图》一类著作。阮元的《积古斋钟鼎彝器款识》，吴荣光的《筠清馆金文》，吴式芬的《攈古录金文》，徐同柏的《从古堂款识学》，朱善旂的《敬吾心室彝器款识》，刘心源的《奇觚室吉金文述》，吴大澂的《愙斋集古录》，陈介祺的《簠斋吉金录》，罗振玉的《三代吉金文存》《贞松堂集古遗文》《贞松堂集古遗文补遗》《贞松堂集古遗文续编》等，都是摹写兼考释的著作。郭沫若的《两周金文辞大系图录考释》（简称《大系》）在金文研究中进入了一个新阶段，他选录了各家著录中的两周重器加以考释。他的《金文丛考》等书和《大系》互相补充。他的这些著作对古文字学研究产生了较大的影响。此外，容庚、徐中舒、于省吾、陈邦怀、商承祚、张政烺、陈梦家等古文字专家对器物的搜集和铭文的考订都做出了贡献。

由中国社会科学院考古研究所编辑，1983年后陆续出版的《殷周金文集成》是一部总汇式的大型铜器铭文著作。全书收器一万件以上，内容包括铭文、图像和释文。这部书的出版，给我们研究殷周金文提供了极大的方便。

金文字典类重要的著作有：清吴大澂的《说文古籀补》一书，该书收罗商周金石文字1410个，收字全依墨拓原本，分部依《说文解字》，可算是第一部金文字典。以后丁佛言又作《说文古籀补补》，所补多是陶玺文字，彝器文字较少。

容庚据吴书增订为《金文编》，共收字1804个。以后又多次增订，1985年版共收字2420个，附录1352个，是一部较完备的金文字典。

金文考释，各家讨论的文章很多。有些字的解说至今尚未认同。周法高主编的《金文诂林》及续编，以《金文编》为纲，在每字下撮要摘录各家考释，是一部很有用的工具书。

徐中舒主编的《殷周金文集录》一书，收集了新中国成立后出土的铜器共九百七十余件。这类资料以后还会陆续辑集。

青铜器是比甲骨更为耐久的东西，因而铸刻在这些器皿上的古文字资料得以保存至今。这些资料同甲骨文有同样重要的价值。

四

简书和帛书是另外两种出土文字资料。

简书就是写在竹简上的文字。《诗经·小雅·出车》中有："岂不怀归，畏此简书。"孔颖达疏："古者无纸，有事书之于简，谓之简书。"从古书的记载和出土简书来看，简书不一定用竹木，还可用骨用玉，但竹木最为普遍，所以出土简牍，以竹木为最多。竹为简，木为牍，都是一类。用削好的竹片在火上炙烤去汗，叫作杀青，这样处理过的竹片写字方便，又能防虫，是古代最理想的书写材料。竹简有一定的长度。一根简上可以写二十几个字，写完后用丝绳编札在一起便叫册。古代朝廷档案、律令，都用这个办法记载下来。直到晋代元兴（402—404）时桓玄当政，才下令废除竹简，改用纸。如果从商代算起，用竹简记事大约有两千多年的历史。

简书出土的记载，最早为《汉书·艺文志》：

> 《古文尚书》者，出孔子壁中。武帝末，鲁共王坏孔子宅，欲以广其宫，而得《古文尚书》及《礼记》《论语》《孝经》凡数十篇，皆古字也……孔安国者，孔子后也，悉得其书，以考二十九篇，得多十六篇。安国献之……刘向以中古文校欧阳、大小夏侯三家经文，《酒诰》脱简一，《召诰》脱简二。率简二十五字者，脱亦二十五字；简二十二字者，脱亦二十二字。文字异者七百有余。脱字数十。

从这段记载可以看出,这些简书当是战国竹简,为秦以前儒生传抄的典籍。

《后汉书·杜林传》:“林前于西州得漆书《古文尚书》一卷,常宝爱之,虽遭难困,握持不离身。”漆书当是用漆写在竹简上的简书。

古代最重大的一次简书出土是“汲冢竹书”。晋太康二年(281年),在魏襄王墓(或谓魏安釐王冢)发现竹书数十车。竹简素丝编,简长二尺四寸,墨书。一简40字。掘墓者将这些竹简点燃当火把照取墓中宝物,等到官府得知,多成烬简断札,文字残缺难以诠次。晋武帝命秘书加以整理,用今文写出。写出的书计有《纪年》《易经》等16种,共75篇。不识名题的残坏简书7篇。现仅存《竹书纪年》《穆天子传》二书,但原简文字的形状已经见不到了。

古代关于帛书的记载,最早为《墨子》。此书《尚贤下》云:“书之竹帛,琢之盘盂,传以遗后世子孙。”“竹”是竹简,“帛”即缣帛。秦汉以后,关于帛书的记载才多起来。在缣帛上面书写文字的办法为时较晚,并且远不如竹简普遍。

近几十年来,全国各地经常出土大量简书和帛书,大大丰富了战国文字的资料。

1942年在长沙东郊子弹库战国墓中出土的《楚帛书》,是楚国“天官书”一类的制作。全文九百余字,属战国中晚期文物,是研究战国文字的重要资料。

1972年在山东临沂银雀山汉墓出土竹简4942枚,内容包括《孙子兵法》《孙膑兵法》《尉缭子》《六韬》《墨子》《管子》《晏子》等先秦古籍,其字句和文字有多处与今本不同。

1973年长沙马王堆三号汉墓出土大量帛书,内容非常丰富。如《老子》甲本、《老子》乙本、《战国纵横家书》以及今已失传的古医书,文字也有多处和今本不同。

1975年湖北云梦睡虎地十一号战国墓出土大量秦国竹简,内容有《编年纪》《语书》《秦律》等,是研究秦国文字的重要资料。

又山西出土了《侯马盟书》,从中可窥见战国时晋国文字的情况。

至于武威、敦煌、居延等地出土的大批汉简以及西安出土的汉代骨简,对研究汉代通行的文字来说,也是很宝贵的资料。

五

石刻文字即刻写在石料上的文字。

最早的石刻文字当是唐初在陕西三畤原发现的《石鼓文》。在十块鼓形石上刻四言诗，每块十首为一组。残石现存于北京故宫博物院。据近人考定为战国初年秦刻石，内容为当时贵族的畋猎游乐生活。秦始皇统一中国后，多次巡视全国各地，在各地刻石以炫耀其功勋。据《史记》记载，计有《峄山刻石》《泰山刻石》《琅邪刻石》《之罘刻石》《东观刻石》《碣石刻石》《会稽刻石》等七种。现在仅《泰山刻石》《琅邪刻石》的原拓文字稍有残存，《峄山刻石》《会稽刻石》宋人有复刻本。近年来各地出土的秦度量衡铭刻如《商鞅方升铭文》《始皇椭升铭文》《高奴权铭文》以及始皇帝二十六年（前221）发布的度量衡诏版，都是研究秦文字的重要材料。

儒家经书刻石开始于东汉灵帝刘宏熹平四年（175年）的熹平石经。灵帝命蔡邕等人把七经（《周易》《尚书》《鲁诗》《仪礼》《春秋》《公羊传》《论语》）刻在64方石上。宋以后湮没，以后又陆续有所出土。罗振玉勾摹成《汉熹平石经残字集录》一书，张国淦作《石经碑图》，可稍见原石踪影。

魏石经刻于正始中（245年），内容有《尚书》《春秋经》《春秋左氏传》等。王国维的《魏石经考》、张国淦的《历代石经考》中叙述了石经石刻及流失经过，可以参考。周康元集各家残石编成《集拓新出汉魏石经残字》（初编、二编）。

唐石经（十三经）于开成二年（837年）开始刻石。以后宋代、清代都有御书石经。这些石刻的文字和字体都和今传印本无大出入。

佛家经典的刻石，也是一项重要的文字资料。自佛教传入中国后，翻译佛经的风气日盛。北齐时开始石刻佛经。北京市房山石经山藏有唐、辽、金、元历代刻石万余方，是石刻的佛经全书。佛经中有许多因译经而创制的新字，也是汉字史中的重要资料。

此外，从汉代开始，刻立墓碑的风气兴起。从东汉到明清，到处墓碑林立。这些墓碑许多为历代书法家所书写，从书法艺术角度看价值较大，但有些碑文中多杂有历代通用俗字，文字资料的价值也不容忽视。

北京图书馆近年编成《北京图书馆藏石刻汇编》一书，汇集历代石刻文字的拓片，影印成书。历代重要的石刻大都包括在内，可供利用。

六

在甘肃省敦煌莫高窟石窟中窖藏了近千年的大量唐抄本古籍，到1900年才被发现。这就是所谓的敦煌抄本古籍。这些抄本内容极为丰富，包括各类古籍、佛经、梵文藏文文献、通俗文学作品等。这批瑰宝中的精品大都被英国人斯坦因和法国人伯希和盗去。现在这批珍贵资料分别藏在北京图书馆、英国不列颠博物馆、巴黎国家图书馆等处。现全部卷子都已制成微缩照片，共计20万张。现在这些照片已由台湾黄永武编成《敦煌宝藏》一书，共140册（新文丰出版公司出版）。这批资料是中国文化的瑰宝。从文字史的角度看，主要有两方面的作用：一是校勘方面的用途；二是六朝以后的俗字、异体字在敦煌卷子中保存很多。这些都是研究文字史的重要资料。

以上六种资料都是原始资料。这些资料都没有被人改写过，所以特别重要。我们研究汉字的发展历史，首先要靠这类资料。但是这类资料的最大缺点是残缺不全，要全面考察汉字的历史，还要利用下面介绍的古代的各种字书和古代典籍的文字资料。

七

古代的字书可分为两类：一类是识字课本一类的东西；另一类是字典。

我国最早的具有识字课本性质的字书当是《史籀篇》。据《汉书·艺文志》记载，此书为周宣王（前827—前782）太史籀所作，共15篇。到东汉建武（45—57）时佚失6篇，魏晋以后全部散失。这部书是古代的小学识字课本，把当时通行的字编成四字一句，以便背诵。这类识字课本历代多有。

秦始皇统一中国后，为了实行"书同文字"的政策，李斯等人编写了《仓颉篇》（"仓"字《汉书·艺文志》作"苍"）《爰历篇》《博学篇》三部字书，作为当时的规范化字书。唐以后这几部书亡佚，近年来各地出土了一些《仓颉篇》残简，如"仓颉作书，以教后嗣。幼子承诏，谨慎敬戒。勉力风诵，昼夜无置。苟辑成史，计会辨治。超等轶群，出元别异"，都是四字为句，押韵的。这大概是《仓颉篇》的首章，因开头有"仓颉"二字，所以用为篇名。这三部书是按照《史籀篇》的体例，根据秦代文字的实际情况加以增改而编成的。许慎在《说文解字》中说，这三部书"皆取史籀大篆，或颇省改"。这就是说，《仓颉篇》中多数字和《史籀篇》相同，只是将有些字加以改变或简化而已。

到了汉代，据《汉书·艺文志》记载，“闾里书师”合《仓颉》《爰历》《博学》三书为一书，合称《仓颉篇》。汉武帝时司马相如作《凡将篇》，元帝时史游作《急就篇》，成帝时李长作《元尚篇》。平帝元始时，朝廷召集全国小学家在朝廷开会，“各令记字于廷中”。扬雄从这些字中“取其有用者”，作《训纂篇》一书，当作《仓颉篇》的续编，去掉《仓颉篇》中的重见字，共89章，以后班固又增加13章，共102章。这是汉代此类字书的增订情况。

以上诸书除《急就篇》外都已散失，但从《汉书·艺文志》的记载中，可以窥见这类著作的大致情况。这类字书的结构都以60字为一章。《仓颉篇》共55章，共收字3300个。扬雄的《训纂篇》增至89章，共5340字。班固又增加了13章，则为6120字。

《急就篇》得以流传，是书法家的功劳。作者史游是汉代的书法家。魏晋以后的名书法家钟繇、皇象、索靖、卫夫人、王羲之直至唐宋名家都有《急就篇》写本，因而得以流传至今。这部书既是识字课本，又是常识读物。书中杂用三言、四言、七言，押韵。书中开头几句是：“急就奇觚与众异，罗列诸物名姓字，分别部居不杂厕，用日约少诚快意，勉力务之必有喜。”从这部书中可以窥见汉代这类字书的面貌。

《隋书·经籍志》记载了东汉以后的这类著作。东汉以后，李斯的《仓颉》、扬雄的《训纂》、贾鲂的《滂喜》合称“三仓”。到晋代时，“三仓”散失。晋束皙撰《发蒙记》，顾恺之撰《启蒙记》，梁周兴嗣撰《千字文》等。只有《千字文》一书流传下来，也是因为书法家摹写的缘故。

《汉书·艺文志》中记载：“古者八岁入小学，故周官保氏掌养国子，教之六书……汉兴，萧何草律，亦著其法，曰：‘太史试学童，能讽书九千字以上，乃得为吏。’”上述这类著作，就是古代的小学识字课本，又是写字用字的字典。这一类著作现在能见到的只有《急就篇》和《千字文》是完全保存下来的，已经散失的则有待出土文物的发现。

以上说到的著作，还不是真正的字典。真正的字典至少要具备两个条件：第一，要对文字的结构、字义、读音加以解说；第二，要按照统一的编排法对所收文字做分类编排。上述那些著作都不具备这两个条件，所以还不能说是真正的字典。我国第一部真正的字典是《说文解字》，以下简称《说文》。

《说文》是东汉许慎所作，成书于和帝永元十二年（100年）。这部字典共收9353字、重文1163个。它创造了部首排列法，建立514个部首，九千多字分属这些部首。每字以小篆为字头，先释字义，再解字形、字音。有些字并说明其用法。这部字典不但是中国第一部真正的字典，而且在各国同时代同类著作中也是首屈一指的巨著。

从汉字史的角度看，《说文》是一把解释上古文字的钥匙。考订甲骨文、金文，如果没有这把钥匙，便不可能取得今天这样的成绩，这是古文字学家都承认的。《说文》又是沟通古今文字的桥梁。根据这些材料，可以探索汉字演变的规律，可以探索词语变化同文字变化之间的关系等重大课题。

现在通行的《说文》版本有两种：一是南唐宋初徐铉的校定本，俗称大徐本；二是其弟徐锴的《说文解字系传》，称小徐本，和大徐本稍有不同。

研究《说文》的著作，宋代以后逐渐增多，清代达到高潮，注释《说文》的著作多达几百种。丁福保曾编纂《说文解字诂林》，集研究《说文》的著作为一书，是研究汉字史的人必备的一部资料书。

《说文》这一类型的字典，历代都有。晋代吕忱的《字林》，收12824字，体例全依《说文》，只是字头改小篆为楷书。书已佚。南朝梁顾野王的《玉篇》是另一部楷书字典（原本只存残卷）。据唐封演《封氏闻见记》记载，原书共收16917字。现在通行的《玉篇》，是宋代陈彭年重修的《大广益会玉篇》，比原本增多5600字。释文也和原本不同。顾野王的《玉篇》的编法和《说文》的最大不同处是释义详备，有的一字之下说解至几百字。这是一个进步。可惜宋人的《玉篇》把这些材料全删掉了，只留下注音和简单的释义。举“曹”字为例：

> 原本　朁——似劳反。《毛诗》：“乃造其曹。”传曰：“曹，群也。”《国语》：“民所曹好。”贾逵曰：“曹犹共也。”《史记》：“十余曹偕之。”如淳曰：“曹，辈也。”又曰：“分曹循于郡国。”服虔曰：“分曹，职案行也。”《说文》：“狱之两曹，治事者也。”《广雅》：“曹，所也。”
>
> 宋本　朁——昨劳切。共也，辈也，群也。《说文》曰：“狱之两曹也。”

顾野王的《玉篇》解“曹”字共70余字，宋本则减为17字。

司马光主编的《类篇》是宋代另一部大型字典，共收31319字，比《玉篇》多出近万字。在字头下多注明古音、古义，并列举异读异义，在一定程度上恢复了顾野王的《玉篇》的一些做法。部首全依《说文》514部首，是研究宋代文字的重要资料。

辽僧行均编的《龙龛手鉴》一书收录了大量因翻译佛经而造的新字、俗字，对研究隋唐时代文字很有价值。

明代影响较大的字典,一是梅膺祚的《字汇》;二是张自烈的《正字通》。《字汇》把部首合并为214部,在注音释义方面较为详备。《正字通》则征引更详,考订文字往往加上作者按语。清代的《康熙字典》承袭了这两部书的内容而稍加删削,所引书证也都抄袭前书,并没有查对原书。书成后由康熙皇帝玄烨作序,并定名为《康熙字典》,共收字47000多个。

1915年编成的《中华大字典》较《康熙字典》多收一千多个字,纠正了两千多处错误,吸取了清代小学家的部分研究成果。

新近出版的《汉语大字典》是一部收字最多、在许多方面都有所创新的大型字典,由湖北、四川两省十余所大学三百多人参加编写,费时十余年,1990年全部完成。全书共收56000多字,全八册。这部字典在解形、注音、释义、书证各方面,吸取了前人研究成果,无论从数量上还是质量上看,都是一部较好的字典。从文字资料的角度看,该书是一部必须参考的资料总汇。

除了识字课本和《说文解字》一类的字典以外,另一类字书是正字类著作。

汉字是一种从象形文字发展而成的文字体系,从古代的大篆、小篆变为楷书,产生了许多笔画不同的写法。在文字发展过程中又不断产生一些俗字、讹字。为了使书写规范化,隋唐以后有正字类著作,用以纠正文字的混乱。颜之推在《颜氏家训·杂艺篇》中记载了南北朝时文字使用的混乱状况。例如"憂"写作"悥","變"写作"㝸","蘇"写作"甦","老"写作"宎"等,都是乱造的新字。可见用字规范的问题已经引起当时人们的注意。

最早的正字著作是唐代颜师古的《字样》和颜元孙的《干禄字书》。《字样》已亡佚,但其内容多保存在《干禄字书》中。《干禄字书》是为了官吏行文和士子科举应试的需要而编写的,所以书名"干禄"。文字按韵排列,每一组字分列"正""俗""通"三种写法。写奏章、公文必须用正字,一般的交际可用通用字或俗字。从这些材料中可看到唐代使用文字的情况以及文字演变的情况。

宋代郭忠恕的《佩觿》,是供学童写字时辨正误的字书,书名用《诗经·卫风·芄兰》中"童子佩觿"的"佩觿"二字以示意。书中分辨形近字、讹变字和一字异读字,可看出宋人用字的规范标准。

这类著作明清以来一直不断,如明陈士元的《古俗字略》、叶秉敬的《字孿》、焦竑的《俗书刊误》,清代陆费墀的《字体辨正》、吴省兰的《文字辨讹》,民国时赵曾望的《字学举隅》等,都是这一类著作。

中华人民共和国成立后,文字改革委员会在文字规范方面做了许多工作。

1955年公布的《第一批异体字整理表》，1950年、1964年两次公布的《简化字表》，都是政府规定的规范化汉字。除翻印古书和特殊需要外，原有的繁体字在一般印刷品中停止使用。这是历史上一次大规模的文字改革措施。从汉字史的角度看，这两个文件是研究当今汉字的重要资料。

以上三类著作，就其时代的可靠性来说，当然同前面谈到的原始资料不同，因为这些字典在后人传抄、刻印过程中，难免不产生讹误。例如，现存抄本顾野王的《玉篇》残卷，曾把“隙”字误写为“隟”。这部字典在唐代通行，以致当时著名的文学家如柳宗元、白居易等都误以“隟”为“隙”。但这毕竟是少数。一般来说，字典的传抄和刻印，要比对待其他书籍慎重得多，错误和任意改字的情况很少，因此这三类资料的可靠性都比较大。

八

我国历史悠久，历代保存下来的典籍，其数量之大，在世界上当居首位。人们常以“浩如烟海”这个比喻来形容它。从宏观上来看，所有用汉字写下来和印出来的典籍，都是研究汉字发展史的资料。但是仔细分析起来，其可靠性往往不同。例如，现存的先秦古籍，其原始的写本现在已经看不到了。现在通行的印本，往往是经过后人改写的，即用后代通行的文字换去相应的古字。如果我们在应用这些典籍的文字资料时，误认为是上古文字的本来面貌，那就会上当。

试以《老子》这部书为例。《老子》的原本究竟是什么样子，现在已不得而知。《道藏》内保存的王弼注本是现在所见到的通行本。1973年在长沙马王堆三号汉墓中发掘出大批帛书，其中有两种《老子》写本，整理者定名为甲本、乙本。这两种写本分别写于汉高帝、文帝时，是《老子》最早的抄本。用这两种古本和今本对照，发现很多字写法不同。例如：

聖：今本“聖人”的“聖”，帛书甲本作“聲”，乙本作“耶”（二章）；

其：“虚其心，实其腹”的“其”，甲乙本都作“亓”（三章）；

鄰：“若畏四鄰”的“鄰”，乙本作“敎”（十三章）；

飘、崇：“飘风不崇朝，骤雨不崇日”，乙本“飘风”作“薊风”，“崇朝”“崇日”作“冬朝”“冬日”。“冬”当即“终”字的初文（十三章）；

隅、晚、稀：“大方无隅，大器晚成，大音稀声”，乙本“隅”作“禺”，“晚”作“免”，“稀”作“希”（四十一章）；

损:“为学者日益,为道者日损,损之又损,以至于无为”,乙本作“闻道者日云,云之有云,以至于无□”(四十八章);

谓:今本“谓”字,甲乙本都作“胃”。

帛书甲乙本当然还不会是最早的抄本,但同今本对比,已有许多不同。古籍在历代传抄传刻中多有改动。这种改动,有的是无意的,不小心抄错了;有的则是有意用后代通行的文字加以改写,今天有些古汉语文选改用简体字排印,是眼前的例证。以今例古,古人改写先秦古籍的原因也就可以理解了。

有些古籍没有像帛书《老子》这类材料可以校勘,要推测其原始文字的面貌,当然要困难得多。因此,这类材料的可靠性就远远不能同前面的几类资料相比了。

唐宋以后的笔记小说,元明以后的杂剧、曲艺、唱本等通俗文学作品中,根据口语、方言造出的“俗字”、简写字非常多,研究这些字也可以看出文字变化规律。这一大批俗字,也是一项宝贵的文字资料。

九

以上三至九节介绍的是研究汉字历史的七类资料。这七类资料,因其可信程度的不同分为以下三大类:第一类属于出土的古文字资料。这些文字的时代最为可靠。第二类是历代的字典类著作。每一时期产生的新字,多在字典中有所反映。这方面的材料也比较可靠。第三类是一般的古籍。这类资料内容非常丰富而复杂,有些文字的时代极不可靠,有些又比较可靠,多数资料要经过认真考辨才能加以利用。

以上七类材料都是研究汉字发展历史不可缺少的材料。但因其可靠性不同,在使用时要善于分辨取舍,区别对待。

第四章　汉字字体的演变

汉字演变的历史可以分为两个方面：一是字体的演变；二是文字本身的演变。这两者合起来就是汉字古今历史演变的全貌。

大篆、小篆、隶书、楷书，这是字体的不同，这同文字本身的变化不同。例如，殷周文字的“國”(国)作“或”(“”存一·二二一〇，“”盂鼎)，是个会意字。□表示城国，用戈守卫城国的意思。《说文解字》中的“國”字是“或”字加上形符□。原来的“或”字从春秋时开始假借为代词，现代汉语又用为连词，这是文字本身的变化。现代人写这两个字，即使用篆书、隶书写出来，也还是不同的两个字，两个字现在分别表示两个词或词素。再举几个例子：甲骨文的“又”本像右手形，当是“右”字初文。甲骨卜辞除用为“左右”的“右”以外，又用为“侑”(祭名)，又用为“有”，又用为“佑”。周代金文才有了“有”字，《说文解字》中才有了“右”“侑”两字，唐宋才有了“佑”字。“自”字本像鼻形。甲骨文的“自”有三种用法：一是鼻子；二是用为代词；三是用为自从(副词)。《说文解字》中有了“鼻”字，但“自”的第二、三种用法一直保留至今。这是文字本身的变化。

历来的文字学著作多半着重讲述字体的演变，对于汉字本身的实质性变化，或是略而不谈，或是语焉不详，因而不能深入地探讨汉字发展的历史。我们这本书的重点是讨论这一方面的演变情况，字体的演变只在这一章略做介绍。

一

关于汉字字体的演变，古人早已注意到了。许慎在《说文解字·叙》中说：

秦书有八体：一曰大篆，二曰小篆，三曰刻符，四曰虫书，五曰摹印，六曰署书，七曰殳书，八曰隶书。汉兴有草书。尉律：学童十七以上，始试讽籀书九千字乃得为吏，又以八体试之，郡移太史并课最者以为尚书史。书或不正，辄举劾之……

及亡新居摄，使大司空甄丰等校文书之部，自以为应制作，颇改定古文。时有六书：一曰古文，孔子壁中书也；二曰奇字，即古文而异者也；三曰篆书，即小篆，秦始皇帝使下杜人程邈所作也；四曰佐书，即秦隶书；五曰缪篆，所以摹印也；六曰鸟虫书，所以书幡信也。壁中书者，鲁恭王坏孔子宅而得《礼记》《尚书》《春秋》《论语》《孝经》。又北平侯张仓献《春秋左氏传》；郡国亦往往于山川得鼎彝，其铭即前代之古文，皆自相似，虽叵复见远流，其详可得略说也。

这是关于字体和古今文字最早的一段叙述。这段话对当时汉字字体的名称，各种字体创制的时间以及各种字体使用的范围，都做了大略的解释。

但从许慎的叙述中也可看出一些问题。第一是字体分类的标准不一致。八体中的大篆、小篆、隶书这三体以时代先后为标准；刻符、摹印、署书、殳书、虫书则是因使用范围不同而形成的字体。两个标准并用，字体就多起来。第二，王莽时的“六书”有古文、奇字而无大篆。那么，古文和大篆是指的同一种字体，还是别有所指，也没有说清楚。我们今天用历史发展的观点探讨汉字字体的演变，必须对许慎的话加以分析。

二

秦书八体划分的标准虽然有两个，但是从应用的角度看，其实又是一个标准，即实用的各个方面。秦汉时的“尚书史”或“史”是各级政府的文书、秘书一类人物，相当于今天的文书、打字员，专门从事抄写政府公文和一切文字工作。小篆和隶书是经常使用的字体。大篆是战国以前的文字，政府档案和古代典籍中多有保存，这是必须掌握的。刻符是用于符信上的文字。虫书是用于旗幡上的文字，因为字形屈折如鸟虫，所以叫虫书或鸟虫书。摹印是用于印玺的文字。署书是封检题字所用的字体。《说文解字》中说：“检，书署也。”《后汉书·祭祀志》记载了汉光武帝在泰山祭天（封禅）的经过，把玉牒放在石室中，玉检上刻上祭文，记载了刘秀恢复汉室的历史，这就叫作署书。后来写在匾额上的题字也叫署书。殳书则是在兵器上刻的文字。所有这些方面，都有封建政府在文字使用中的适用范围，所以概括为八种字体。其实，刻符、虫书、摹印、署书、殳书并不是因时代变迁而产生的新字体，这些实用性的文字，大多数仍是篆书，只是写法略具艺术特点而已。例如，秦代的《阳陵虎符》上面刻的铭文即“刻符”字，其实就是秦代的小篆；摹印的文字也多是篆书。历代兵器如戈、戟、剑的铭文，也多为篆书。殳书的艺术装饰性特别显著，如山西万荣县出土的“王子戈”，每个字的笔画都加以鸟形图饰，字体修长，是一种美术字。可见秦汉时的八体，都是按照文字应用的范围划分的。若按时代划分，实际上只有大篆、小篆、隶书这三体。

至于王莽时的“六书”，同秦书八体并没有实质性的不同，只是把大篆改称“古文”“奇字”而已。这同西汉晚期古文经书的大量出现有关。秦始皇焚烧儒家经典后，先秦典籍失传。汉代初年只有用通行隶书抄写的先秦典籍，叫作今文经。后来翻修孔子住宅时发现了用战国文字书写的经典，叫作古文经。所以“古文”“奇字”实际上就是战国时通行的篆书。若除去应用性强的缪篆、鸟虫书，也只有大篆、小篆、隶书这三体。

三

晋代以后的字体是以书法艺术为标准进行分类的，同秦汉、王莽的八体、六书又大不相同。例如，唐代张怀瓘在《书断》中将字体分为十体：古文、大篆、籀文、小篆、八分、隶书、章草、行书、飞白、草书。这种分法也照顾到传统的分类法，但以“古文”与“大篆”并列，而且多出“籀文”一类。唐玄度的《十体书》中的十体则是：古文、大篆、八分、小篆、飞白、倒薤篆、散隶、县针书、鸟书、垂露书。从所立名目看，书法艺术的特点已很突出。张彦远的《法书要录》中又有六十四体、百体、百二十体的记载。

我们研究汉字字体的发展，要同书法家所谓的字体分开。

四

汉字已有三千多年的历史。三千多年来，汉字的字体在不断地变化。殷代和西周的字体有所不同，战国文字同殷周文字的字体相比又有些变化，从秦代的小篆变为汉代的隶书以及魏晋的楷书，变化更大。同一时代的文字，也往往因地区不同而具有各自的字体特色。所以从渐变的角度看，很难说汉字字体应该划分为几个阶段。

但是从宏观上看，仍然可以用三个阶段来划分汉字字体的演变过程，这就是从大篆变为小篆，从小篆变为隶书，又从隶书变为楷书。从时代来看，商周文字是大篆，秦代变大篆为小篆，隶书则开始于秦代盛行于汉代，东汉以后逐渐形成了楷书。

“大篆”这个术语最早见于《汉书·艺文志》中所记载的“史籀十五篇：周宣王时大史作大篆十五篇，建武时亡六篇矣”。许慎在《说文解字·叙》中也说：“宣王大史籀著大篆十五篇，与古文或异。”这两段话容易使人产生误解。一是认为籀文是一种与大篆不同的字体。如《魏书·江式传》中说：“及宣王大史籀著大篆十五篇，与古文或同或异，时人即谓之籀也。”因而后世便误以籀文或籀书为一种字体。其实《史籀篇》是最早的一部字书，这部书的字体属于大篆。至于《说文解字》一书中二百多个注明为“籀文”的重文，也只是保留了见于《史籀篇》而秦代小篆已经不用的异体字而已。拿这些“籀文”同战国以前的文字比较，发现并没有字体上的差异。所以，“籀文”并不是一种字体的名称。

至于“古文”这个术语，则指的是战国文字，也不是专指字体的。唐颜师古在《急就篇注叙》中说：“昔在周宣，粤有史籀，演畅古文，初著大篆。”张怀瓘在《书断》中也说：“柱下史始变古文，或同或异，谓之为篆。”认为大篆是从古文变化而成的，这是唐代人的一个误解。

把这两个误解说清楚，下面再谈大篆演变为小篆的过程。

五

大篆变成小篆是经过一千多年的演变逐渐形成的。拿甲骨文和西周金文同《说文解字》中的小篆比较,发现二者有很显著的字体差别。这种差别可以归纳为两点。第一点变化是大篆的字形比较接近物形,许多字还保存着记事图画的色彩。东汉蔡邕在《篆势》一文中说,篆体字的特点是“形要妙,巧入神”,正是说的大篆表形字的形态逼真这个特点。后来的小篆由于追求字形的整齐,字画变得圆通整齐,于是形态逐渐脱离了原物或原意。例如:

“出”字甲骨文作“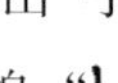”(合集七九四二)、“”(合集二三六〇二)像人足离家出行貌,“”(或“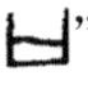”)表示居住的地方,止(趾)为足,是个很形象的会意字。后来小篆变成“”,便看不出造字的本意。《说文解字》中说:“进也,像艸(草)木益滋上出达也。”把原来的“止”误认为“屮”(“草”字初文),因而解形致误。

“奚”字甲骨文作“”(乙七七四一),像以手牵引奴隶发辫形。奚是殷周时奴隶的一种。《周礼·天官·冢宰》中有“奚三百人”。郑玄注:“古者从坐男女没入县官为奴,其少才知以为奚。”可知奚是一种因犯罪而没归官府的奴隶。后来小篆写作“”,许慎解释为:“奚,大腹也。从大,𢆶省声。”把个形象逼真的会意字误解为形声字。

“鬥”(斗)字甲骨文作“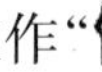”(粹一三二四),像两人互相扭打形。小篆变成“”,许慎解为:“两士相对,兵杖在后,像鬥之形。”字义是讲对了,但因字形讹变而误以两手为兵杖。

“糞”(粪)字小篆作“”。许慎解释说:“弃除也。从推華弃采也。官溥说:似米而非米者矢字。”说了半天还是弄不清楚这个“糞”字为什么要这样写。原来这个字甲骨文作“”(後下八·一五),像两手持箕弃除秽物形,是个“形要妙、巧入神”的会意字。变成小篆后,这种特点就看不到了,只好根据小篆的讹变字形自行揣测。

“虎”字小篆作“”。许慎解释说:“山兽之君,从虍,虎足像人足,象形。”既然是象形,为什么又从“虍”,为什么又多出个“人”来?甲骨文“虎”字有四十多种写法,有的画得像工笔画,有的很简单,只画出老虎巨口、长尾的特点,但都是“虎”的象形字。小篆的写法变了样儿,因而才产生了“虎足像人足”这种离奇的说法。

像这类的字可以说出很多，这里就不多举例了。这是大篆变为小篆的第一点变化。

第二种变化是汉字完成了“方块字”字形的变化。

把每一个汉字都写在一个方块里，整齐划一，因而汉字又叫作方块字。但是早期的大篆并非如此，甲骨卜辞的文字，常常根据字的繁简和字形而大小不同。例如：

（合集一四三四〇）

乙丑卜旦贞翌
贞燎于东母三豕

这是武丁时期的卜辞，字的大小很不一致。又如：

（合集三二九八〇）

甲午贞其令
多尹乍（作）王
寑（寝）

这是商代中期的一片卜辞，每行字数不一，字的大小也不一致。甲骨文中只有干支表等少数骨片的文字较为整齐。

殷周金器铭文，也与甲骨卜辞的写法相似。例如，商代晚期的《小巨𢆶卣》：

王易（锡）小臣𢆶易
才寝用作且（组）乙尊
㚇斗史

铭文共三行。第一行六个字，“小臣”二字合文；第二行七个字；第三行三个字，共十六个字。有的字如“叐”“史”“兹”比其他字大得多。“作”“且”“乙”三个字的大小只比得上一个“史”字。

又如，西周成王时的《小臣单觶》（上海博物馆藏）也是如此，共四行，每行字数不等，字的大小也不同。

王後屋克商
才（在）成自周公易
小臣单贝十朋用
作宝尊彝

这种情况到春秋时逐渐改变，铭文每行的字数趋于一致，每个字的大小也力求相等。例如春秋早期的《曾侯仲子鼎》（湖北省博物馆藏）的写法如下：

曾侯中（仲）子遊
父自作鬻彝

每行五个字，字的大小相等，像“子”“作”这类字过去都写得较小，这时也占了同等的地位。这种趋势越来越明显，到了秦代，就变成秦刻石文字那种行款整齐、一丝不苟的小篆的写法。

因为要把一个个汉字写得整齐，字的笔画也发生了变化。比如甲骨文的“水”字原来是横着写的，因为水是横着流的。但小篆就竖起来写作“”，这样便可把水部的字写成方块，不至过宽。“虎”“马”“豕”“犬”等字也是由横写变成竖写。

小篆的笔画也发生了变化，从原来“画成其物、随体诘诎”的画图式线条，变成圆活的定型线条。例如，“木”字甲骨文、金文多作“”，小篆作“”，树上的枝干和树下的根都变成圆形线条，失去了原来表形的笔意，但增加了字形的美感。“保”字金文作“”（保鼎），像大人抱着小孩子的样子，形象逼真，但不容易写得同其他字大小一样，也很难写得方正；小篆变作“”，形象走了样，可是却容易写了，也便于写成方块字。其他如“山”字从甲骨文的“”、金文的“”变成小篆的“”；“而”字从甲骨文的“”变成小篆的“”；“光”字从甲骨文的“”变成小篆的“”；“婦”字从甲骨文的“”变成小篆的“”等，都在线条上发生了这一类变化。正是由于这个变化，用小篆写成的秦始皇《泰山刻石》《峄山刻石》等，才能写得行款整齐、大小一律。汉字称作方块字，应该从小篆算起。

以上是大篆演变为小篆的两个主要方面。

六

小篆演变为隶书是汉字字体最大的变化。这种变化虽仍是笔画线条的变化，但这种变化比大篆变为小篆的改变要大。第一是小篆的圆形线条一律变为方形。例如：

小篆“日”作“”（大篆多作“”），隶书变作方形的“”。小篆“昧”作“”，隶书变作“”。“旦”在《说文解字》中作“”，隶书变为“”。“保”字小篆作“”，隶书变为“”。“车”字从大篆的“”变到小篆的“”，又变为隶书的“”。“甲”字从大篆的“”变为小篆的“”，又变为隶书的“”。“酉”字从大篆的“”变为小篆的“”，又变为隶书的“”。这些字的圆形线条一律变为方形。从画图的角度看更加脱离了文字所描绘的事物。“日”本来是圆形的，怎么会是方的？车轮也是圆的，哪里会有四方形的车轮？但是从书写的方便角度说，把圆形线条改成方形，确是一个进步。

第二是把曲线线条变成横、撇、捺等笔画。例如，小篆的“”变为隶书的“”，上一曲线变作横，下一曲线变成撇和捺，无论写成一笔还是分成两笔，都比小篆的曲线好写得多。“亭”字小篆作“”，隶书变为“”，上部的“人”原是房屋上部的形状,隶书变成一点一横。“高”“京”“享”等字的变化与此相同。“水”字从小篆的“”变为隶书的“”,中间一笔变为竖,左边一短横、一撇,右边一短撇、一捺,笔画虽然差不多,但线条变得容易书写,也更容易写得方正了。至于用“水”当作偏旁的字,隶书则逐步变成三点,如“渐”“溧”“沂”等。

通过这些笔画的变化,汉字形成了用横、竖、点、撇、捺等笔画组成的字体。这些线条的改变,极有利于汉字方正、整齐而且容易书写,整个笔画也从圆笔变为方笔。到这时,汉字才真正成为名副其实的方块字。

关于隶书产生的时代,最早的说法见于班固的《汉书·艺文志》。班固说,秦统一全国以后,“是时始造隶书矣。起于官狱多事,苟趋省易,施之于徒隶也”。说隶书的造兴,是由于官狱多事,因而苟趋省易,变得容易书写,这是可信的。但说隶书是秦统一以后才创造的,却不大可靠。

战国中期的《楚帛书》中的字体已经有隶书的笔意。试选出下列诸字,同篆书相比较:

(引自饶宗颐、曾宪通编著的《楚帛书》,中华书局香港分局1985年版)

饶宗颐说:“帛书结体在篆隶之间,形体为古文,而行笔则开隶势。”又说:“今观帛书已全作隶势,结体扁横,而分势开张,刻意波发……孰谓隶书始于程邈哉?”说这种字体在“篆隶之间”,“行笔则开隶势”是正确的。

可见战国中期的楚国文字已经有了初期隶书的笔意。

至于秦国的隶书,当以湖北云梦县睡虎地秦墓中出土的秦简文字为代表。这批秦简共一千一百余简,内容包括秦律、编年纪等,字体全属隶书,同秦刻石的小篆大不相同。下面也举些例子同小篆比较:

“老”字作“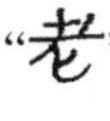”(秦简361、360)

按:《说文解字》作“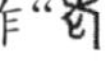”。秦简将上面两曲笔变为两横,第二横收

笔有隶书笔意。

"及"字作""(秦简36)

按:"及"字甲骨文作""(林二·二九·八),《说文解字》变为"",解释说:"及,逮也。从又从人。"用手( )逮住人,以会追及意。秦隶的"人"变为"",并且同"又"相连;再进一步就变成楷书的"及"了。

"如"字作""(秦简323、322)

按:甲骨文作""(乙七八七三),《说文解字》作""。"女"字的形状变得同楷书相近,曲笔变成与撇捺近似。

"而"字作""(秦简326、318)

按:甲骨文作""(乙四五二五)、""(佚六八八),《说文解字》变为"",仍保留着髭冉的形状。秦简变成方笔的隶书。

"之"字写作""(秦简125)、""(123)""(672)

按:甲骨文本作""(佚二五七),像足趾形,当是"趾"字初文。一表示地,像人足在地上。《说文解字》作""(误释为"出也。像艸过中,枝茎益大有所之"),隶书变为点、横、撇、捺组成的"之"。

可以看出,这些文字基本上已经完成了隶书的笔画变化,可见隶书在秦代已经流行。李斯等人编著的《仓颉篇》《爰历篇》《博学篇》三部字书当然是以小篆为规范字体,但其应用范围并不太宽,除了皇帝诏书、石刻等极郑重的场合以外,大概还是隶书用得最多。睡虎地简书包括了秦国的十八种法律,还有秦国编年史等内容,这些都是国家的重要文件,居然也用隶书书写,可见隶书在当时虽然还没有上升为正体的地位,但已是当时主要的字体了。

隶书到汉代便取代了小篆的地位,成为正体。这种字体的笔画也从秦隶的较为拘谨,变得放纵恣肆,又变得更加规整美观,但基本笔画并无大的变化。下面选用了从秦简到东汉的隶书资料加以比较:

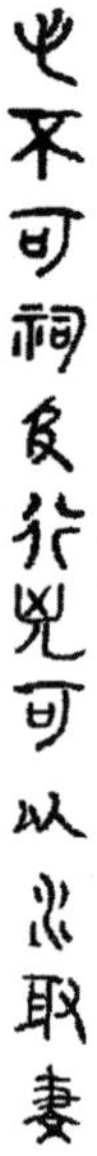

心不可祠及行凶可以水取妻

（秦简995）

道生法法者引得失以绳而明曲直者

（帛书：《老子乙本经法·道法》）

按：帛书《老子》当为公元前179年至前169年间抄本，代表汉初隶书的写法。

時過可不冒哉牧臨之部其勉于考績里

(《流沙坠简·屯戍丛残》)
按：据王国维考释，当为汉宣帝神爵四年(前58年)木简。

始建國天鳳元年
玉門大煎都關完
堅折傷薄

(《流沙坠简·屯戍丛残》)
按：此是兵器簿录本简第一简，当为兵器簿的检署，王莽天凤元年(前14年)物，字体恣肆放纵。

家居魯親里并官聖
妃左安樂里聖族

(《礼器碑》部分)
按：碑名《汉鲁相韩勅造孔庙礼器碑》，简称《礼器碑》。东汉永寿二年(156年)立。碑在山东曲阜孔庙，字体整齐流丽，为汉隶的典型写法。

漢泰山都尉孔君之

(《孔宙碑》部分)
按：碑名《汉泰山都尉孔宙碑》，东汉延熹七年(164年)立。碑在山东曲阜，较《礼器碑》用笔舒展，字体则一。

七

隶书作为秦汉时代的通用字体，进一步变化即为真书，也称楷书。这一变化是从魏晋开始的。明代张绅的《法书通释》中说："古无真书之称，后人谓之正书、楷书者，盖即隶书也。但自钟繇之后，二王变体，世人谓之真书。"这是说，真书指的是钟繇、王羲之等人所写的《宣示表》《力命表》《乐毅论》《黄庭经》等传世字体，也就是现代汉字的楷书写法。为什么叫"真书"呢？唐代张怀瓘在《六体书论》中说："字皆真正，谓之真书。"这是因为，魏晋时的字体，除真书以外，还有日常使用的行书和草书。行书、草书或由于书写的快速，或由于艺术风格的创新，笔画往往失真，所以与之相对的正书就叫作真书了。直到今天，我们说起汉字字体，仍然以"真、草、隶、篆"概括古今字体。

也可以把"真书"叫作"楷书"，不过这个术语历来所指不同。楷本是楷模的意思。张怀瓘以"八分书"（介乎篆隶之间的一种书体）为楷书。卫恒在《四体书势》中说："王次仲始为楷法。"这个"楷法"就是真书。

隶书变为真书，除了笔法的变易以外，从汉字的线条（即笔画形状）来看，并没有太大的变化，只是在点、横、竖、撇、捺、折这六种笔画以外，增加了钩和挑这两类线条而已。

"钩"在隶书中是没有的。"水""手""于""丁""子"等字的竖钩，"心""必""九""风"等字的右横钩，隶书里都没有。隶书的"水"作"水""氺"，后者竖笔下部略左弯，真书才变成钩。"手"字在《武威医简》中作"手"，竖画收笔略左倾；《史晨碑》中作"手"，竖画收笔左倾，但都不作钩形。"兄"字的末笔右横钩，隶书只作右倾笔形，如《赵君碑》中作"兄"，《武威简》中作"兄"。"见"字在《定县竹简》中作"見"，"视"字在《史晨碑》中作"視"，都没有钩的笔形。

"挑"的出现也是如此。隶书"手"部字的"扌"，第三笔都作短横，不作挑形。如《孔谦碑》中"指"作"指"，《曹全碑》中"揖"作"揖"，《张迁碑》中"挑"作"挑"，《华山庙碑》中"持"作"持"等。隶书"水"部字偏旁"氵"多是三个斜短横，第三笔不作挑。如《尹宙碑》中"温"作"温"，《夏承碑》中"淹"作"淹"，《华山庙碑》中"汉"作"漢"，《曹全碑》中"清"作"清"等。

从汉字线条笔形的角度来看，真书和隶书的不同只是钩和挑这两种笔形的增加。在隶书中已经孕育了这两种笔形的趋向，后来稍加变化，便形成了真书的笔形。所以隶书到真书的变化并不很大。也正因为这样，晋唐人才常把真书仍叫作隶书。

八

总括上面的分析，我们可以概括为以下几点：

第一，汉字形体的大变化是篆体变为隶书的变化。经过这个变化，汉字从以“画成其物，随体诘诎”的绘画式笔形变成以点、横、竖、撇、捺、折六种笔形为基本线条的隶书。

第二，从大篆变为小篆，使汉字成为大小一致的方块字，线条也逐渐变得脱离实物形象，但较易书写。这是个小变化。

第三，隶书变为真书，变化更小，只是增加了钩、挑这两个笔形。

第四，从字体的角度看，汉字可以划分为古汉字和现代汉字这两个大阶段。大篆、小篆是古汉字；隶书、真书是现代汉字。

九

关于汉字字体演变，最后还要谈谈草书和行书。

草书的“草”即草率之意。宋张栻在《南轩集》中说：“草书不必近代有之，必有笔劄以来便有之。但写得不谨，便成草书。”这是广义的解释。狭义的“草书”则专指与真书相对的书体，如章草、今草、狂草等。

草书就是不严谨的书法，最初只是为了省时省力，所以写得草率一些。但到了书法家手里，就成为一种书法艺术形式。有些草书写得龙飞凤舞，字与字连绵不断，几乎完全丧失了文字符号的交际功能，所以这种书体不能同篆书、隶书、真书同等对待。

行书则是介乎真书与草书之间的手写书体。行书的笔画不像真书那样规整，也不像草书那样打破了真书的笔画结构，这种书体从晋代二王以来，一直广为流行，至今仍是如此。试看下面的样字：

（《草诀歌》部分）

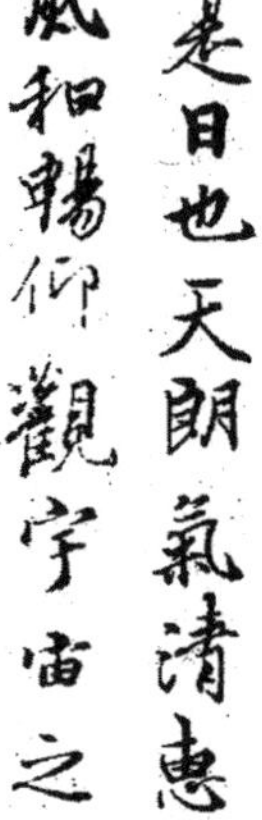

（《兰亭叙》部分）

草书的“有”“空”“却”“水”“言”等字同真书的笔法写法很不相同。“”（水）和“”（言）的区别更难分辨。行书则不同，除“清”字的水旁，“仰”字的右半边，“觀”字的左半边有笔画牵连外，其余的字几乎全与真书相同，只是从书法艺术的角度看，同真书的笔法有所不同。所以，行书一方面是一种便于书写的字体，一方面仍旧完好地保持着文字的交际功能。但是，行书又是一种形体不很固定的字体，偏于草书便成为“行草”，偏于真书就成为“真行”。行草实际上同草书无异，真行只是略微随便的真书，王羲之的《兰亭叙》就是真行的典型作品。所以从字体的角度来看，草书和行书都不能算与篆、隶、真这三种字体并立的书体。我们的分类标准同书法家的分类标准应该有所不同。

过去的文字学著作在谈到汉字演变的时候，对于字体的演变谈得很多，我们在这方面的论述，同前人的叙述没有很大的不同。不过文字字体的演变只是笔形的变化，并不是本质的变化，汉字本质的变化，是造字原则和文字体系的变化。以后几章，我们要具体分析这个问题。

第五章 “六书”和“三书”

前面讨论了汉字字体的演变。从这一章开始，我们就要探讨汉字本质变化的历史了。

先谈谈“六书”和“三书”的问题。这个问题实际上是汉字造字的方法问题。所谓汉字本质的演变，也就是造字方法的演变。这个问题弄清楚了，后面的分析就容易理解了。

一

“六书”的名称始见于《周礼》，把“六书”列为“六艺”（礼、乐、射、御、书、数）之一，是封建贵族教育子弟的课程之一。这个“六书”同汉代人所说的六书（六种造字法）不是一回事。《汉书·艺文志》说：“古者八岁入小学，故周官保氏掌养国子，教之六书，谓象形、象事、象意、象声、转注、假借，造字之本也。”这可以说明，班固时就有了六种造字法的名称，从此大家都把“六书”当作汉字的六种造字法。

许慎在《说文解字·叙》中，沿用了班固的说法（名称稍有不同），对每一“书”都加以解说，并且举了

例字。这个解释的影响很大,我们今天讨论汉字造字的原则和方法,仍不能不以许慎的说法做起点。现在把这段话引录如下:

> 周礼八岁入小学,保氏教国子,先以六书。一曰指事。指事者,视而可识,察而可见(段玉裁据《汉书·艺文志》改“可见”为“见意”),“上”“下”是也。二曰象形。象形者,画成其物,随体诘诎,“日”“月”是也。三曰形声。形声者,以事为名,取譬相成,“江”“河”是也。四曰会意。会意者,比类合谊,以见指撝,“武”“信”是也。五曰转注。转注者,建类一首,同意相受,“考”“老”是也。六曰假借。假借者,本无其字,依声托事,“令”“长”是也。

按照许慎的解释,汉字造字法共有六种。许慎对这六种造字法一一进行了解释。在一千八百多年前,许慎见到的古文字材料不算多,更没有其他国家的文字可供比较。从这个角度看,这种分析和解说在当时是很了不起的。

但是,现在看起来,“六书”说有很大的缺点。第一,汉字的造字方法是否有六种之多?比较汉字同现代各国的拼音文字,发现多数拼音文字只有用字母表音这一种造字方法。汉字的造字方法比较复杂,造字方法不是单一的,但是不是有六种之多?第二,“六书”的分类原则是什么?第三,从来没有一个人、没有一部字典能严格按照六书的标准把所有汉字分成六类。正因为“六书”说的这些缺点,历来学者对“六书”进行了长期的讨论和修正。

清代学者戴震提出的“四体二用”说是最早的新说。他认为:“指事、象形、形声、会意,四者为字之体;转注、假借二者为字之用。”这就是说,汉字的造字法只有指事、象形、会意、形声这四种,转注和假借不是造字法而是用字法。这个说法很有影响,但也有人反对。

这四种造字法有时也不容易区分。例如,“刀”字是个象形字,没有异议,但“刃”字在刀口上加一点以表示刀刃,是象形还是指事?说法不一。有人索性叫作指事兼象形。“鬥”字甲骨文作“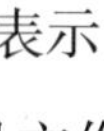”,像两人徒手相争斗形,应是个象形字还是会意字?《说文解字》解为“两士相对,兵杖在后,像斗之形”,虽误两手为兵杖,但说是“像斗之形”却是对的。但王筠说是“纯指事”(见《文字蒙求》)。“高”字甲骨文作“”,《说文解字》以为“像台观高之形”,徐中舒以为“像高地穴居之形”(《甲骨文字典》第590页),应该归入象形或会意。但王筠说是“借象形为指事

而兼意”的指事字。因一个字兼有指事、象形、会意三书的特点，所以用了这么啰唆的名称。

“四体二用”说、“兼类”说都说明一个事实：“六书”并不能完全概括汉字的造字原则。在20世纪30年代以前研究文字学的人尽管在“六书”框架内打圈子，但早已察觉到这种说法的缺点，只是因为还没有一种新说代替它，所以只能提出“四体二用”、“兼类”这些办法用以修补“六书”说的不足。

二

第一个打破“六书”说的学者是沈兼士先生。我们在前面已经说到过，他在20世纪20年代提出“文字画”的设想。他认为在“六书”以前还有个文字画阶段。他是第一个冲破“六书”框架的文字学家。他说：

> 中国古代文字的创造和组织，相传有六种原则（就是指事、象形、会意、形声、转注、假借六书）。前三者可以叫作意符的原则，后三者可以叫作音符的原则，现在进一步不墨守六书旧说，重新拿世界一般文字发展的次序和思想进化的历程，比照着来研究中国文字的源流变迁，大致可分为四级：
>
> （一）文字画……
>
> （二）象形文字……分两类：
>
> （1）写实的方法……
>
> （2）象征的方法……
>
> （三）表义字……
>
> （四）表音字……分两类：
>
> （1）半音符的（就是六书的形声）……
>
> （2）纯音符的（按：指假借）……
>
> （《沈兼士学术论文集·文字形义学》，中华书局1986年版，第387—394页）

这是从比较文字学的角度研究汉字造字原则的第一次尝试。

明确提出“三书”说的是唐兰先生。唐先生在沈先生“四级”说的基础上提出了他自己的“三书”说。这“三书”就是：

一、象形文字。

二、象意文字。

三、形声文字。

他认为：“象形象意是上古期的图画文字，形声文字是近古期的声符文字，这三类可以包括一切中国文字。”（见《中国文字学》，上海古籍出版社1979年版，第76页；《古文字学导论》，齐鲁书社1981年版，第83页）

这两种说法都想冲破“六书”旧说的框架，从与拼音文字相比较的角度提出了“三书”说，他们都认为汉字的造字方法只有三种（沈先生的“文字画级”除外）。“三书”说对通行了近两千年的“六书”旧说是一个很大的冲击，是汉字学理论的一个进步。

但是两种“三书”说都有缺点。

沈先生把“象形文字”和“表义字”分为两个阶段。实际上是把“六书”中的象形、会意、指事分为两个阶段。这三者的不易区分，清代小学家已经深有体会。此外，把形声字和假借字同时归为“表音字”一类，也不妥当。无论从性质还是历史发展来看，二者都不应归为一类。

唐先生的“三书”也有几点可议之处：一是象形和象意难以区分；二是没有给假借字以应有的地位；第三，说以形声字为主的文字系统“大概发生在三千年至四千年前，一直行用到现在”（《中国文字学》，第98页）也不妥当，因为从商代文字看，形声字并不多，在已经认识的一千个左右甲骨文字中，形声字只有两百多个，并不是当时文字的主要因素。

三

陈梦家的《殷虚卜辞综述·文字章》（科学出版社1956年版）在分析甲骨文构造的基础上提出了新的看法。他认为，古汉字应分为象形字、假借字、形声字这三类（见原书第80页）。

我在《从汉字演变的历史看文字改革》（原载《中国语文》1957年第5期，《文字训诂论集》第22页）一文中提出了汉字发展三阶段说，认为汉字应分为表形字、假借字、形声字这三种文字，同陈先生的说法不谋而合。但是陈先生说的只是商代文字。他认为，商代以后的汉字并没有本质的变化，却同我们的三阶段说不相同。这种分类法是从比较文字学的角度，根据汉字演变的历史提出来的。

表形字包括“六书”中的指事、象形、会意这三类。文字是记录语言的符号体系，是用以记录词或词素的(拼音文字记录词的音素、音位)。文字记录词语，最早是用表形文字，形就是词语所代表的事物之形。例如“人”(rén，姑且依现代汉语的语音)这个词，就画个人的形状()来表示；树木的“木”(mù)就画个树的形状()来表示，用以记录口语中的“人”“木”这两个词。这就是“六书”中的象形字。“刃”字在“刀”这个象形字的刀口上加上一点，表示刀刃。一、二、三分别代表三个数目字，同原始人在石壁上划道道或用木棍儿计数用意相同。“六书”中叫指事，其实也是表形的一种，只是用象征手法，不是用写实法。至于用两木表示“林”，用两个“止”(后来写作趾，义为足)表示“步”，用两个“止”(趾)涉水表示“涉”，“六书”中称作会意字，也是表形字，不过图形比较复杂而已。把这三类字合称为表形字，可以避免“象形兼指事”“指事兼会意”这类烦琐解说；可以对这三类字的共性加以概括。表形字是一切古文字的基本造字方法，至于用什么方式表形，用写实法或用象征法，表单个的物体之形或表合体事物之形，那是表形文字的内部再分类。

假借字就是表音文字。许慎给假借字下的定义是“本无其字，依声托事”，这就是说，用表形法造不出的字，就用个同音字来表示，这就叫假借。例如，“学而时习之”的“而”本是个像髭须的象形字(甲骨文作“”)，因为和当连词用的“而”同音，连词“而”又不可能用表形法造出字来，于是就借用“而”字来表示。这个假借字一直保持到现在，“然而”“而且”“取而代之”“待价而沽”“望风而逃”等词语还常常被使用。“之”也是个假借字。“之”()字像一脚趾踩在地上。《尔雅》中说：“之，往也。”这是“之”字的本义。但“时习之”的“之”是个代词，“人之初”的“之”是个助词，都是假借字。

假借字利用表形字的读音，用以记录那些难以用表形法创造的字，于是开创了表音文字这条新路。这是人类创造文字的一个飞跃，为文字体系开拓了一个新天地。

一切文字的发展都经历过假借字这个阶段。例如，古埃及圣书字，一般常叫作埃及象形文字，其中假借字非常多。画一个鹅的图形代表“鹅”，这是象形，但又表示“儿子”。因为“鹅”和“儿子”的读音都是[Sʔ]。画一个棋盘表示“棋子”，又表示“遗留”，因为两者的读音都是[mn]。如果把棋盘这个字画两次，就表示“移动”，因为“移动”的读音是[mnmn]。这就是埃及文字中的假借。欧洲学者把这种字叫作“画谜”（rebus），因为要破译这类字很困难，就像猜画谜一样。

商周时期汉字中的假借字很多，后来逐渐减少，但在现代汉字中仍有几百个假借字。唐兰先生的“三书”中没有假借字，很不妥当。

形声字是汉字中用特有的造字法造出来的。现代汉字中的形声字占90%以上，是形成汉字体系的主要因素。古埃及文字中也有类似形声字的文字，例如，“”意为“白天”“日光”。“”三个符号是从象形字变来的音符，“”是意符。音符和意符相合，同汉字的形声字属于同一种造字法。中国的纳西象形文字中也有一些形声字。不过这些文字中这类字极少，而且都没有发展成以形声字为主体的文字体系。

沈兼士先生的四级文字，把假借字和形声字合为一类也不妥当。

总体来看，表形字和假借字是一切古文字都用过的造字法，形声字则为汉字所独有。这三种造字法包括了古今汉字的全部。

从文字符号记录语言的可能性来看，也只有这三种方式。表形字、表音字和兼表音形的形声字。是不是还有另外的方式呢？没有了。现在盛行一种说法，认为汉字是“表意字”，似乎在以上三种方式之外，另有一种用表意方法创造的文字。布龙菲尔德在《语言论》一书中曾使用过“表意字”（ideographic writing）这个词，但是他同时也指出，这个叫法容易使人产生误会，因为有人把文字产生以前的记事图画也叫作表意文字。所以“表意字”这个术语不能加在汉字身上。

这就是我们的“新三书”说的理论根据。这三种造字法可以概括全部汉字，当然也有少数例外。如有些国际通用的符号，计数用的阿拉伯数字，加、减、乘、除的符号等。但这些则是借用的符号，不是文字。

四

这里还要谈谈“六书”中的转注问题，因为我们的三书中不包括转注。

“六书”中的转注是个很麻烦的问题，清代以来许多学者提出很多不同的解释，在这里没有必要把各种说法一一列举出来，只想概括地谈一谈。

前人对转注的看法可分为两大派：一派认为转注也是一种造字法，但对这种造字法的不同解释却有一二十种之多；另一派认为，转注不是造字法。戴震认为它是用字法，与假借并列，构成了他的“四体二用”说。清代至近代的文字学家如段玉裁、朱骏声、桂馥、章太炎等人多同意此说。

我们对这个问题思索了许多年，在过去的论著中一直没有谈，现在在这里说出来供大家讨论。

我们同意戴震的意见，转注不是造字法，但笼统地说它是用字法也不妥当。我们认为，转注是讲两个以上的字与字的同源关系的。许慎说：“转注者，建类一首，同意相受，考、老是也。”拿“老”和“考”两个字来说，“老”是个表形字(象形或会意)，“考”是个形声字，这两个字的造字方法不同，但意义可以转相注释。“老”字下说：“考也。”“考”字下说：“老也。”从同源词的角度看，这两个字当属同源，后来因为声母变化，于是裂变成两个词，也就写成两个字。用这个观点来考察转注，可以在《说文解字》中发现不少例子。例如：

“銷”和“鑠”——“銷，鑠金也。”又：“鑠，銷金也。”两字古音同部，声纽稍变，字义互注，当是两个同源字。

“監”和“臨”——“監(监)，臨(临)下也。”又：“臨(临)，監(监)臨也。”古文字中这两个字都是表形字(会意)，“臨”字像人在水潭上俯首照视形。原始人没有镜子，只能在水边照视自己的面孔，“如临深渊”正是说的这个事儿。这个“临”字正是用的“监临”这个本义。后来发现，在水盆里倒上水，可以当镜子用，于是又造了个“監”字，像一个人睁大了眼睛俯视水盆(皿)形。再到以后有了用青铜做的“鑑”，最后把这个字又写作“镜”，今天叫作镜子。“临、监、鑑、镜”是一组同源字，读音小变，字也改变了几次。

“细”和“纖”——“细，微也。从系，囟声。”又：“纖(纤)，细也，从系，韱声。”二字双声，字义相同，也是一组同源字。

“匌”和“帀”——“匌，帀遍也。从勹、舟声。”又：“帀，周也。”许慎以汉代通用的“周”字释“帀”。“周”的本义是“密也”，是“周密”的本字，汉代人通用为“匌帀”字。“匌、帀”双声，同义，当是一组同源字。

像这样的同源字可以找出很多，根据许慎对转注下的定义和举出的“考”“老”两个例字来看，只有这样解释转注才符合许慎的原意。当然，许慎所处的时代，还不可能对同源词有明确的认识，他只是从“考”“老”的相互关系中认识到它们之间有“同意相受”的同义关系，而这两个字又在同一部首，所以就用“建类一首、同意相受”这两句话来解释转注这种现象。许慎根据传统的“六书”名称一一加以解释，也并没有说“六书”是六种造字方法，从这两句话来看，许慎也并没有把转注字当作造字方法之一来解释。过去的文字学家误以为“六书”全是造字法，于是不得不把转注字牵强附会地说成是造字法，这是文字学史上的一桩疑案，应该加以澄清。

五

根据上面的分析，对于汉字造字的方法可以有个比较清楚的认识：

第一，许慎的“六书”说代表公元一世纪时汉代人对于汉字构造方法的认识。这种认识和解释在当时很了不起，代表当时的最高学术水平。

第二，用现在的观点来看，“六书”说有两大缺点。第一个是分类的标准不统一，“六书”不属于一个层次，表形字（包括象形、指事、会意）、表音字（假借）、形声字属于第一个层次。象形、指事、会意是表形字的再分类，属于第二层次。第二个缺点是把转注字也算在造字法的分类中，因而造成多年来众说纷纭的疑案。

第三，我们的“新三书”说吸取了沈兼士、唐兰、陈梦家诸先生学说中的合理部分，建立在比较文字学的基础上，经过在汉字中的验证，是符合汉字发展的历史和汉字的实际情况的。有些特殊情况虽需要加以解释，但是不会影响汉字体系的本质。

把“六书”的问题说清楚了，下面再谈汉字演变的历史，可以免去一些不必要的纠缠。

第六章　商代的甲骨文

一

商代的甲骨文字是现在发现的最早的汉字资料。

从古书的记载和商代文字的情况来看,商代的文字已经是一种接近成熟的文字。在商代以前,可能在夏朝时,已经有了较原始的汉字。甲骨文中已有“册”“典”等字。册就是简册。古人记事多用竹简,许多竹简编结在一起就叫“册”。“典”字像两手捧册形。《尚书·多士》一书中说:“惟殷先人,有册有典。”可见商代除了甲骨文字以外,还有简册。《说文解字》中“典”字下说:“典,五帝之书也。”五帝时已有了典册,可能太早了些,但从近年来的考古材料来看,夏文化已有创造文字的条件。根据这些材料推测,这个假设是合理的。不过用竹木写的简册,不大可能在地下保存至今,所以至今还没有发现真正的夏代文字(有的专家认为,半坡村出土的陶器上的五十多个刻画符号就是夏代原始汉字的残迹,这种说法不可靠)。因此我们研究上古汉字,只能从商代的甲骨文字开始。

甲骨文是刻在龟甲兽骨上的文字。商代奴隶主崇尚占卜，一切国家大事和天象变化都要占卜。占卜的内容以文字的形式刻在龟甲兽骨上，叫作卜辞，那些文字就叫作甲骨文字。

埃及的古文字都刻在石壁或石碑上，保存四五千年不成问题。商代的甲骨文字能保存到现在，实在是一件幸事。这种文字一直到一百多年前才被清代小学家王懿荣发现。原来这些甲骨片一直被当作中药的“龙骨”在使用。王懿荣从捡回的药材中认识到“龙骨”上刻的是一种古文字，从而揭开了甲骨学这一新学科的序幕。

二

甲骨文出土一百多年来，出了许多甲骨文研究专家。刘铁云、王国维、罗振玉、董作宾、孙海波、郭沫若、唐兰、商承祚、胡厚宣、徐中舒、于省吾、陈梦家等人，在发掘、整理、考释文字等方面都有各自的贡献。这方面的著作很多。郭沫若主编的《甲骨文合集》（中华书局1982年版）十三册，在前人整理的基础上搜集国内外所藏甲骨，从十五万多片甲骨中，去掉重复，共收四万七千余片，这是当时最完备的甲骨文字资料。

在这四万多片甲骨文字中，共有四千多个单字。经过多年来的考释，大约有一千多字得到辨识。其余的三千多字多数是地名、人名，因而多数甲骨卜辞所记载的内容大致能通读，许多字都可以在《说文解字》中找到与之相当的字，并且可以从先秦古籍用字中得到印证。

甲骨文的时代在商代晚期，从盘庚到商纣共二百五十三年，公元前14世纪到公元前11世纪，距今三千二百年左右。

三千多年前的古文字，从它被确认为商代文字到其主要文字得到辨识不过八九十年，这在世界古文字研究史上是一个奇迹。埃及古文字的发现很早，经过几个世纪的研究，一直到19世纪法国学者商博良等人才释读成功。苏美尔文字的释读也是到19世纪才完成的。甲骨文从发现到释读完成只用了几十年的时间。这有几个原因。第一，汉字从甲骨文到现代汉字，一直一脉相承，始终没有间断。用汉字记录的汉语，从商代的上古汉语变化到以后的上古汉语、中古汉语、现代汉语，也是一脉相承，从未间断。第二，汉代的字书如《说文解字》等著作，为考释甲骨文字提供了有力的根据。第三，先秦古籍的用例也提供了许多例证。第四,清代小学家关于古籍用字的考证,证明中国学者在这方面有深厚的修养和丰富的经验。以上这四个因素是甲骨文字辨识工作在短期内取得出色成就的原因。

三

从汉字造字方法的角度来看,甲骨文已经具备了表形字、表音字和形声字这三种造字方法。下面先说表形字。

甲骨文中的表形字是原始记事图画文字的继续与发展。

我们在前面已经谈过记事图画和文字画的问题。记事图画或文字画发展成表形字,是文字逐渐形成的历史过程。文字同记事图画的不同,是文字符号同词语结合程度的不同。记事图画不能同语言的词相对应,文字却能用图形符号记录词语。从记事图画发展成表形字,需要很久很久的时间,甲骨文字中的表形字已经完成了这个过程,许多表形字还可看出它从图画变来的本来面貌。下面我们姑且按象形、会意、指事这三个小类举些例字来看看甲骨文中的表形字。

许慎给象形字下的定义是:"画成其物,随体诘诎。"就是说,画出一个东西的形状,笔画根据物形的变化而变化。用现在的说法,就是用写生画的手法造的字。可是许慎所凭据的小篆,由于笔画的整齐划一和字形的规整,许多象形字已经失去"物"的形状,甲骨文往往保持了原形。例如:

"鹿"——《说文解字》:",獸也。像头角四足之形,鸟鹿足相似,从匕。"从小篆字形看,"鹿"字已经同动物鹿的形状大不相同,同鹿的"头角四足"不相应,说它"从匕"更不可解。而甲骨文作:

佚三八三

甲二六四二

乙一五三四

几种写法繁简不同,但都突出了鹿角和体型的特点。

"象"——《说文解字》:",长鼻牙,南越大兽,三年一乳,像耳牙四足之形。"小篆的"象"字,已看不出大象的形体特点。甲骨文作:

前三·三一·三

前四·四四·四

字形繁简不同，但都画出了长鼻这一特点。

“鱼”——《说文解字》：“，水虫也。象形，鱼尾与燕尾相似。”甲骨文作：

明藏七二六

前四·五六·一

小篆“鱼”字还保留着鱼形的轮廓，甲骨文的写法更为逼真。

“龜”（龟）——小篆“龟”字作“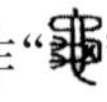”，《说文解字》中说：“从它，龟头与它头同。天地之性广肩无雄，龟鳖之类以它为雄，像足甲尾之形。”说得极为神秘，硬把龟与“它”（古蛇字）牵扯在一起，只是因为小篆“龟”字同“它”字的字头相似而已。甲骨文“龟”字作：

燕一九二

前七·五·二

辅仁一

都画出了乌龟的体形特点。

“龍”（龙）——小篆“龙”字作“”。许慎说“从肉飞之形”，难以理解。甲骨文作：

後二·六·一四

铁一六三四

甲三三六〇

都是古人所想象的龙的形状。小篆讹变成左右两个部件，失掉了原形。

“鳥”（鸟）——小篆“鸟”字作“”。甲骨文作：

掇二·五九

後二·一八·七

林二·一六·一九

二者相较，笔画演变的痕迹很清楚。

“虎”——小篆“虎”字作“”，下部为“人”（）形，许慎因而说是“虎足像人足”。甲骨文作：

甲二四二二

前四·四四·五

甲三〇一七

笔画繁者为工笔画，笔画简者为写意画，但都画出了巨口、长尾的特点。无论哪种写法，都不会把老虎的足画成人足。

“牛”“羊”——小篆“牛”字作“”，“羊”字作“”，都还可看出牛、羊的头部特点，但也不如甲骨文的逼真：

合二六八

乙九〇〇八

乙七二六一

甲二三三九

河三八七

前四·五〇·五

都从正面画出牛和羊的头角特点。不过甲骨文的这种写法已表现出经过简化和特征化的过程，更早的写法可能跟“虎”字、“鸟”字一样，画得更为复杂工细。

“鳳”（凤）——《说文解字》：“鳳，神鸟也……从鸟，凡声。”是个形声字。甲骨文作：

後二·三九·一〇

铁五五·三

後一·一四·八

画得像孔雀的样子，强调头部和羽毛。有的加注凡声，则是最早的形声字。

“角”——小篆“角”字作“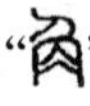”，尚存兽角的轮廓。甲骨文作：

林二二二·六

菁二

完全是兽角的形状。

“乃”——小篆“乃”字作“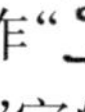”，看不出像什么形状。许慎说：“曳词之难也，像气之出难。”这是根据“乃”字的假借义加以曲解，不可信。甲骨文作：

菁七

粹八四五

像乳房侧面形，当是“奶”字初文。

“齒”（齿）——《说文解字》：“齒，口断骨也。像口齿之形，止声。，古文齿字。”是个在象形字上加注声符的形声字。甲骨文作：

後下五·三

乙七三五五

像齿形，当是“齿”字初文。

“止”——《说文解字》：“止，下基也。像艸（草）木出有址，故以止为足。”误以为草木生出形，是因为小篆的写法失去了原形。甲骨文作：

拾一〇·五　甲二四八六　粹二·九·七　甲二七四四

像人足形。卜辞或为人足义，如：“贞疒止隹有蚩。”（林二·九·七）“疒止”即疾足，足上有病。

“自”——小篆作“自”。《说文解字》：“自，鼻也，像鼻形。”甲骨文作：

甲一九二　菁五·一

正像鼻形。卜辞：“贞有疒自隹有蚩。”（乙六三八五）“疒自”是鼻子有疾，“自”正用“鼻”这个本义。

“火”——甲骨文“火”字作：

後二·九·一　甲一〇七四

像火焰上升形，比小篆的火更为形象。

雨”——甲骨文“雨”字作：

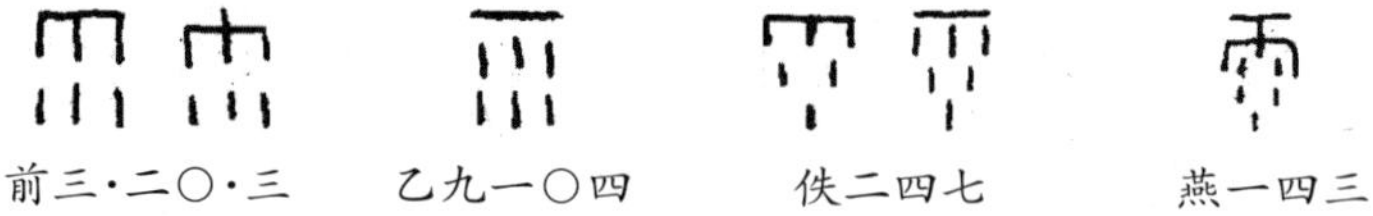

前三·二〇·三　乙九一〇四　佚二四七　燕一四三

写法有好多种，都像雨形。《说文解字》中说：“雨，水从云下也。一像天，冂像云，水霝其间也。”根据小篆的字形加以解说，所以不很准确。“一像天”是对的，“冂像云”就不准确。从甲骨文看，原来只是在“一”（表示上，天上）下画一些雨点，以后才变为后来的“雨”字。

“車”（车）——“车”字小篆作“車”，已经失去了车的形状。甲骨文作：

菁三·一　乙八〇八一　铁一一四·一　明一九〇六

有的把车辕、车厢都画出来,多横形,后来竖写,也还是画出两个车轮。小篆简化为竖写的一个车轮。从文字符号的角度看,是表形字发展的规律,但从象形字“画成其物,随体诘诎”的原则看,却要用甲骨文加以比较,才能确切地说出造字的本意。

“霝”——《说文解字》:“霝,雨零也。从雨、㗊,像零形。诗曰:霝雨其濛。”甲骨文作:

合集一一四二三

福一一

当是“霖”字初文。《说文解字》:“霖,雨三日以往。”《尔雅》:“久雨谓之淫,淫谓之霖。”甲骨文的“霝”字,正像雨落不止形,是个象形字或会意字。

“干”——《说文解字》:“干,犯也。从反入,从一。”误把“干”字解为“干犯”的“干”。甲骨文作:

甲二九二六

乙一〇四九

是狩猎工具形,在丫形杆头缚上石片,用以击兽,也可用作武器,本义为干戈。干犯、干涉当是其引申义。

“禾”——甲骨文作:

京都二九八三

甲一九一

像禾谷上有穗形,或简化。小篆变为“”,许慎说是“从木从𠂹省。𠂹像其穗。”虽无大误,但不如说像禾有穗形更为确切,不必说它“从木从𠂹省”。

“网”——网字小篆作“”。《说文解字》中说是“从冂下像网交文。”甲骨文作:

後二·八·一二

明藏一九八

乙三九四七

像网形,两竖像系网的竿子,捕鱼时两人各持一边。小篆讹变为“”。

“龠”——《说文解字》：“，乐之竹管，三孔以和众声也。从品、侖。侖，理也。”甲骨文作：

续五·二二·二

存一·四七七

乙一四四五

像编管乐器古笙形。许氏所说的“从品、侖”都是小篆字形的讹变。

以上是象形字的例子。下面再举些会意字的例子。

“冓”——《说文解字》：“冓，交积材也。像对交之形。”甲骨文作：

小屯四二

甲五二二

徐中舒以为像两鱼相遇之形，以会遘遇之意。或加“辵”为形符，以说明和行走义有关。小篆变作“”，许氏因误以为“交积材”。

“烖”（灾）——《说文解字》：“烖，天火曰烖。从火𢦏声。灾或从宀、火。”甲骨文作：

乙九五九

屯南八〇六

从，从火，会屋内失火成灾意。

“聲”（声）——《说文解字》：“聲，音也。从耳，殸声。殸，籀文磬。”甲骨文作：

後上七·一〇

梓一二二五

像以手持杖击磐耳听其声形，会意。许氏误释为形声字。“殸”像击磬形，从殸声说不准确。

“饗”（飨）——《说文解字》：“饗，鄉（乡）人饮酒也。从食、从鄉，鄉亦声。”甲骨文作：

前四·二一·五

合集一六〇四八

像两人对坐共食形，是个会意字，当是“饗”字初文。看了甲骨文的写法，发现造字的用意非常明显。

“宿”——《说文解字》：“宿，止也，从宀，佰声。”甲骨文作：

粹一一九九

甲三三一八

佚五三八

从宀，从人，从“”，像人卧于室内席上，以会宿意。这简直是一幅止宿屋中的图画，可证许氏解形的失误。

“宫”——《说文解字》：“宫，室也。从宀，躳省声。”甲骨文“宫”字作：

林二·二六·三

前六·一三·二

徐中舒说，半坡村圆形房屋基础复原为圆锥形屋顶，屋顶斜面之通气窗孔呈“吕”形，“宫”字正像其形。徐说可信，可据以纠正旧说。

“寮”——《说文解字》：“寮，穿也。从穴，尞声。”甲骨文作：

京三三一六

前四·三一·六

像屋内以木燃火形。今彝族、苗族等少数民族仍有在屋中央建火塘燃火的风俗。许慎释义解形都不准确。

“朢”(望)——《说文解字》：“朢，月满与日相朢以朝君也。从月、从臣、从壬。壬，朝廷也。𦣠，古文朢省。”甲骨文作：

宁二四八

佚七二六

像人立土丘上远望形，以会望意。“壬”当是人止(趾)在土上的讹变，许氏据以解形，因而致误。

“監(监)”——《说文解字》：“監，临下也。从卧，䘀省声。”甲骨文作：

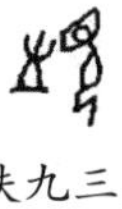
佚九三三

摭续一九〇

像人在盛水器中照面形，当是“鑑”（鉴）字初文。《尚书·酒诰》：“人无于水鑑，当于民鑑。”“監”字正是“水鑑”的形象，是个会意字。所谓“峪省声”，纯属臆说。

“身”——《说文解字》：“身，躳也。像人之身，从人，厂声。”甲骨文作：

佚五八六

乙六八七

像怀孕形，意为怀孕。《诗经·大雅·大明》：“大任有身，生此文王。”郑笺：“谓怀孕也。”这是“身”字的本义。至于以后用为身体义，乃是引申义。许氏的释义正是其引申义。因为小篆已失去了怀孕形，故误释为形声字。

“出”——《说文解字》：“出，进也。像艸（草）木益滋上出达也。”草木上出怎么会有“进”义？形义关系实难联系。甲骨文作：

合集六〇五七

合集八一七八

合集六〇九三

像足从窑洞中外出形，以会出意。小篆变足形与中同，因而说解致误。

“尹”——《说文解字》：“尹，治也。从又丿，握事者也。”甲骨文作：

前七·四三·一

後下三八·一

像以手持杖形。殷代的“尹”为官名，以手持杖，监督奴隶从事劳动，当是“尹”的本义。

“牢”——《说文解字》：“闲养牛马圈也。冬省，取其四周匝也。”甲骨文作：

摭续七八

乙九〇九一

宁一·五二二

像圈栏畜养牛马形。“冬省”说不准确，周围像圈形，今以畜牧为主的少数民族地区，仍有这种风习。

“𠬝”——《说文解字》：“𠬝，治也。从又、从卪。”甲骨文作：

乙八七〇五

粹四四七

像以手制服人形，当是“服”字初文。卜辞用为俘获字。小篆人形讹变，许氏因而致误。

“執”(执)——小篆作“”(執)。《说文解字》:“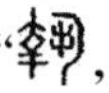,捕辠(罪)人也。从丮从卒,卒亦声。”甲骨文作:

合集五七八

合集五七二一

屯南二六五一

像人两手加刑具形,“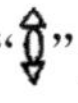”为手梏。小篆手梏形讹变为“卒”,人及两手形讹变为“丮”,因而难以揣测造字的用意。

“縶”(絷)——甲骨文又有从足从的“縶”字初文,作:

前五·三二·六

合一三五

像以梏械足形。械手为执,械足为縶。《说文解字》:“縶,縶足也,从足,執声。”解为形声字。按照甲骨文的写法,本来也是个会意字。

“衛”(卫)——《说文解字》:“衛,宿衛也。从韋、帀,从行。行,列衛也。”这个字结构很复杂,小篆又有讹变,因而很难看出造字的本意。甲骨文作:

後下一一·九

摭续一四九

续五·九·二

写法不同,当以第一个写法为最古,从行,从四止,像卫士守卫四个路口,以会守卫意。以后或在中间加方,或加口形,以表国邑或地区。后来省去左右两“止”,于是形成小篆及隶书的“衛”字。

“行”——《说文解字》:“行,人之步趋也。从彳从亍。”甲骨文“行”字作:

後下二·一二

粹五一一

像道路四通形,以会行路意。许氏误释为“彳”“亍”二字。

“逐”——《说文解字》:“逐,追也。从辵、从豚省。”甲骨文作:

前三·三三·三

前三·三二·三

前六·四六·三

从止(趾),在兽后追逐形,以会逐意。兽为豕、兔、鹿等。小篆从豕、从辵,并非“从豚省”。

“得”——《说文解字》:“得,行有所得也。从彳,㝵声,古文省彳。”甲骨文作:

佚三一七

京二二五九

人二一一三

像以手持贝以会得意。或加“”(彳)符。小篆变“贝”为“見”,遂不可解。

“受”——《说文解字》:“受,相付也。从𠬪,舟省声。”甲骨文“受”字作:

後上一八·三

戬四七·七

像以手持盘相受授形,以会“受”意。古文字“舟、盘”形似,所以许氏误释为“舟省声”。

“莽”——《说文解字》:“莽,南昌谓:犬善逐兔艸(草)中为莽。从犬、从茻,茻亦声。”甲骨文作:

存一·一四四〇

存二·四九五

正像犬在草木丛中形。

“步”——《说文解字》:“步,行也。从止、相背。”甲骨文作:

合集六四六一

存一·六六五

像两足一前一后形,以会步行意,或加“”形,意思更为显豁。

“徒”——《说文解字》作“辻”,释:“步行也。从辵,土声。”甲骨文作:

乙八一三八

乙四八八四

像人足在土上行走之形,以会徒行意。“土”旁小点为尘土形。许氏释为形声字,不当。

"涉"——《说文解字》:"𣥫,徒行濿水也。从林从步。涉,篆文从水。"甲骨文作:

合集二八八八三

戬三八·一〇

京一五五六

像两足涉河形以会涉水意。许氏解形准确,用甲骨文的写法对照,形象更明。

"彭"——《说文解字》:"彭,鼓声也。从壴,彡声。"甲骨文作:

後上九·五

戬四三·一

三点当为鼓声的标志(见李孝定《甲骨文字集释》卷五)。许氏误释为"彡声"。

"𥎦"——《说文解字》:"𥎦,伤也。从矢,昜声。"甲骨文作:

乙三一七〇

乙七〇〇

从矢从子,像矢伤人形,以会伤意,当是"伤"字初文。

"复"——《说文解字》:"复,行故道也。从夊,畗省声。"甲骨文作:

乙二四七〇

粹一〇五八

从反止从。徐中舒以为像穴居两侧有台阶上出,足趾在此出入形,会往返出入之意,可从。许氏以为"畗省声",误。

"貯"(贮)——《说文解字》:"貯,积也。从贝,宁声。"甲骨文作:

乙七二五八

後下一八一八

像"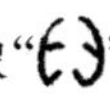"(贝)在"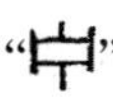"中形,以会贮存意。许氏误释为"宁声"。

"朝"——《说文解字》:"朝,旦也。从倝,舟声。"甲骨文作:

库一〇二五

佚一九二

从日、月和草木形。日月同时出现在草木中,为早晨日出而残月仍在之形,用以会朝义。小篆字形讹变,许氏因而误释为形声字。

"既"——《说文解字》:"既,小食也。从皀,旡声。"甲骨文作:

後六九五

乙四七〇一

续一·一·三

像人已食毕掉头不再食形,以会食既意。引申为完毕、既然义。许氏误释为形声字。

"即"——《说文解字》:"即,即食也。从皀,卩声。"甲骨文作:

铁三八·三

簠九九

像人在食器前就食形,以会即就意。这个字同"既"字的用意相反,面向食物是"即",吃饱了转过脸去表示吃过了,不再吃了为"既"。两字对照,会意的手法非常高明。

"眢"——《说文解字》:"眢,目无明也。从目,夗声。"甲骨文作:

前三·二二·四

佚五六一

续一·五·三

像以手挖目形。小篆讹变,许氏因据以误释为形声字。

"盡"(尽)——《说文解字》:"盡,器中空也。从皿,𣶒声。"甲骨文作:

前一·四四·六

前一·四四·七

像以手持帚洗涤器皿形,以表食尽义。吃完了饭要用刷子洗涤食器,至今为然。许氏误释为形声字。

"解"——《说文解字》:"解,判也。从刀判牛角。"甲骨文作:

後下二一·五

正像以手、刀割判牛角形,以会分解、解体意,许说正确。用甲骨文的写法对照,用意更为明确。

"劓"——《说文解字》:"劓,刑鼻也。易曰:天且劓。劓,臬或从鼻。"甲骨文作:

铁二五〇·一

从刀、从自，以会刑鼻意，小篆讹变，从“臬”。

“刖”——《说文解字》：“刖，绝也。从刀，月声。”甲骨文作：

粹一二二三

从“刀”、从“肉”。《玉篇》：“刖，断足也。”《左传》中有刖刑，当为会意字。因“”(肉)和“”(月)古文字形近，许氏因误释为从“月声”。

“折”——《说文解字》：“折，断也。从斤断艸(草)。”甲骨文作：

人三一三一

前四·八·六

从斤、从断木为二。许氏所释甚是。看了甲骨文的写法，发现其造字的用意更为显豁。

“芻”(刍)——《说文解字》：“芻，刈草也。像包束艸(草)之形。”甲骨文作：

乙二四二二

人四二四

像以手取草形。许氏释为“刈草”，是。但说是“像包束草形”，却不准确，因为小篆讹变为“”，所以致误。刈草和包束草是两回事，不可能用一个字形表示这两个意思。

“少”——《说文解字》：“少，不多也。从小，丿声。”甲骨文作：

前四·四二·五

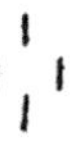

拾七·一五

又甲骨文“小”字作：

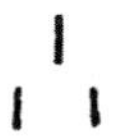

甲三〇八三

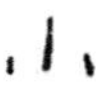

甲二〇二九

甲骨卜辞“小”“少”两字常混用,如:“丁至庚不菁小雨。”(粹一〇〇四)“……今夕其雨允雨少(小)。”(前四·四二·五)两字当是一字,或三点,或四点,都会小意。后来分化为两字。小篆“少”字的第四点讹变,许氏因误释为形声字。

“中”——《说文解字》:“中,内也。从口,上下通。,籀文中。”甲骨文作:

乙四〇二

合集三二九八二

唐兰先生说,像旗之斿(旒),本氏族之徽帜,古时有大事,聚众于旷地而建中,群众见中而趋赴(见《殷虚文字记》)。唐说甚是。许氏解形误,所引籀文“”,旗旒分两边飘动,亦谬。甲骨文、金文都没有这种写法,因为旗子上的飘带随风向而飘动,不可能分别飘向相反的两个方向。

“蓐”——《说文解字》:“蓐,陈艸(草)复生也。从艸,辱声。”甲骨文作:

宁二·二九

从艸,从(辰)从又,艸或作(林),“辰”像农具,以手持辰锄草形,当是“薅”字初文。许氏解形误。

“祝”——《说文解字》:“祝,祭主赞词者。从示,从人、口。一曰从兑省。”甲骨文“祝”字或从示,或不从示:

佚八五四

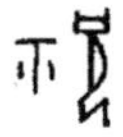

前四·一八·七

前六·六一·四

像人跪于神主前祷祝形。许氏误分为人、口二形,又说是“从兑省”,不确切。

“為”(为)——《说文解字》:“為,母猴也。其为禽好爪。爪,母猴象也,下腹为母猴形。”甲骨文作:

後下一〇·一二

合一三二

像以手牵象形。商代时中原一带多大象,《吕氏春秋·古乐篇》:“殷人服象。”即驯服大象以从事劳役。“為”字正像以手牵象形,许氏释解误。

“黍”——《说文解字》:“黍,禾属而黏者也。从禾,雨省声。”甲骨文作:

前五·二〇·二

乙四〇五五

甲五九二

像禾生于水中形,以会水稻黍之意。许氏误释为“雨省声”。

“食”——《说文解字》:“食,一米也。从皀,亼声。”甲骨文作:

存一·一二三九

合九〇

乙五二九六

像食器上有盖形,以会食意。许氏误以器盖为声符。

“埶(艺)”——《说文解字》:“埶,种也。从丮、坴。丮,持种也。”甲骨文作:

合三〇二

前二·二七·四

像以双手持草木形,以会树艺(栽种)之意。小篆讹变,失去了原形。

“專”(专)——《说文解字》:“專,六寸簿也。一曰:專,纺專(砖)。”甲骨文作:

铁二一六·三

拾二·一八

从“叀”,像纺砖形,以手转砖,砖即旋转而达纺线之效。因“專”字假借为专一义,于是又造“磚”字以表本义。

“糞”(粪)——《说文解字》:“糞,弃除也。从廾推𠦒,弃釆也。官溥说:似米而非米者矢字。”甲骨文作:

後下八·一三

人二六三

像双手持箕弃除秽物形,箕中小点即秽物。小篆字形讹变,许氏释义正确,解形不准确。

“圅”(函)——《说文解字》:“圅,舌也。象形,舌体马马。从马,马亦声。”甲骨文作:

林二·二九·一四

後下二二·五

像矢在囊橐中形，以会“函”意，许说误。

“俘”——《说文解字》：“俘，军所获也。从人，孚声。”甲骨文作：

合三五九

菁六

像以手抓俘虏形。或从，像驱战俘使行貌。当为会意字。小篆变为从人、从孚，许氏因此误释为形声字。

“拖”——《说文解字》：“拖，曳也。从手，它声。”甲骨文作：

前六·五一·四

像以手拖蛇形，以会拖意。按照许氏的体例，应该解为“从手从它，它亦声”。

“反”——《说文解字》：“反，覆也。从又、厂，反形。”甲骨文作：

前二·四·一

像以手攀山崖形，以会攀登意。杨树达释“反”为“攀”字初文。《玉篇》有“扳”字同“攀”。《广雅》：“扳，援也。”可证。

“甫”——《说文解字》：“甫，男子美称也。从用从父，父亦声。”甲骨文作：

前四·四·三

乙三二一二

像田中有“丫”形，以会圃意，当是“圃”字初文。小篆作“”，字形讹变。许氏释为“从用从父”，误以假借义释本义。

“穆”——《说文解字》：“穆，禾也。从禾，㣎声。”甲骨文作：

甲三六三六

像禾穗上有锋芒形，当是象形字或会意字，小篆的“禾”与禾穗分裂为二，许氏因而致误。

“何”——《说文解字》:“何,儋(担)也。从人,可声。”甲骨文作:

合二二四

後下二二·三

像人荷戈形,以会担荷意。小篆讹变为从人、从可。

“頮”(沬)——《说文解字》中“沬”字古文作“頮”。《玉篇》:“頮,洒面也。”甲骨文作:

宁二·五二

後二·一二·五

像人就水器洗面形,以会頮意。“沬”为形声字,后起。

“叜”(叟)——《说文解字》:“叜,老也。从又、从灾,阙。䆻,籀文从寸。傁,叜或从人。”甲骨文作:

前四·二八·七

像手持火炬在室内搜索形,以会搜求意。朱骏声以为当是“搜”字初文。许氏误以为从“灾”,且误以假借义为本义。

“稷”——《说文解字》:“稷,齋也,五穀(谷)之长。从禾,畟声。,古文稷省。”甲骨文作:

前二·三二·五

遗一二〇

“”当是“祝”字初文,像人跪地上向天祝祷状,旁加“禾”形,当是以禾祭神,以会稷为嘉禾之意。与《说文解字》古文字形相近。

“葡”——《说文解字》:“葡,具也。从用,苟声。”甲骨文作:

粹五三三

戬四四·一三

像盛矢器形。以后金文讹变为“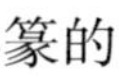”(毛公鼎),又讹变为小篆的“”,因而许氏

误以为从用，茍声。（《说文解字》中又有“箙”字：“箙，弩矢箙也。”则是这个词的形声字。）

“天”——《说文解字》：“天，颠也。至高无上，从一、大。”甲骨文作：

後下一八·七

乙九〇六七

乙九〇九二

从口从人，像人形而头部特显著，用以会颠顶意。小篆口形变为一横。

“眣”——《说文解字》：“眣，目不正也。从目，失声。”甲骨文作：

戬四七·八

林一·二五·九

像矢中目形，当为会意字。小篆误以“矢”为“失”，许氏因而误释为形声字。

“父”——《说文解字》：“父，矩也，家长率教者。从又举杖。”甲骨文作：

佚五九九

粹五〇六

郭沫若以为当是“斧”字初文，石器时代男子持石斧从事操作，故用为“父母”之“父”。郭说准确。

“屰”——《说文解字》：“屰，不顺也。从干下屮，逆之也。”释形不可解。甲骨文作：

合一五〇

乙三九三九

像倒立的人形，以会不顺意。或加“彳、止”形，以会迎意：

後下一一·一六

乙八七六二

小篆字形讹变，许氏因而误释为“从干下屮”。

“競”（竞）——《说文解字》：“競，强语也。一曰逐也。从誩、从二人。”甲骨文作：

戬三三·一二

京四一八八

像两人并行，以会竞走意，许氏误释为从“二言”。

“曾”——《说文解字》：“曾，词之舒也。从八、日，囱声。”甲骨文作：

前六·五四·一

林一·三〇·三

徐中舒以为像釜鬲有箅、蒸气逸出形，是“甑”字初文。徐说准确。（刘又辛、张博有《释曾》一文，载《汉语史论文集》138页，西南师范大学出版社1995年出版，列举曾族字，如層、增、贈、罾等字，都是从曾[甑的初文]字孳生而来。因炊具中的甑子，中间有箅，两层，因而孳生出以上诸字，可证徐说。）小篆字形讹变，许氏不得其解。

“耤”——《说文解字》：“耤，帝耤千亩也，古者使民如借，故谓之耤。从耒、昔声”。甲骨文作：

前六·一七·五

前七·一五·三

像人以耒耕地形。因小篆讹变失去了原来会意的图形，许氏误释为形声字。

甲骨文表形字中会意字最多，这里只举一些小篆字形讹变较甚而甲骨文还保存造字原貌的字。

表形字中的指事字为数甚少，只有一、二、三、亖（四）、上、下等字是纯粹的指事字。大多数所谓的指事字，是在象形字、会意字上加指事符号的文字。例如，“亦”字作“”，在“”（人）的两腋下加两点以表腋下义；“勺”字作“”，勺中短画表示勺中的东西，都在象形部分上加指事符号。文字学家对这类字的分类往往有分歧，有的说是指事字，有的说是象形兼指事，有的说是会意字。许慎给指事字下的定义是“视而可识，察而可见”（段玉裁据《汉书·艺文志》注改为“察而见意”），大约相当于一种抽象的象征性符号，这也是表形文字的一类。

甲骨文中的表形字，有一大批到秦汉时变成与之相当的形声字。例如：

续四·二九·一

存二·四七〇

像在高脚盛水器中洗足形，当是“湔”字初文。《广雅·释诂》：“湔，洒也。”《广韵》：“湔，洗也。”前者是表形字，后者是形声字。

前四·八·五

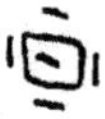

乙三二三四

像日四周有晕气形，当是“暈”（晕）字初文。《说文解字》：“暈，日月气也。从日，军声。”前者是会意字，后者是形声字。

京都三一四六

前四·一二·三

像□中有草木形，以表苑囿义。《秦公簋》中出现了“囿”字。《说文解字》：“囿，苑有垣也。从□，有声。一曰禽兽曰囿。，籀文囿。”前者是会意字，后者为形声字。

“麋”字甲骨文本作：

续四·五·五

天七九

像鹿形，目上有眉，当是“麋”字初文。《急就篇》中颜师古注：“麋似鹿而大，目上有眉，因以为名。”《说文解字》：“麋，鹿属。从鹿，米声。”前者是会意字，后者为形声字。

甲骨文“㾶”字作：

鄴三·三五·二

合二三二

从齿从它（虫形），以表牙齿病虫义。《说文解字》中作“㾶”或“齲”，变为形声字。

甲骨文“釐”字初文作：

合集八一三六

甲二六九五

像以手持杖击麦脱粒形，以表丰收福釐义。“隶”化为“𢼸”，以后又加“里”声成“釐”字。《说文解字》：“釐，家福也。从里，𢼸声。”按字形分析，当是“从𢼸，里声”。

甲骨文“沈”（沉）字初文作：

前一·二四·三

合四〇

从牛从水，像牛沉水中形。《周礼·春官·大宗伯》：“以貍沈（沉）祭山林川泽。”貍和沈（沉）是祭祀山林川泽的仪式，貍是将牲畜埋入地下，沈是将牛沉入水底。甲骨文正像“沉”形。先秦经典都写作从水、冘声的“沈”。《说文解字》中另有“湛”字，释为“没也”，但“没”字下却释为“沈也”，“沈”字下又说：“陵上滈水也。”大概在汉代时“湛”字已不大使用，“沈”字的滈水（久雨积水）义也已不用，于是“沈”字成为沉没义的专用字。

甲骨文“貍”字（或作“貍”）的初文作：

粹三八

甲八二三

像貍牛、羊于土坎中形，用以祭祀山林。《说文解字》中有从艸（草）、貍声的“貍”，释为“瘗也”。《玉篇》中又有“埋”字，用以代“貍”。

甲骨文“虹”字初文作：

合集一〇四〇五反

像虹形，卜辞：“亦有出虹自北饮于河。”（菁四）“虹”字即作此形。古时人大概认为虹是龙一类的神物，可以把头伸进河里饮水，所以把虹画得和龙相似。《说文解字》：“虹，螮蝀也，状似虫。从虫，工声。”变成了形声字。

甲骨文的“蚕”字也是个象形字，作：

前六·六六·三

後上二八·六

像蚕形。《说文解字》：“蠶（蚕），任丝也。从䖵，朁声。”变成形声字。“蚕”字则是宋代才出现的俗字。

甲骨文“聞”（闻）字的初文作：

乙三二五〇

前七·三一·二

像人耳听声音形，以表听闻义，秦汉时才出现了从耳、門声的“聞”字。

甲骨文“雷”字初文作：

後下一·一二

合集一三四一九

像闪电形，闪电相击为雷，小点表示雷声。西周《盠驹尊》中出现了从雨的“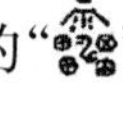”（雷）字。《说文解字》讹变为“靁”，以后又省为“雷”。

甲骨文中还有一大批至今还没有考释出来的表形字，其中会意字占多数。

已经得到确释的表形字，可以归纳为以下五点：

第一，甲骨文中的表形字是从记事图画变来的，因此还保留着原始记事图画的遗迹。比如，“虎”“鳳”“鳥”“龍”“雷”“執”“沈”“蕹”“糞”等字的写法，有的笔画工细，有的画意明确，同原始记事图画的笔法非常相似，因而它所象的形，所会的意，大都可以从这些字形中看出来。

第二，它同原始记事图画又有本质的差别。这二者的不同，在于同语言结合的程度。记事图画同语言中的词语没有直接结合，一幅图画可以用汉语述说出来，也可以用其他任何语言述说出来，但是甲骨文中的多数文字，都表示当时上古汉语的某一个词，这是根本的差别。

第三，甲骨文的表形字，一个字常有许多不同的写法，有的笔画繁多工细，有的笔画简化。这种简化使文字逐渐摆脱记事图画的烦琐，而又保持所表事物的特点。

第四，表形字是甲骨文字中的基础，除少数形声字外，可以说都是表形字，不过其中的一大部分用成假借字了。

第五，我们把“六书”中的象形字、指事字、会意字总称为表形字，但在具体分析时，同时照顾到传统的分类法，这样可以避免兼类说的无益纠缠。

四

现在看看甲骨文中的假借字。

许慎给假借字下的定义是：“本无其字，依声托事。”这就是说，本来没有那个字，就借用一个同音字来充当。比如，语言中的虚词和表示抽象意义的词，很难用表形字的造字法制造专字。在这种情况下，单靠表形字就不行了。为了打破这个障碍，于是创造了表字音的假借法。

从只能表形的文字到表音文字，这是人类文字发展史上的一个重要阶段，一切古文字都曾经历过这个阶段。埃及圣书字、苏美尔文字，都是以表形字为基础、以假借字为主流的文字体系。过去曾经把埃及古文字叫作象形文字，那是错误的。

下面且举些例子，看看甲骨卜辞中假借字的使用情况。

“叀”——甲骨文作：

乙七八〇八

粹四六三

像纺砖形，上为丝麻线，下面为砖形，当是“磚”（砖）字初文。但卜辞多借用为虚词，与“惟”的用法相同。如：“贞叀王正（征）方”（合集六三一三）。“王叀出循”（合集三二正）。这个“叀”字用作虚词，同纺砖义完全无关。

“公”——《说文解字》：“公，平分也。从八，从厶。八犹背也。韩非曰：背厶为公。”甲骨文作：

甲一七七八

周甲H11:98

不是“从八，从厶”。徐中舒以为像瓮口形，是“瓮”字初文，可从。卜辞多假借为王公、先公的公；又借为“公宫”（公众的宫室）的“公”。这两种假借用法一直沿用至今。

“余”——甲骨文作：

续五·一二·二

佚七七七

像以木柱支起的屋舍形。卜辞假借为第一人称代词，或用为贞人名。《说文解字》释为：“语之舒也。”不是“余”字本义。

“歲”（岁）——《说文解字》：“歲，木星也……从步，戌声。”甲骨文作：

续二·三·三

佚八九三

诚二三九

郭沫若谓，当是“戉”（钺）字。于省吾以为“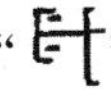”字上下两点表示斧钺上下尾端之透空处。卜辞假借表收获一年为歲，如“今歲”“來歲”等。以后又引申为年岁（年龄）、岁月义，沿用至今。

“鼎”——甲骨文作：

甲二八五一

合一七〇

像鼎形。卜辞常假借为贞卜的“贞”。有时写作“”(铁四五·二),增“卜”字,以后遂讹变为从卜从贝的“贞”。

“羽”——甲骨文作:

甲四三八

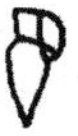
佚二七〇

甲一二三六

像鸟羽形。小篆变为“”。卜辞多假借为翊日的“翊”。同时,卜辞已有“翊”字。

“隹”——甲骨文“隹”字像鸟形,“隹”和“鸟”本是一个字。卜辞常假借为虚词“唯”(古代典籍作“惟”“维”)。

“舊”(旧)——《说文解字》:“舊,鴟舊,舊留也。从萑、臼聲。”甲骨文作:

前二·五·一

粹二三二

也是从萑,臼声,凵即臼。本是鸟名,卜辞常假借为“新旧”的“旧”。这个假借字沿用至今。

“其”——甲骨文“其”本像簸箕形,卜辞假借为疑问词“其雨”(下雨不下雨?)的“其”。

“乃”——甲骨文作妇女乳房侧面轮廓形,本是“奶”字初文。卜辞假借为虚词“乃兹”(菁一)的乃;又假借为指示代词。

“豆”——《说文解字》:“豆,古食肉器也。从口,象形。”甲骨文作:

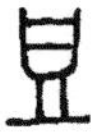
乙七九七六

後上六·四

正作食器形,但卜辞多假借为地名。战国以后,又假借为“豆麦”“菽豆”字,沿用至今。

“井”——《说文解字》:“井,八家一井,象构韩形。”“韩”为井上木栏。甲骨文“井”作:

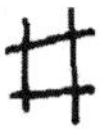
粹一一六三

後上一八·五

像两根直木两根横木相交为井栏形。但卜辞多假借为方国名、人名,如“井方”(後上一八·五)、“妇井”(遗五一六)。

“來”(来)——甲骨文作:

乙六三七八

粹一五九三

像麦形,本是“麦”字初文。卜辞假借为“往来”字,沿用至今。《说文解字》:“来,周所受瑞麦来麰,一来二缝,像芒束之形,天所来也,故为行来之来。”许氏误以为“来”之所以借用为行来的来,是因为“麦”是“天所来也”,实在是毫无根据的曲解。

“東”(东)——甲骨文作:

库一一一三

邺三·三八·四

屯南一一二六

像囊中盛物两端扎束囊口形,本义当是橐囊。卜辞多假借为方位词“東方”“東土”的“東”(东),沿用至今。《说文解字》引官溥说,以为“东”字“从日在木中”,其实古文字并不从日。

“萑”——《说文解字》:“萑,鸱属。从隹、从。”甲骨文像头上有毛角的鸟形:

人二七七

粹五一七

“萑”是个象形字。但卜辞或假借为“灌祭”的“灌”,或假借为“觀”(观),或假借为地名、人名。甲骨文又有“藋”字:

粹四五二

和“萑”字的用法相同,可能是同一个字的异体。

“之”——甲骨文作:

乙三四一四

佚二三七

从从一,像人足站在地上形,以会至义。《玉篇》:“之,至也。”当是“之”字本义。

《诗经·鄘风·柏舟》:“之死矢靡它。”毛传:“之,至也。”可证。卜辞常假借为指示代词,如“之日”“之夕”,犹是日、是夕或此日、此夕。又假借为地名、人名。

“南”——《说文解字》:“南,艸(草)木至南方有枝任也,从朩,𢆉声。”解形释义都不准确。甲骨文作:

合集一七七七

合集二四四二九

唐兰先生以为像古代瓦制乐器形,上部的“Ψ”像悬挂乐器的绳索。引申为音乐术语义。《诗经》中“周南”“召南”的“南”,或即以此类乐器为主的乐调。卜辞常假借为方位词“南方”“南土”“南啚(鄙)”的“南”,而且沿用至今。

“西”——《说文解字》:“西,鸟在巢上也。象形。日在西方而鸟栖,故因以为东西之西,棲,西或从木、妻。”甲骨文作鸟巢形:

後下二四·二

铁一三三·二

小篆巢上增鸟形,许氏释形准确。但说“日在西方而鸟栖,故因以为东西之西”,不妥。鸟栖巢和西方并无必然的关系。卜辞假借为“西土”“西方”的“西”,这个假借字也一直沿用至今。

“北”——《说文解字》:“北,乖也,从二人相背。”甲骨文“北”字像二人相背形,以会背意,当是“背”字初文。卜辞多假借为方位词“北方”的“北”。可以看出,东、西、南、北几个方位词都是假借字。

“爿”——甲骨文作:

乙二七七三

乙二七七八

像牀(床)形,当为“牀”字初文。但卜辞多假借为地名或祭名。

“录”——《说文解字》:“录,刻木录录也。”不准确,甲骨文作:

簠天五

邺三·四五·一一

徐中舒云,像井上辘轳形,上像桔杆,下像汲水器,小点像水滴形。可信。卜辞多假借为山麓的“麓”,或用为地名、人名。

“𪚼”——甲骨文作：

甲三三五三

後下一二·一四

或以为像水虫形，或以为像龟类动物形。卜辞假借为春秋的“秋”。甲骨文又有“𪛁”字，从火从龜，卜辞也借为“春秋”的“秋”。《说文解字》中又有籀文“龝”字，后来省作“秋”。

“帚”——《说文解字》：“帚，粪也。从又持巾埽门内。”甲骨文作：

乙六五八五

屯南五〇二

像帚形。小篆讹变，因而许氏误以为“持巾”。卜辞多假借为“婦”，又假借为“归”。

“何”——甲骨文“何”字本像人荷戈形。卜辞多假借为人名、方国名。以后又假借为疑问代词，沿用至今。

“方”——《说文解字》中解“方”字为“并船”，“像两舟省总头形”，不准确。甲骨文作：

合一二四

南明四八七

南师二·五六

徐中舒以为像耒形，可从。但卜辞和古代典籍都没有用其本义的书证。卜辞多假借为“东方”“西方”“南方”“四方”的“方”。

“允”——《说文解字》：“允，信也。从儿、㠯声。”甲骨文作：

前七·三六·二

屯南二五四

像人头上有标志形，但所表何意不明，众说纷纭，没有定论，只能确定是个表形字。《说文解字》的释义并非本义，当是假借义。卜辞也多假借为“信”义。如“允雨”即确实下了雨；“允隻”即确实得到了(野兽)。

“勿”——甲骨文作：

合集一一九一正

合集一二一〇

像弓形，旁有小点。《说文解字》以为旗形，不准确。或以为弓弦拨动形以会发矢义，可参。但卜辞只假借为否定词，如“王勿正(征)”(前五·二二·二)即王不要出征。

“而”——甲骨文像颔下须毛形。《说文解字》中也说：“而，颊毛也。”卜辞常假借为地名，又假借为指示词。

“亦”——甲骨文“亦”字像人两腋形。《说文解字》中也说：“亦，人之臂亦也。”卜辞多假借为再、又义。“亦雨”是又下了雨。“亦侵我啚(鄙)田”(合集六〇五七)即又侵我西部边界的土地。

“氒”——甲骨文作：

佚一一九

菁一

郭沫若以为“氒”乃“矢括”初文，像矢括形。卜辞假借为代词，即先秦典籍中的“厥”字。敦煌抄本《尚书》中都以“氒”为“厥”。

“凡”——甲骨文像高足盘形：

金六七三

库一二四八

因形与舟相似，因而《说文解字》误以为“盤”(盘)字从“舟”。卜辞多假借为祭名；或假借为方国名，或假借为侵犯的“犯”，或假借为殷先王盤庚字；又假借为动词，表巡视义。

“萬”(万)——甲骨文作：

前三·三〇·五

後下一九·八

像蝎形，当是“蠆”字初文。卜辞假借为数词。

“甲”——《说文解字》：“甲，东方之孟，阳气萌动，从木戴孚甲之象。一曰人头宜为甲，甲像人头。”说解不准确。甲骨文作：

前三·二二·四

合集二二六五五

从□从十。诸家考释说法不一：或说像鱼甲(鱼鳞)形，或以为像皮开裂形，罗振玉以为像藏神主的匣。但其为表形字(会意字)无疑。卜辞多假借为天干之一，如“甲午”“甲辰”等;又假借为殷先公先王的庙号,如“大甲”“上甲”“羌甲”等。

“乙”——甲骨文作：

甲三

甲二〇六三

象形不明,或谓像刀形;或谓像鱼肠形;或谓像鸟形。《说文解字》以为“象艸(草)木冤曲而出”形,都无确证。卜辞多假借为天干之一,如“乙亥”“乙丑”等;又假借为殷先王庙号,如“大乙”。

“丙”——甲骨文作：

甲二三五六

粹一二二七

象形不明,有的说像鱼尾形;有的说像几形;有的说像物的底座形,都无确证。《说文解字》:“丙,位南方,万物成炳然,阴气初起,阳气初亏。从一入门,一者阳也。丙、承也,像人肩。”用汉代的阴阳五行说加以附会,更不可信。

“丁”——甲骨文作：

乙七七九五

甲二三二九

甲二四三

有的以为像钉形;有的以为像人的头顶形,为“顶”字初文,都可参考。卜辞多假借为天干之一,如“丁巳”“丁未”“丁酉”等;又假借为祭礼及先王庙号,如“丙子卜贞武丁丁其牢兹用”(前一·二一·三),“武丁”为殷先王,下一“丁”字为祭名。《说文解字》释为果实的象形,不准确。

“戊”——甲骨文“戊”字像兵器形。卜辞假借为天干之一。

“己”——甲骨文作：

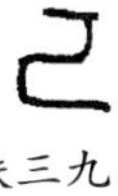
铁三九·四

後上八·四

不知所像何形,有的说像弋射之缴;有的说像纶索形,以会约束义。《说文解字》:“己,中宫也,像万物辟藏诎形也。”不可信。卜辞假借为天干之一及殷先王庙号。

“庚”——甲骨文“庚”字作：

京三〇七三

存一·一七八六

前三·八·一

郭沫若以为像乐器形，可从。《说文解字》以为“象秋时万物庚庚有实也”，不准确。卜辞假借为天干之一及殷王庙号。

“辛”——甲骨文作：

前四·二四·一

郭沫若以为像古之曲刀形，用以施黥刑，形状如今之圆凿。金文或作“”（串父辛簋），《说文解字》以为：“秋时万物成而熟，金刚味辛，辛痛即泣出。从一从辛。辛，辠（罪）也。”不可信。卜辞多假借为天干之一及殷王庙号。

“壬”——甲骨文作：

後上二七·二

京三三五二

字形不明，或以为像两刃斧形；或以为像鑱形；或以为是“滕”的古文，为织机经线的工具；或以为当是“任”字初文；或以为是“妊”字初文；或以为与“工”为一字，不能定。卜辞假借为天干之一及殷先王庙号。

“癸”——甲骨文作：

京八六二

周甲探一三

象形不明，卜辞假借为天干之一及殷先王庙号。

可以看出，用以记时的天干：甲、乙、丙、丁、戊、己、庚、辛、壬、癸10个字，卜辞都只用为假借字，当作记音符号使用。有些字的本义已很难考定。不过这并不很重要，只要知道它假借为天干之一也就够了。

甲骨文中的地支用字：子、丑、寅、卯、辰、巳、午、未、申、酉、戌、亥12个字，也都是假借字，情况同天干10个字相似，这里就不一一加以解释了。

以上这些假借字可以叫作单纯的假借字。这些字只当作假借字来使用，字的本义已不使用。比如，“其”字本像簸箕形，但卜辞只当作虚词来用，不再用为箕义。这一类假借字,有的一直沿用到现在。

甲骨文中还有一类兼职的假借字,同一个字,既有它的本义或引申义用法,又当作假借字使用。例如:

“自”——《说文解字》:“自,鼻也。像鼻形。”甲骨文的“自”正像鼻形。卜辞的用法有三种:一是用为鼻,“贞有疒自。”(乙六三八五)即有鼻疾;二是用为自称代词:“叀王自往西。”(乙五三二三)即王自己往西去;三是用作从此到彼的“从”:“王宾自武丁至于武乙……”(後上二〇·六)即从武丁到武乙。只有第一种用法是“自”的本义,后两种都用为假借字。

“若”——甲骨文作:

甲二九〇五

甲一一一五

像一人理发使顺形,以会顺义。卜辞或用其本义:“贞帝若王。”(合集三二三)即帝顺王。或假借为“諾(诺)”,“帝弗若”(铁六一·四)即帝不诺,不应,不许。或假借为“如果”义:“若兹不雨”(遗六二〇)即如果不下雨。以后只剩下“若”字的第三种用法,一直沿用至今。

“鼎”——甲骨卜辞“鼎”字或用为用食器烹煮义,是“鼎”字的引申义。或假借为“贞”;或假借为副词“当”:“疒齒鼎龍。”(丙一二)于省吾以为“鼎龍”当释为“当寵”,可信。“鼎”假借为“当”或“正”,汉代仍有这个用法,《汉书·贾谊传》:“天子春秋鼎盛。”“鼎盛”即正盛、当盛,说天子正当盛年。

“易”——《说文解字》:“易,蜥易,蝘蜓,守宫也。象形。祕书说:日月为易,象阴阳也。一曰从勿。”列举了三种说法,都不可信。甲骨文作:

合集八二五三

合集五四五八

合集六七二八

徐中舒云,像两酒器相倾注承受形,以会赐与意。徐说可从。卜辞或用为“赐”,表赏赐义;又假借为祭祀用牲法:“贞易豶白九月。”(前六·四二·八)“易豶白”即用豶为牲;又假借为表阴天的“晹”,“易日”(合集三四〇一〇)即阴天;又假借为地名;又假借为“更易”的“易”。只有第一种用法和本义有关,其余四种用法都是假借义。

“燕”——甲骨文“燕”字像燕形。卜辞既用本义,又假借为“燕(宴)饗”字。

“凡”——甲骨文“凡”字像高脚盘形。卜辞用为祭名:“其凡于祖乙。”(存二·七五七）这种祭祀可能与祭器有关，用引申义。又假借为地名；又假借为侵犯的“犯”（于省吾说）；又假借为殷先王名，“凡庚”即“盘庚”；又假借为祸患义：“贞帚好冎凡有疒。”（乙七一六三）即妇好患疾。第一项可能是引申义，其余四种都是假借义。

“新”——甲骨文作：

前五·四·四

後下九·一

像以斤（斧）斫木形，当是“薪”字初文。《说文解字》：“新，取木也。从斤，亲声。”卜辞或用为祭名，可能与祭祀时使用薪柴有关，那么，这是用的引申义。又假借为新旧的“新”；又假借为地名。

“酉”——甲骨文作：

甲二四一八

甲二四一四

像酒樽形。卜辞用为“酒”字，是酒樽的引申义。又假借为地支之一。

“莫”——甲骨文作：

乙八七九五

像日落草木中形，以会暮意。或从“鸟”，日暮时鸟归林。《说文解字》：“莫，日且冥也。从日在茻中。”同甲骨文字形相符。卜辞或用为日暮义，用本义；或用为方国名，是假借义。

“各”——甲骨文作：

合集五四三九

拾一二·一

前五·二四·四

像人足来居处形，以会格（格就是来、降）义，卜辞：“王其各。”（人二九四一）即王其格，这是本义用法。又假借为捕获义；又假借为人名。

“又”——甲骨文作：

京二二一六

京四〇六八

像右手形。卜辞或用为方位词“左右”的“右”，当是其本义。又假借为“祐助”的“祐”；又假借为祭名“侑”；又假借为“有无”的“有”。

“左”——甲骨文作：

乙一二七七

乙六九〇四

像左手形，当是“左”字初文。卜辞用为“左右”的“左”，这是本义。又常与“又”通用假借为“祐”“有”。

“鳳”（凤）——甲骨文“凤”字像鸟形，殷人以为神鸟。卜辞只有一处用为神鸟义，其余多假借为“风”。

“骨”——甲骨文作：

乙三八六四

甲二七八一

前七·六·一一

像卜骨形，当是“骨”字初文。“骨”当是从“冎”字演化而成，《说文解字》分为两字。卜辞或用“骨”字本义。又假借为“禍”（祸），又假借为人名和地名。

“去”——甲骨文作：

後一二·一〇

前二·一一·一

像人离所居洞穴形，以会离去意。《说文解字》：“去，人相違也。从大，凵声。”因许氏不知“凵”或“𠙴”是窑洞形，释为形声字，卜辞用为违离、离去义。又假借为方国名。

“多”——甲骨文作：

铁二三八·三

续五·二·二

像两块肉形，以会多意。卜辞“多雨”义为雨下得多，用本义。又假借为方国名；又假借为人名，“妇多”或作“妇姼”。

“龍”（龙）——甲骨文“龍”字像龙形。卜辞或用为神祇名，当是龙的引申义。又用为殷先祖谥号“龍甲”。又假借为方国名“龍方”；又假借为疾患名，“妇好龙”（粹一二三一）可能是说妇好得了聋（？）病。

“女”——甲骨文“女”字像女子屈膝交手形。卜辞用为“男女”的“女”或“父母”的“母”，这是本义和引申义。又假借为否定副词；又假借为地名。

这类既用本义又当作假借字使用的字很多。

甲骨文中的这两类假借字，是甲骨文的主要成分，大约占甲骨文已识字的70%以上。

从卜辞的用字来看，假借字的使用频率更高。下面也举几个例子：

癸卯卜今日雨
其自西来雨
其自东来雨
其自北来雨
其自南来雨

（合集一二八七〇乙）　　（合集一二八七〇甲）

癸卯卜今日雨，其自西来雨？

其自东来雨？其自北来雨？

其自南来雨？

这是一条占卜下雨的卜辞，全文共26个字，只有“卜、日、雨”三个表形字，其余“癸、卯、今、其、自、西、来、东、北、南”等都是假借字，占总字数的77%；使用19次，占90%以上。

癸未卜
殻鼎（贞）今
日不凤（风）

（合集一三三四四）

癸未卜殻贞今日不凤（风）？

这是一条占卜刮风的卜辞，只有“卜、日”两字是表形字，其余都是假借字。“𢦏”是卜人名，是否是假借字，待考。“贞”借用“鼎”字，“风”借用“凤”字，都是假借字，也占总字数的80%。

再看下面这条卜辞：

乙酉卜，贞：王正(征)𢀛(邛)方，下上若(诺)，受我又(佑)？二月。贞：勿正(征)𢀛(邛)方，下上弗若(诺)，不我其受又(佑)？

(合集六三二二)

这条卜辞卜问是否可征讨邛方，共30字。表形字共七个(卜、下、上、受、二、月、王)。“正”字或释为从止、丁(口)声的形声字，或释为囗，像人所居之邑，为“征”字初文。依后说“正”字当为表形字。“𢀛”字或释“古”，唐兰释为“邛”字初文。若从唐先生说，当是形声字。“若”字或释为顺义，也可算作表形字。这一条表形字(一个形声字)较多，但假借字仍占70%。

如果把全部可以考释的卜辞加以统计，估计卜辞中假借字在70%以上，大概是没有问题的。

以上是甲骨文中假借字的情况。

五

商代甲骨文中，也出现了一批形声字。

许慎对形声字的解说是“以事为名，取譬相成”八个字，并举“江”“河”两字为例。段玉裁注说：

事兼指事之事、象形之物，言物亦事也。名即古曰名今曰字之名。譬者，谕也，谕者，告也。“以事为名”，谓半义也；“取譬相成”，谓半声也。江、河之字，以水为名，譬其声如工、可，因取工、可成其名。

一个字由表形的部件和表声的部件组成，一半为形符，一半为声符，既表形，又表音，这就是形声字。

甲骨文的形声字还没有发展成熟，数量也不大。

甲骨文中的形声字可分为两类：一类是在表形字上加注声符的形声字，另一类是假借字加形符构成的形声字。

先说第一类：

“鷄”(鸡)——甲骨文作：

前七·二三·一

或加声符“奚”作：

人二〇一八

前者是象形字，后者是加注声符的形声字。造一个“鷄”字，用象形法画一只鸡的样子，已经可以了，为什么还要加上声符？“奚”又怎么成为声符的？研究这两个问题，可以看出形声字形成的过程。

先说第一个问题。表形字的一个缺点是有些物形很相似，难以分辨。例如，鸡的形状和凤凰(可能是孔雀)的形状很相似。区分这些近似字的办法是加注不同的注音符号。象形字“鸡”加上表示“鸡”音的“奚”，就不会读错了。

第二个问题，“奚”是怎样成为声符的呢？“奚”字甲骨文作“”(前二·四二·三)，也是个表形字，像以手牵罪人发辫形。奚是殷代奴隶的一种。卜辞常用奚当作人牲祭祀祖先，但又借用为地名或人名。在借用时，失去了“奚”的本义，只当作表音字来用。如：

壬申卜贞：王田奚，往来亡灾。(前二·四二·三)

“田奚”就是到奚这个地方打猎。“奚”既可做假借字，便有资格当作注音符号来使用，于是就产生了“雞”这个注音形声字。这就是形声字这类既表形又表音的文字产生的经过。

“鳳”(凤)——甲骨文“凤”字原作孔雀形，凤头、长尾，羽毛华美。又加注“凡”为声符。“凡”字作“”，像高足盘形，当是“槃”字初文。卜辞或假借为祭祀名；或假借为人名、地名；或假借为“侵犯”的“犯”；或假借为动词表巡视义，是个使用广泛的表音字。加在“鳳”字上当作注音声符，其作用与“雞”字无异。

“麐”——甲骨文作：

存二·九·五

缀七一

像鹿形，加注“吝”声。古人所描绘的“麒麟”，可能是现存的四不像，《说文解字》中说是“麋身，牛尾，一角”，实是鹿的一种，因与一般的鹿相区分，所以加上声符“吝”。

“春”——甲骨文作：

京一九四九

铁二二七·三

佚四七三

从林从日，加注声符“屯”。树木在太阳照射下，会春季到来意。又加注声符，指明这个字表示“春”这个词。

“宄”——《说文解字》：“宄，姦也。外为盗，内为宄。从宀，九声。”甲骨文作：

後下三一·三

从宀从，像在室内驱除祸祟形，本是个会意字，加注“”（九）为声符，于是成为形声字。

“舊”（旧）——《说文解字》：“舊，鸱舊，舊留也。”甲骨文作：

粹二三二

前二·五·一

本像鸱鸺（今称猫头鹰）形。加注“”（臼）声。

“鼉”——《说文解字》：“鼉，水虫，似蜥易长大。从黽，單（单）声。”甲骨文作：

合集六一六三

字形跟《说文解字》的解说相同。可能是鳄鱼类动物，像鳄鱼形，加注声符“單”。

“牆”（墙）——《说文解字》：“牆，垣蔽也。从嗇，爿声。”甲骨文作：

粹一一六一

像藏禾麦于亩(廪)中形,加注声符“爿”。卜辞假借为人名。本义当为仓廪之墙垣,引申为墙垣义。

“星”——甲骨文作:

甲六七五

乙一八七七

前七·二六·三

像众星罗列形,或加注“生”为声符。前者是象形字,后者是形声字。

“雉”——甲骨文作:

乙八七五一

像雉形,加“矢”为声符。或以为像以矢射雉形,不准确。以矢射雉,当为会意字,不当仍是雉鸡名。《说文解字》说是“从隹,矢声”,简化雉形为“隹”,为形声字无疑。

“陴”——甲骨文作:

前二·八·三

从(𩫏),加注“卑”声。《说文解字》:“陴,城上女墙俾倪也。从𨸏(阝),卑声。𩫖,籀文陴从𩫏。”籀文的写法同甲骨文。

注音形声字是形声字创制的开始。这条路子一开,解决了因形近而造成的辨字困难。例如,鸟的种类、名称很多,有的羽毛长,有的羽毛短;有的头部有鸟冠,有的没有;有的嘴长,有的嘴短,只用表形法实在难以一一加以区分。树木名、水名、人名,更难用表形法加以区别。注音的形声字,为当时造字者打开了眼界,于是一批在假借字上加注形符的另一类形声字大量出现了。例如:

“妌”——卜辞人名“妇井”或作“妇妌”。“井”是假借字,因为是女人名,于是加形符“女”成形声字“妌”,这样便不致误会成水井或方国名(卜辞又假借“井”为“邢”,方国名)。

“娘”——卜辞人名“妇良”或作“妇娘”。“良”是假借字,“娘”是加形符的形声字。(跟现代汉字中“爹娘”的“娘”不同,二者是同形字。)

“娡”——卜辞人名“缶”又作“娡”。《说文解字》中没有收这个字。《广韵》:“娡,好色貌,一曰女仪也。”卜辞中这类由假借字加“女“字形符造成的女人名有好几个。

“祀”——卜辞用于祭祀的“祀”,多借用“巳“字:

粹一一一五

合集三二三九〇

前四·二〇·一

像小儿形。假借为祭祀字。又或加形符“示”,表示与祭神有关。

“麓”——卜辞多假借“录”字,作“”,像辘轳形。又加形符“林”:

合集三七四六一

《说文解字》:“麓,守山林吏也。从林、鹿声。一曰:林属于山为麓。,古文从录。”古文与甲骨文“”同。

“婦”——卜辞多假借“帚”为“婦”,又有加“女”形的“婦”:

京津二〇二七

前者为假借字,后者是加形符的形声字。

用这种方法造出的形声字,显然比借音字容易辨识。卜辞中有许多妇人名、水名都是这样造出来的。如“妇妊”的“妊”,“妇娠”的“娠”,“妇妹”的“妹”,“妇姪”的“姪”,“妇姼”的“姼”,“妇妸”的“妸”,“妇好”的“好”,“妇妌”的“妌”,“巫妆”的“妆”,“妇妥“的“妥”等字,可能原来都用假借字记音,以后才加上形符“女”,以表示这些词都和女人有关。以“水”为形符的“河”“淮”“潢”“滴”“洛”等字,原来大概也只用“可”“隹”“黄”“商”等字,只记其音,后来才加上形符的。

“狼”字从“犬”,良声。甲骨文作:

前六·四八·四

是在“犬”形上加注“良”声呢,还是先用假借字“良”然后加“犬”形呢?两种可能都有，因为狼和犬形状相似。

“猶”(犹)字从犬，酉声。(《说文解字》为酋声)情况和“狼”字同。

“潦”字从“水”，尞声。卜辞用为地名。

“濿”字从水，厲声，其异体字为“砅”。《说文解字》:“砅，履石渡水也。从水从石。《诗经》曰：深则砅。濿，砅或从厲。”“砅”是会意字，“濿”是形声字。卜辞用为地名。

“湄”字从“水”，眉声。《说文解字》:“水艸(草)交为湄。”卜辞假借为“昧”，“旦湄”即“旦昧”，“湄日”即“昧日”，都是指天将明的时候。形声字又当作假借字来用，这是一种很奇特的现象，以后我们要讨论这个问题。

“沖”(冲)字从“水”，中声。《说文解字》:“沖，涌摇也。”卜辞用为人名。

“瀧”(泷)——《说文解字》:“瀧，雨瀧瀧皃(貌)。从水，龍声。”甲骨文同。卜辞用为地名。

“洎”——《说文解字》:“洎，灌釜也。从水，自声。”卜辞“妇洎”为人名。

“洒”——《说文解字》:“洒，涤也。从水，西声。”甲骨文“洒”字构形同。卜辞用为地名。

“濤”(涛)——《说文新附》:“濤，大波也。从水，壽声。”甲骨文“濤”字构形同。卜辞用为地名。

“汉”——甲骨文从水，又声。当是《说文解字》中“洧”字异体。“洧”为水名，卜辞用为地名。古人多以水名为地名，不是假借。

“駁”(驳)——《说文解字》:“駁，马色不纯。从馬(马)，爻声。”甲骨文“驳”字构形同。可能是在“马”字上加注声符“爻”形成的注音形声字；也可能先借“爻”声又加“马”形而成。卜辞用为马名。殷人已善养马，颜色不同的马有专名。

“騽”——《说文解字》:“騽，马豪骭也。从馬(马)，习声。”段玉裁说：“豪骭谓骭上有脩豪也。”是小腿上有长毛的一种马。卜辞用为马名。

“駛”——甲骨文作：

通七三三

从史从馬(马)，当是“駛”(驶)或“駛”字。《说文新附》:“駛，疾也。从馬，吏声。”《玉篇》作“駛”。卜辞用为马名，可能因跑得快而得名。

“驁”——甲骨文中有用为马名的“驁”字。从馬，利声，可能就是“驪”字的异体。《说文解字》:“驪,马深黑色。从馬(马),丽声。”“利”“丽”两个声符音同,当是一字异体。

“追”——《说文解字》:“追,逐也。从辵、𠂤声。”甲骨文作:

南二·九五

舍三〇二

周甲一三〇

构形相同。卜辞也用为追逐义。“追”“逐”二字构形不同,“逐”从豕从止,会追逐意,是个会意字;“追”从辵、𠂤声,是个形声字。“追、逐”两字同源而读音小变。“逐”字当创制在前,“追”字产生稍后。

“翌”——甲骨文有从羽从立的“翌”字即“翊”字。《说文解字》:“翊,飞皃(貌)。从羽,立声。”卜辞多假借为翌日字。又有“昱”字作:

粹六〇五

粹八五

从日,羽声。卜辞用翌日表将来时,不限于明日,当是“翌”的本字。“翌”和“昱”都是形声字,但“翌”本义当为飞,用为翌日当是假借。

“龐”(庞)——《说文解字》:“龐,高屋也。从广,龍声。”甲骨文结构相同。卜辞用为人名、方国名。

“庭”——《说文解字》:“庭,宫中也。从广,廷声。”甲骨文作:

佚九九四

佚二二〇

从宀、从。“”是“聽”(听)字的初文,像耳听说话形,用为声符。“[illegible]”当是“庭”字异体。卜辞用其本义。

“瞚”——《说文解字》:“瞚,开阖目数摇也。从目,寅声。”(今用“瞬“字)甲骨文作:

後下二四·六

结构相同。《庄子·庚桑楚》:“终日视而目不瞚。”“目不瞚”即不眨眼。

“甡”——《说文解字》:“牲,牛完全。从牛,生声。”甲骨文从羊,生声。甲骨文从牛从羊往往不分。卜辞用为祭牲义。

“鹬”（鹬）——《说文解字》：“鹬，知天将雨鸟也，从鸟，矞声。”甲骨文从术声作：

铁一三四·四

结构同，二字当是异体。

“往”——甲骨文作：

合五一一六

从“之”（），（王）声。《说文解字》：“往，之也。从彳，㞷声。”又有“㞷”字：“㞷，艸（草）木妄生也。从之在土上。”其实，甲骨文“㞷”字当是“往”字初文，汉代又加“彳”形，以“㞷”为声符。

“盂”——《说文解字》：“盂，饭器也。从皿，于声。”甲骨文构形同。

“褘”（袆）——《说文解字》：“褘，蔽厀也。从衣，韋声。”甲骨文作：

粹一五八八

从衣，衛声，当与《说文解字》中“褘”字为异体。“褘”是初文的简化。卜辞假借为地名。

“省”——《说文解字》：“省，视也。从眉省，从屮。”甲骨文作：

前三·二三·二

甲一六五一

当是“从目，生声”的形声字。《鬲攸比鼎》中“省”字作“”，可证“目”上面的“”当是“生”字省笔。许氏解为会意字，不准确。卜辞用为省察义。

“桷”——《说文解字》：“桷，榱也。从木，角声。”甲骨文“桷”字构形同。卜辞假借为地名。

“蒿”——《说文解字》：“蒿，菣也。从艸，高声。”甲骨文“蒿”字或从林，或从茻：

京三四五六

甲三九四〇

卜辞用为地名。地名称蒿,或是假借,或此地以蒿草多而命名。

"柄"——《说文解字》:"柄,柯也。从木,丙声。"甲骨文构形同。卜辞假借为地名。

"杞"——《说文解字》:"杞,枸杞也。从木,己声。"甲骨文构形同。卜辞用为方国名、地名。

"陮"——《说文解字》:"陮,陮隗,高也。从𠂤(阝),隹声。"甲骨文构形同。卜辞用为地名,可能因地势高而得名。

"雛"(雏)——《说文解字》:"雛,鸡子也。从隹,芻(刍)声。"甲骨文构形同。卜辞"乎取生雛"(乙一〇五二),正是鸡子(小鸡)义。

"雇"——《说文解字》:"雇,九雇,农桑候鸟扈民不淫者也。从隹,户声。"甲骨文"雇"字构形相同。卜辞用为地名。

"雂"——《说文解字》:"雂,鸟也。从隹,今声。"甲骨文"雂"字构形同。卜辞用为天阴义。

"琟"——《说文解字》:"琟,鸟肥大琟琟然也。从隹,工声。"甲骨文"琟"字构形同。卜辞用为地名。

"家"——《说文解字》:"家,居也。从宀,豭省声。"甲骨文作:

合集二一〇二八

从(宀),(豭)声(像公豕形),卜辞用其本义,又假借为地名。

"宅"——《说文解字》:"宅,所讬也。从宀,乇声。"甲骨文"宅"字构形同。卜辞用为动词,"宅东寝"(合集一三五六九)即营造东寝。又假借为人名。

"室"——《说文解字》:"室,实也。从宀,至声。"甲骨文"室"字构形同。卜辞用其本义"大室""中室"。

"宣"——《说文解字》:"宣,天子宣室也。从宀,亘声。"甲骨文"宣"字构形同。卜辞用为宫室义,又假借为方国名。

"膏"——《说文解字》:"膏,肥也。从肉,高声。"甲骨文"膏"字构形同。卜辞用为地名。

"龢"——《说文解字》:"龢,调也。从龠,禾声。"甲骨文构形同。卜辞用为祭名。

“僬”——《说文解字》:“稫,以火乾肉也。从火,稫声。”即“僬”字。《方言》中:“凡以火而乾五穀之类,关西陇冀以往谓之僬。”甲骨文作:

铁五五·二

从葡,从火,即《方言》中的“僬”。“稫”“蕉”“僬”“焙”,是一组古今异体字。

以上是甲骨文中形声字的例字。

另外还有极少数由表形字又加形符而成的形声字,如:

“熯”——《说文解字》:“熯,乾(干)貌。从火,漢省声。诗曰:我孔熯矣。”甲骨文作:

後下二四·二

像以火焚烧人牲形,“”像人牲被缚,颈上加木枷形,是个会意字。但“菓”又是声符。

这种形兼声的形声字,到秦汉以后才大量出现,甲骨文中极少。

六

上面我们分别分析了甲骨文中表形字、假借字和形声字三类字的情况,现在总结如下。

这三类字不光造字的原则不同,实际上还代表着文字发展阶段的不同。

表形字是对原始文字的直接继承与发展。一切文字都是从原始的记事图画发展而成的,一切记事图画都是表形的,表形字在这一点上还保留着记事图画的本质。

假借字是文字发展的一个飞跃。将表形字的读音当作记录同音词的手段,使表形字走上表音文字的道路,这是文字发展史上的一次大解放。在没有发现这条道路以前,单用表形字,不可能形成一种完整的书面文字体系,因为有许多词语不可能用表形字记下来。自从有了假借字,便可以解决这个困难。利用一个表形字当作记音符号，可以避免造字的困难。这就像识字不多的小学生学写作文，遇到写不出的字就用拼音来代替。以今例古，你看这有多大的意义！

甲骨文中的假借字大约占70%以上。现在已经认识的甲骨文有一千字左右，其中假借字有700个左右，使用率更高些。如果把卜辞中的假借字全部除掉，那么，甲骨卜辞只剩下零零星星的表形字，就无法理解其记载的内容了。所以我们说，假借字是商代文字的主要组成部分。从文字发展阶段来说，商代文字应属于假借字阶段，这个阶段持续了一千多年，一直延续到秦代。

甲骨文中的形声字不算多，只有三百多个，而且有的形声字也被当作借音字使用。但是形声字却代表了汉字发展的一条新路。假借字是表音文字的发展道路，形声字是既表音又表形的文字道路。前者是世界上大多数文字的发展道路，埃及圣书字、苏美尔文字，都是从假借字向字母文字发展的。这些文字也有类似形声字的苗头，但是没有形成体系，没有向这条路上发展下去。

甲骨文的形声字虽然不多，但是已经成为造字方法的一种。甲骨文的两种形声字，是作为表形字和假借字的补充手段而采用的。注音形声字是对表形字的补充，画一个凤鸟的象形字，为了确定它的读音，于是加注个声符“凡”，这是对表形字的补充，因为表形字有读音不明确这个缺点。在假借字上加形符造成的形声字，是对假借字的补充，因为汉语是以单音节为基础的语言，一个音节表示一个词或词素。汉语的音节结构极少，只有几百个，用几百个音节代表数以万计的词或词素，自然就会有大批音同而义不同的同音词，用假借字记录这些词，也就难以避免同音词的分辨这个难题。怎样解决这个矛盾呢？人们发现了加形符造成形声字的办法。“井”字本是水井义，假借为女人名或地名，都用这个“井”字，为易于分辨，就在“井”旁加上形符“女”，造成“妌”字。“妌”字不但记音，而且能从字形上看出字义。这就是形声字的特点。

不过，商代的形声字还不够成熟，字数也不多。商代的文字，从整体来看，是处在表音文字的初级阶段，是以假借字为主流的文字体系。形声字虽然开辟了一条新路，但还不是主流。在表音字的主流中，甚至有些形声字也被当作表音字来使用。例如，“湄”字从水，眉声，是个形声字，本义当是水边或水草交接处，但卜辞却又假借为“昧旦”的“昧”。“韑”字本义为蔽膝，犹如今之围腰，但卜辞却假借为地名。“柄”字从木，本义为斧柄，但卜辞也假借为地名。按照一般通例，用“韋”“丙”假借为地名就是了，为什么又要借用兼表形音的“韑”“柄”呢？

很多人不理解这个奇怪现象。我们以为,这正是商代以表音文字为主流的一种表现。形声字代表汉字发展的特殊方向,假借字代表一般文字的方向。这两种倾向形成两条发展道路的矛盾。一部分形声字竟然又被当作假借字使用,正是这种矛盾的表现形式。这种矛盾一直延续到秦汉。这个问题以后还要谈到。

根据上面的分析,我们可以用一句话加以概括:甲骨文字是以表形字为基础,以假借字(表音字)为主流,而又有一部分形声字为新生文字的表音文字体系。这就是甲骨文字的本质特点。

第七章　甲骨文与纳西象形文字比较

一

前面我们对甲骨文的表形字、假借字、形声字这三类文字的产生、发展情况一一做了分析。看了这些分析，对于甲骨文字大概可以有个概括的了解。但是，这种分析还很不够。第一，这不是一本专门研究甲骨文的书。如果想在这方面知道得多一些，就要阅读这方面的字典、论著和资料。在这本书里，不能多说。第二，从宏观上看，甲骨文在文字发展阶段中应该属于什么阶段？在汉字发展史中属于哪个阶段？这是我们要进一步探讨的问题。这个问题，单从甲骨文字本身不可能得到解答。

怎样来探讨这个问题呢？应该用比较文字学的方法，将甲骨文与其他文字做比较研究。语言学中的历史比较法，是用亲属语言做比较，探讨语言中的语音变异和词语、语法的变异，也可以用不同语系的语言加以比较。文字的比较跟语言比较不大一样，汉字同其他文字比较，又跟拼音文字之间的比较不同。过去的学者，曾经用埃及古文字同汉字做过比较，认为两者都是象形文字。这种结论已证明是错误的，这种比较还有待深入。

20世纪40年代，董作宾曾用纳西象形文字和甲骨文做比较，开创了用这两种文字做对比研究的路子。以后方国瑜、傅懋勣等人也将纳西文字同汉字做过比较。可是，至今这项对比研究还很不成熟。我们以为，用纳西文字同汉字做比较研究，对于说明甲骨文字的发展阶段，对于说明甲骨文的文字体系，对于说明古汉字的发展趋向，都是很重要的。所以我们有必要在这方面继续加以探讨。

二

纳西族是居住在四川、云南交界的一个少数民族，是一个历史悠久的民族。现有人口二十余万（2000年统计已达到三十余万人），分为两个方言区。东区分布在四川的木里、盐源、盐边和云南的永宁一带，西区分布在云南的丽江、中甸、维西等地。纳西族有两种文字：一种是象形文字，另一种是表音文字，纳西语中称之为哥巴字。

这两种文字都只在西部方言区使用，中心地为丽江纳西族自治县。这两种文字都用以写东巴教的东巴经文。据考证，象形文字大约创始于11世纪中叶（宋仁宗时），表音的哥巴字创制于13世纪。绝大部分东巴经都是用象形文字写下来的，用哥巴音字写的经书为数很少。

关于纳西文字的研究，国内外学者有不少专著和论文。李霖灿的《麽些象形文字字典》《麽些标音文字字典》，方国瑜的《纳西象形文字谱》，傅懋勣的《丽江麽些象形文〈古事记〉研究》《纳西族图画文字〈白蝙蝠取经记〉研究》，李霖灿、张琨、和才的《麽些经典译注九种》等，都是这方面的重要著作。本章的有关阐述，多取材于此。

三

在现存文字中，纳西文字是唯一的一种从图画文字逐渐发展成纯表音文字的文字体系。在几百年的时间内，几乎经历了文字发展的所有重要历程，这简直是个奇迹。纳西象形文字中的许多文字，比甲骨文更接近记事图画，从中可以看出从图画向文字发展的过渡阶段情况。傅懋勣后来干脆把它叫作图画文字。但是它又有许多假借字，有些经文中的假借字超过了甲骨卜辞中使用假借字的比例。至于纳西族的表音哥巴字,则是向音节文字发展的文字。用纳西象形文字同甲骨文比较,可推测比甲骨文更早的商代初期和夏代文字的面貌,可以比较两种文字的共同点,也可以看出这两种文字发展方向的不同,看出纳西哥巴文字和秦汉以后逐渐定型的现代汉字体系已经是两种性质完全不同的文字体系。

语言的历史比较跟文字的比较不一样。两种语言如果属于同一个语系,可以通过语音、词汇、语法的比较,证明其亲属关系。文字的比较却不是这样,藏语、纳西语、汉语都属于汉藏语系,但藏文为拼音文字,汉字是以形声字为主体的兼表形音的文字,纳西象形文字和哥巴字是两种性质不同的文字体系。文字的比较应着重文字类型的比较,我们所以选用纳西文字同甲骨文比较,并不是因为纳西语和汉语有语系的亲属关系,也不是说这两种文字之间有借用或因袭的关系。按时代说,甲骨文的时代比纳西象形文字要早两千多年。在纳西文字创制时,现代汉字早已定型。纳西文字则是从图画文字开始的。创造文字的纳西经师没有见到过甲骨文,见到殷周金文的可能性也极小,所以纳西象形文字同甲骨文、金文没有任何继承关系。至于纳西的哥巴字,的确有几个表音符号是从汉字中借用的,但是哥巴字这个文字体系,则是从纳西象形文字向表音方向发展的产物,在发展中受到藏文和汉字的影响,借用了几个藏文字母和汉字,但是这不是藏文或汉字的继承。

那么,用纳西文字同甲骨文做比较研究,究竟有什么理论根据和意义呢?

我们认为,文字是人类文化的一个方面,一切文化的创造和发展都有人类心理活动的共同点。在相同的社会条件和生活条件下创造出的文化现象常常不谋而合,有惊人的相似之处,这是研究人类社会学的人所熟悉的。文字也是这样。一切文字都是从记事图画发展而来的,这是一条规律。纳西象形文字恰好是从记事图画发展成半表形、半表音文字的早期文字符号。甲骨文字同纳西象形文字处于同一发展阶段,不过已经成为比较成熟的文字了。按照这个发展线索,我们可以推测甲骨文以前的文字,大概同纳西象形文字有点相似。有人认为,在西安半坡村出土的仰韶文化彩陶上的五十几个刻画符号,就是夏代文字,是甲骨文的早期文字。如果用甲骨文字同纳西象形文字比较,就会发现这种说法的不可靠。因为早于甲骨文字的夏代文字,必然更接近图画,不会是一些不表形的刻画符号。用假借字和形声字做比较,也可看出两种文字的同和异,可以对甲骨文字的发展阶段和发展趋向有更明确的认识。这就是我们进行这种比较研究的理由和根据。

四

纳西象形文字中有大量表形字，包括“六书”中的象形字、会意字、指事字。这些表形字比甲骨文更接近图画。例如（纳西文据方国瑜的《纳西象形文字谱》，后面五、六两节相同）：

“衣”——甲骨文作“”；

纳西文作“”。

“刀”——甲骨文作“”；

纳西文作“”。

“旗”——甲骨文作“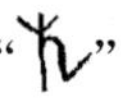”；当是“旗”字初文。《说文解字》：“㫃，像旌旗之游。”

纳西文作“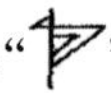”。

“豕”——甲骨文作“”；

纳西文作“”；嘴突出，有鬃。

“立”——甲骨文作“”；

纳西文作“”。

“眉”——甲骨文作“”；

纳西文作“”，像眉毛形。

“牧”——甲骨文作“”；

纳西文作“”，像人持杖牧牛形。

“斗”——甲骨文作“”；像二人相斗形；

纳西文作“”，像二人持杖交斗形。

两相比较，纳西象形文字更像图画，甲骨文字的写法已经简化和象征化了。纳西文的“衣”完全是古代衣服的样子，甲骨文以前的写法大概也与此相近，到了甲骨文时期，就简化成“”。纳西文的“刀”“旗”“豕”等字，也都是写实的图画，甲骨文也都简化了。

纳西象形文字中还有些甲骨文中没有的表形字。例如：

“”像以火烧树木、上有烟形，以会“烧”意。

“”爆竹，像以火烧竹筒使发出爆声形。

“ ”松明，树枝中含油脂，燃以为松明，中间“ ”表示油脂。

“ ”弯，像树枝下弯形。

“ ”落，像树上果实落地形。

纳西文中动物、植物名称很多，有些动植物形状相类，就用某些特征加以区别。例如：

板栗的果实有刺，就画作“ ”；

核桃的果实坚固如石，就画作“ ”；

野荔枝画作“ ”；

橘树画作“ ”；

花椒树的枝有刺，果实小，就画作“ ”；

藤的特性是缠绕树木而生，就画作“ ”；

一种榨油树，结籽满枝，就画作“ ”。

画动物也是这样。公鸡作“ ”，突出鸡冠；母鸡作“ ”，冠子萎缩；野鸡作“ ”，有彩色羽冠；锦鸡作“ ”，也是彩色羽冠而与野鸡的冠不同。

画人物也是利用描绘手法。如“官员”作“ ”，散发高坐，形状可畏。“普米族人”作“ ”，从人戴冠垂发。“白族人”作“ ”，以套头为冠。人“坐”着作“ ”，像人坐形。“起来”作“ ”，像人起来的样子。“跪”作“ ”，像人跪形。“死”作“ ”，像人横卧散发而死形。“鬼”作“ ”，像死人站立形。

以上这些字，甲骨文中很少见到。这可以说明，纳西象形文字在利用表形法造字这一方面，实在绞尽了造字者的脑汁。这一类字在纳西象形文字字典中数量最多。这也跟纳西文字的图画性有关，因为图画可以尽量画得逼真，这种造字手法可以充分发挥作用。甲骨文的表形字大多数都已简化，至于形状类似难以分辨的事物，就多用假借或形声等方法造字。

五

纳西象形文字中也有许多假借字。与甲骨文不同的是，专用的假借字较少，而大多数表形字都可用为假借字。例如：

“”[y˩]为猴，又假借为“祖先”。

“”[bu˩]为猪，又假借为“姻缘”“班”“吻”。

“”[tɕi˥]为剪刀，也假借为“小”“怕”。

“”[mɯ˧]为天，也假借为“万”“疤”。

“”[kv̩˧]为蛋，也假借为“有”。

假借的根据也同汉字一样，只用其音，不用其义。纳西语的“祖先”读[y˩]，与“猴”同音；“小”“怕”都读[tɕi˥]，与“剪刀”同音。

有些假借字跟表形字合用共同组成一个字。例如：

“”[tɕ´ i˥s ər˧]雾，由“云”[tɕi˥]形和“树木”[sər˧]构成。这很像形声字，但形声字的形符不读音，这个“雾”字的两个部分都读音，所以跟汉字的形声字不同。

“”[mɯ˧sɿ˥]早晨，由“天”（表形字）和“家神”（假借其音）两字组合成词。

“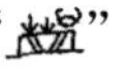”[lɯ˧k‘o˥]田间，由“田”[lɯ˧]（表形字）和“角”[k‘o˥]（借音）组成。

“”[na˧dʑi˧]纳西江，由“水”[dʑi˩]和“大”[na˧]两字组成。“大”只表音，“水”为表形字，也读音。纳西文字的水名如雅砻江、无量河、澜沧江等专用字都用这个方法组成。

纳西文一个字可以假借为几个词，这一点跟甲骨文相同。

纳西表音文字其实就是在假借字的基础上发展而成的。例如，象形文字“日”作“”，表音文字简化为“”；“斗”（鬥）字本作“”，表音字简化为“”；“心”字本作“”，表音字简化作“”等。表音字还借用了一些简化汉字和藏文字母。纳西表音文字是一种从假借字向音节文字发展的文字，但是这种文字还不成熟，还没有发展成完全的音节文字。

六

纳西文字中的形声字，多数是在表形字上加注声符的注音形声字，而且注音和不注音同时使用，同甲骨文中“凤”字有的注“凡”声有的不注声一样。例如：

“麻”作“”[sa˧]，像麻秆形。又作“”加注“气”[sa˧]声，前为表形字，后为形声字。

岩"作""[æ˩]小，像山岩形。又作""，加注""[æ˩]声。前为表形字，后为形声字。

"野杜鹃"作""[mu˩]，像杜鹃阔叶形。又作""，加注"簸箕""[mu˩]声，为形声字。

"林"作""[bi˧]，像树木众多形，为表形字。又作""，加注""[bi˧]声，为形声字。

"稻"作""[ɕi˩]，像稻粒形，为象形字。又作""，加注+（[ɕi˩]百）声，为形声字。

"年"字作""[kʻv̩˥]，像鼠形，因鼠为十二生肖之首，所以用为"年"字，为象形字。又作""，从"获"[kʻv̩˥]声。""像以镰刀收获形，此处用为声符。

"碗"作""[kʻua˥]，像碗形，为象形字。大碗作""[pa˥]，加注"蛙"（""[pa˧]声，为形声字。

"美"字作""[zi˧]，脸上有花，为表形字。又作""，从花形，加注"草"（""[zɿ˧]）声，为形声字。

"米"字作""[tʂʻua˧]，像碗内盛米形，为表形字。又作""，加注""（[tʂʻva˥kʻo˧]鹿角）声，为形声字。

"我"字作""[ŋə˩]，从人用手自指，为会意字。又作""，加注""[ŋə˧]声，用藏文字母作声符，为形声字。

"行"作""[dʑi˧]，像人在路上行走形，为表形字。又作""，加注""（[dʑi˧]酒药）声，为形声字。

"汤"作""[ho˧]，像碗中出热气形以会汤意，为表形字。又作""，加""（[ho˩]肋）为声符，为形声字。

从以上这些表形字与注音形声字通用的情况，可以看出形声字的产生经过，最初大概只用表形字，后来因为确定所表示的事物，所以加注声符。这类字在甲骨文中数量较少，在纳西象形文字中却很多。

纳西文有些形声字，并没有与之通用的表形字。例如：

"洗"作""[tʂər˧]，像人取水形，加注""（[tʂʻər˥]代）声。

"肝"作""[sər˥]，从肝形，加注""（[sər˧]树）声。

“病痛”作“”[gu˩]，像人卧病形，加注“”（[gu˩]仓）声。

“深山”作“”[ko˧dy˩]，像山上有草形，以会深山意，加注“”（[ko˩]针）为声符。

“深”作“”[ho˥]，像地有穴形以会深意，又加注“”（[ho˥]八）声。

以上这些注音形声字，表形部分已经描画出事物的形状或意图，可以独立使用，加注声符只是为了避免误会。纳西文中的形声字多数都属于这一类。

还有少数形声字，形符已经类化，单用形符不能表示字义，只能表示与形符意义有关，这才是真正的形声字。例如：

“得”作“”[dɯ˧]，从人形，“”（[dwɯ˩]大）声。人形不能单独表示“得”义。

“卖”作“”[tɕʻi˧]，从人形，“”（[tɕʻi˧]刺）声。

“村落”作“”[be˧]，从屋形，“”（[be˧]雪）声。

“待客”作“”[1o˩]，从盆形，黑麂[lo˩]声。

另外，还有些会意兼形声的字。如：

“塞”作“”[tsɿ˥]，从人张口被塞形，“”读[tsɿ˥]，义为拴，像草束形，当是会意兼声字。

“曙光”作“”[so˩]，像日光照山巅形。云南多山，早晨看见太阳照着山顶，用以会曙光意，山巅（“”[so˩]）又为声符。

这类字同汉字中的所谓“形声兼会意”字的造字用意相同。

纳西文中还有些一字多声的形声字，在汉字中极少。如：

“百灵鸟”作“”[lo˧mæ˩]，从鸟形，加注“”（[lo˩]轭）、“”（[mæ˧]尾]）两个声符。

“画眉鸟”作“”[tɕi˧do˩]，从鸟形，加注“”（[tɕi˥]剪）、“”（[do˩]傻）两个声符。

以上是纳西文中形声字的情况。

七

纳西文字的产生和使用都同纳西族的东巴经有密不可分的关系。东巴经是东巴教的经文；东巴教是一种巫教；从事巫教活动的人是巫师，纳西语叫作“东巴”[to˧mba˩]。东巴在从事宗教活动时要读各种经文，这种经就叫作东巴经。东巴经的文字就是纳西象形文字，因此这种文字也叫作东巴文字。经书用特制的厚纸折叠而成。这种经书大约有几千种。也有少数用哥巴音字写的经文，但不大通行。纳西文字都是纳西族的东巴(巫师)创造的，使用范围也只限于书写经书，在日常交际中很少使用。

用纳西象形文字书写的东巴经，有一个极显著的特点：东巴经中用象形文字写下来的经文，并不是经文的全部词语，只是写出一些主要的字，巫师读经时却可以补充为完整的经文。下面抄录纳西《洪水故事》中的一段经文，并加以分析：

经师读这段经文时的读音和意义如下：

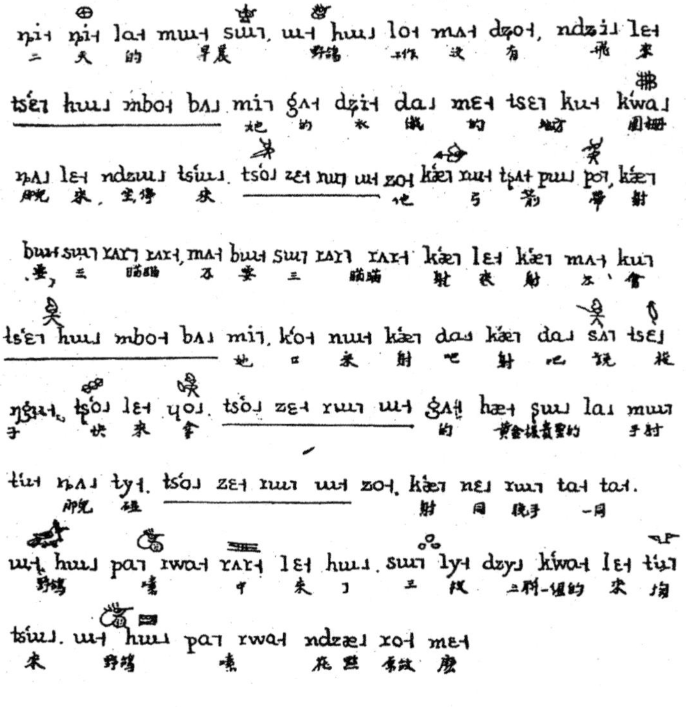

用意译法,这段话的意思是:

第二天的早晨,野鸽子没有事做,飞到翠海苣波她织衣服的地方,在围栅那儿停下来。错若利斯他带来了弓箭,要射地瞄了三瞄,射来又不会射。翠海苣波她口里说,射吧,射吧!赶快拿起织布梭子向错若利斯的珍贵手肘那儿一碰,错若利斯又像是射箭又像是脱了手。这样一箭就射中了野鸽的嗉子。于是那三颗的一份就掏出来了,野鸽的嗉子上有花点的缘故嘛。

(李霖灿、张琨、和才《麽些经典译注九种》,台湾中华丛书编审委员会印行,第37—38页)

现在我们对这段经文做一些粗略的分析。

首先,这段经文的文字多数是表形字。有假借字,如用神座形“”表示早晨,借珠串“”表示快。有一个注声形声字,如野鸽写作“”,野鸽形下加注“”(齿)声。一段经文包括了纳西象形文字中的三类文字,这跟甲骨文字在卜辞中使用的情况大致相类。

第二,从文字和语言相对应的角度来看,字和词不是一对一的相应关系。例如,“”(日)本读为[ȵi˧],“”(神座)借为早晨,单读[sɿ˥],但在这段经文中却要读为[ȵi˧ȵi˧la˧mɯ˧sɯ˥](第二天),[la˧](的)是加上去的,经文中没有这个文字符号。又如:“野鸽没有事做,飞到翠海苣波她织衣服的地方,在围栅那儿停下来。”经文上只有野鸽、围栅、一个女人(翠海苣波)、一架织衣器具。至于“事情”“没有”“飞”等词语都没有相应的文字符号。有的文字符号不是只表示一个词、一个音节,而是表示一个词组或一句话。翠海苣波口边画一条曲线,可以代表“她口里说,射吧,射吧!”一句话;她手里拿一只织布梭,读出来则是“赶快拿起织布梭子向错若利斯的珍贵手肘那儿一碰”。

拿这种情况同甲骨卜辞相比,发现纳西文字记录语言的能力显然比甲骨文要原始。这种情况跟纯粹的记事图画当然不同,因为纳西文字已经是文字,不是记事图画,但它还不是成熟的文字,因为它还不能把口语中的词一一记录下来。

下面再举《白蝙蝠取经记》中的一段经文,以加深这个印象。图及音译、直译和意译引自傅懋勣《纳西族图画文字〈白蝙蝠取经记〉研究》(日本亚非语言文化研究所1981年版）。音译中字母左上的阿拉伯数字标记调类，分别是："1"表示高平调55，"2"表示中平调33，"3"表示中降调21，"4"表示中升调24。

1. 音译和直译：

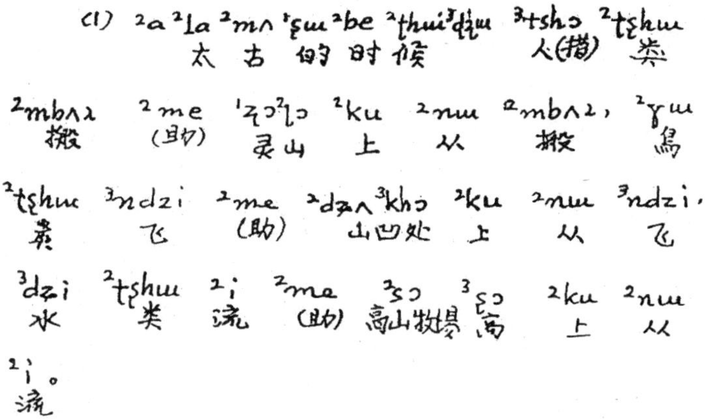

(1) ²a ²la ²mʌ ¹ʂɯ ²be ²thui ³dʐɯ　³tshɔ　²tʂhɯ
太古的时候　人(搬)　类
²mbʌλ　²me　¹ʐɔ²ʈɔ　²ku　²nɯ　²mbʌλ，²ɣɯ
搬　(助)　灵山　上　从　搬　鸟
²tʂhɯ　³ndzi　²me　²dʐʌ³khɔ　²ku　²nɯ　³ndzi.
类　飞　(助)　山凹处　上　从　飞
³dʐi　²tʂhɯ　²i　²me　²sɔ　³ʐɔ　²ku　²nɯ
水　类　流　(助)　高山牧场　上　从
²i。
流

2. 意译：

太古的时候，人的搬迁是从灵山上搬下来，鸟的飞是从山凹处飞出来，水的流是从高山牧场上流下来。

开头画一个虎头，"虎"本来只读[^{2}la]，借用来表示"太古的时候"[^{2}a^{2}la^{2}mʌ^{1}-ʂɯ^{2}be^{2}thui^{3}dʐɯ]。

""是个合体字，上面是长鼻象头，下面是人翘足行路状，全字读[^{3}tshɔ^{2}mbʌ]，意为人搬迁。象的读音为[^{3}tshɔ]，借以注"人"[^{3}tshɔ]声。用翘足行路表示搬迁，为会意。

""本义为悬挂，这里假借为"类"义。

""本义为蛋，像蛋形，这里假借为上边义。

""像秤形，借用为高山牧场。

""像山形，本当读[^{3}ndʐy]，但在这里只强调牧场之高，再加上""形、""(水)形，意为"水的流是从高山牧场流下来"。

这一段经文用了五六个假借字,文字“空白”比较少,但仍然不能做到每一个词都能一一记录下来。

纳西表音字与象形字完全不同,可以用语音符号把口语中词语的读音一一记录下来。这种表音文字是从象形字体系发展而成的,但是同象形字属于两种不同的文字体系,这里就不多说了。

八

用纳西象形文字同甲骨文比较,可以得到下面几点启示:

第一,纳西象形文字比甲骨文更为原始。用两者的表形字对比,可发现纳西文字的表形字更像图画。纳西文字的假借字发展也不成熟,缺少一批专门表示虚词的假借字,因而在经文中常常留下一些词语的空白,需要在诵读时加以补充。这两者都可说明其原始性和尚未成熟性。

第二,二者最大的区别是形声字的发展情况。甲骨文和纳西文字中都有一些形声字,这是两种文字的共同点。但是纳西文中的形声字多为注音形声字。甲骨文中也有这类形声字,如“凤”字在凤鸟形上加注“凡”声,“星”字在众星形下加注“生”声等,只是为数甚少。纳西文中这类形声字却是形声字中的主要构成方式。甲骨文中形声字的形符开始“类符化”,已经脱离了具体事物的形状,成为与之有关的事物的类符,纳西文中没有这类形声字。例如,甲骨文中以“水”为形符的形声字共有三十多个,如“河、沮、涂、洛、汝、淮”等水名都是形声字。纳西文中的水名则多为“水”加借音字组成的合文,如“纳西江”[na˩dʑi˩]作“”,“”为“江”音[dʑi˩],“”为“大”读[na˩],一个象形字加上个假借字,用以表示“纳西江”这个词。纳西文中的水名多是这样组成,有些学者误认为形声字,其实不是。可见甲骨文中的形声字已经趋于成熟,给秦汉以后的形声字发展开辟了道路,奠定了以后以形声字为主体的文字体系的基础。反之,纳西文字却没有向形声字发展,而是创制了纯表音文字体系的纳西表音文字。

用纳西文字跟甲骨文做比较研究,至少可以在夏朝汉字的推测和汉字发展趋势这两方面得到有益的启发。

除了用纳西文字同汉字做比较研究以外,当然还可以用埃及古文字、苏美尔文字同汉字做比较。彝文同古汉字的比较研究做得不够,希望这个领域的学者能在这些方面做些研究。

第八章　周代文字的发展

一

从公元前11世纪周武王灭商建立周朝，到公元前221年秦统一中国，其间经西周、春秋、战国，共800多年，这个时期遗留下来的出土文字资料十分丰富。主要有金文，其次是周代甲骨文、盟书，此外还有玺印文字、货币文字、陶文、简帛文字等。

金文是铸造或刻写在青铜器上的铭文。古人也称铜为金（劣金），故称铭文为金文。商代已有青铜器，周代增多。器类有钟、鼎、盘、簋、壶、镈等。铜器上铭文多少不等，少则一二字，多则几百字。如西周时期的大克鼎290字；毛公鼎498字；战国中山王墓铁足铜鼎469字；铜方壶450字。目前，已发现的青铜器以千计，金文单字近4000个（可识字约2500个）。这些资料是研究周代文字及历史文化的宝贵资料。

周代甲骨文是新中国成立后在山西洪洞县、北京市昌平县白孚和陕西岐山、扶风周原遗址等地发现的。其中周原甲骨文最为重要，有近300片甲骨刻有卜辞，字体与商代晚期甲骨卜辞相近。

1965年，山西侯马出土盟书五千余件，这就是著名的《侯马盟书》。盟辞用毛笔写在玉或石片上，字体跟战国文字接近。这批盟书跟赵鞅与范中行氏之争有关，是春秋晚期的东西。1979年，河南温县也发现大量墨写盟书，时代跟《侯马盟书》接近。

玺印文字刻于玺印之上，货币文字见于古代的铸币，陶文则是陶器烧制前用印玺打上去的，有的是烧制前或烧制后刻写上去的。已发现的玺印多为战国玺印，大多数是铜玺，银玺、玉玺等也常见。周代货币大部分是战国青铜币。货币上多数铸有地名，有的还铸有表示重量或价值的文字。战国时楚国流行的一种金版，上面也有文字。周代陶文也大都是战国文字，其中以战国时齐、燕两国居多。

简帛文字以写在简牍和绢帛上而得名。用简帛作为书写材料应当很早。但这类材料容易腐朽。1978年，在湖北随州曾侯乙墓出土的二百多枚竹简（见《文物》1979年第7期），是已发现的时代最早的竹简。西晋时期在汲郡（今河南卫辉市）的战国魏墓已经发现过大批竹简，可惜原物没有保存下来。1942年在长沙楚墓中出土的"楚帛书"，共有九百余字，是研究战国时期楚国文字的重要资料。

以上这些资料是地下出土的周代文字的原始资料。

除上述出土资料外，还有一些资料，如《说文解字》中的"籀文"和"古文"，曹魏正始年间三体石经残石上的古文，唐代出土的石鼓文等。籀文大约是西周宣王时期的文字；古文属战国文字；石鼓文是春秋战国之际的秦国文字。这些文字，特别是《说文解字》中的"籀文"和"古文"，历经传抄，有不少已非原样，但用来同出土文字对勘比照，仍有重要的参考价值。

二

周代文字继承商代文字的传统继续发展，表形字、假借字和形声字都有一些新的变化，字数也增加了很多。战国时期各国相对独立，文字分系发展，各系文字明显有别。下面就把这些变化一一加以分析。先说表形字的变化。

表形字包括象形字、会意字和指事字。象形字的基本特点是画成其物，随体诘诎，这个特点在周代象形字中仍很突出。例如：

"革"——《说文解字》："革，兽皮治去其毛，革更之，象古文革之形。"金文作：

康鼎

革同毁

鄂君啓节

像兽皮张开,腹部宽大,上头下尾。

“耒”——《说文解字》:“耒,手耕曲木也,从木推丰。”金文作:

耒簋

耒方彝

像耒形。耒簋字加手形,像手握耒柄形。

“巨”——《说文解字》:“巨,规巨也,从工,像手持之。榘,巨或从木矢。”金文和战国陶文作:

𩰫侯毁

咸阳陶夕一三

伯矩卣

像矩形或像大(人)持矩形。伯矩卣字形为《说文解字》或体榘所本。“榘”,后作“矩”。

“盍”——《说文解字》:“盍,覆也。从血大。”金文、陶文和《侯马盟书》作:

𠶷志鼎盖

陶文香录五·三

侯马盟书

像盖覆于皿上形。“盍”(盖)本动词,也作名词,指器物的盖。

“舍”——《说文解字》:“舍,市居曰舍。从亼中,象屋也,口象筑也。”金文作:

矢方彝

中山王鼎

像以木柱支撑屋顶的房舍,口表示屋顶下面的居室。

“荧”——《说文解字》:“荧,屋下灯烛之光。从焱冂。”金文作:

盂鼎

井侯毁

己侯毁

像火炬交叉形，为小篆“熒”字所本。金文借为人名、国名。

“巢”——《说文解字》：“巢，鸟在木上曰巢，在穴曰窠。从木象形。”金文和周原甲骨像木上鸟巢形：

班簋

周原甲骨（《文物》1979年第10期）

“免”——《说文解字》中无“免”字。金文及魏三体石经古文作：

免簋

三体石经古文

从宀从人，像人戴冕形。“”像冠冕。“免”借为“免去”之“免”后，本字又加“”（古“帽”字）作“冕”。

“毛”——《说文解字》：“毛，眉发之属及兽毛也。”金文像毛形：

班簋

召伯毛鬲

毛畀簋

“須”——《说文解字》：“須，面毛也，从頁从彡。”徐铉等云：“此本鬚鬓之須。頁，首也。彡，毛饰也。借为所須之須。”金文像面上生鬚形：

易叔盨

郑义伯盨

“须”借为所须义后，又增“髟”形作“鬚”。

“戹”——《说文解字》：“戹，隘也。从户乙声。”许慎据讹变小篆解为形声字，不准确。金文像车轭形：

彔伯段

毛公鼎

齐镈

上一横为衡，中孔所以载辔，两边下曲如叉状者，名軥，即所以叉马颈者。为“軛”字初文。

“𦣝”——《说文解字》：“𦣝，顄也。象形。”金文像面部重頜形，作：

铸子簋

曩伯匜

据《甲骨金文字典》(巴蜀书社1993年版)所载,周代金文象形字只有57个,占周代金文总数的2.6%。

下面是会意字的例子:

“班”——《说文解字》:“班,分瑞玉也。从玨、刀。”金文作:

班段

弭叔盨

邾公孙班镈

像用刀分瑞玉形,表班分意。《尚书·舜典》:“班瑞于群后。”“班”用本义。

“走”——《说文解字》:“走,趋也。从夭、止。夭止者,屈也。”金文作:

盂鼎

大鼎

效卣

上像人两手摇动,下从止或辵,会行走意。

“喿”——《说文解字》:“群鸟鸣也。从品在木上。”金文和侯马盟书作:

叔喿父段

侯马盟书

上从品即三口,下从木,会群鸟鸣于木上意。

“寇”——《说文解字》:“寇,暴也。从攴从完。”金文作:

舀鼎

司寇良父鼎

虞司寇壶

像人执杖强入室内以击人。从宀、元(义为人)、攴,会强人入室以杖击人意。《说文解字》误释为“从攴、从完”,不准确。

“𤔔”——《说文解字》:“𤔔,治也……读若乱同。,古文𤔔。”金文与《说文解字》古文略近:

五年琱生簋

番生段

上下均从手，中间“”像丝绕于架上，会双手治丝意，故有“治”义。

“彤”——《说文解字》：“彤，丹饰也。从丹从彡。彡，其画也。”金文作：

虢季子白盘

休盘

丹为赤石，会以赤石绘画意。

“朏”——《说文解字》：“朏，月未盛之明。从月、出。”金文及侯马盟书作：

吴方彝

舀鼎

侯马盟书

古以新月初现之时为朏，以月、出二字会意。

“兼”——《说文解字》：“兼，并也。从又持秝。兼，持二禾；秉，持一禾。”金文和简文作：

邾王子鐘

秦简

像又（手）持二禾形，以又、秝会并兼意。

“寒”——《说文解字》：“寒，冻也。从人在宀下，以茻荐覆之，下有仌（冰）。”金文作：

克鼎

寒姒鼎

像人在室内茻中御寒，以宀、茻或增仌（冰）会寒意。

“縣”（县）——《说文解字》：“縣，系也。从系持県。”金文作：

縣妃簋

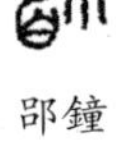
郘鐘

从木、系、首，会断首倒悬于木上意，乃“懸”（悬）字初文。后借为州县字，又增心作“懸”。

“灋”（法）——《说文解字》：“灋，刑也。平之如水，从水。廌所以触不直者去之，从廌、去。法，今文省。”金文作：

盂鼎

恒簋盖

克鼎

从水、从廌、从去，会刑法公平意。

“懿”——《说文解字》：“懿，专久而类也。从壹、恣省声。”金文作：

沈子簋

墙盘

禾簋

从壶、从欠，或增从心，像人张口就饮于壶侧，会懿美之意。许氏因小篆字形讹变，致误。

“悳”（德）——《说文解字》：“悳，外得于人，内得于己也。从直从心。”金文作：

陈侯因资錞

令狐居壶

中山王鼎

从直从心，会道德意。“”“”（直）像目视悬垂物以取直，为古“直”字。“悳”为“德”字初文。

“辠”（罪）——《说文解字》：“辠，犯法也。从辛从自。言辠人蹙鼻，苦辛之忧。秦以辠似皇字，改为罪。”金文作：

中山王鼎

上从自下从辛。“自”字像鼻形；辛为施黥刑的刑具。以辛割鼻，表示犯法获罪。

“字”——《说文解字》：“字，乳也。从子在宀下，子亦声。”金文作：

字父己觶

沕其段

余义鐘

从宀从子像室中有婴儿，会生育意。引申为“文字”之“字”。

《甲骨金文字典》中有周代会意字140个，占周代金文总数6.4%。周代会意字比商代也大为减少。

下面是周代指事字的例子：

“本”——《说文解字》：“本，木下曰本。从木，一在其下。”金文和帛书作：

本鼎

楚帛书

根部一点，指树木的根部所在。

“末”——《说文解字》：“末，木上曰末。从木，一在其上。”金文作：

蔡侯鐘

末距悍

树梢顶巅处一点表示树末（梢）。

“恖”——《说文解字》：“恖，多遽恖恖也。从心，囱从心，囱亦声。”金文或玺印文字作：

克鼎

毛公鼎

续齐鲁古印攈

下从心，上从或十，指示心里“多虑恖恖”。小篆变或十为囱，字遂由指事变为形声。

周代新产生的指事字很少，《甲骨金文字典》只有六七个。

象形、会意、指事这类表形字，最初都是从记事图画和文字画发展来的，有较强的图画性。但由于文字的发展，周代表形字这种图画性往往逐渐减弱。例如，商代金文的“保”字作一人反手抱子形，头、足、手指都画出来（父丁𣪘）；“爵”字画手持实物爵形（父癸卣）；“牛”字画成角、耳、眼、鼻皆全的牛头（牛鼎）；“象”字画成侧立大象形，长鼻、长牙、大耳和尾巴都全（且辛鼎）。但这类图画性很强的字，在周代已很少见到，多数都趋向简化。

周代表形字的数量远不如甲骨文多。这表明，表形造字法的局限性已经明显表现出来。

三

周代的假借字，根据假借字的来源，可分为两大类。一类是承用商代的假借字，另一类是周代出现的新假借字。

承用商代的假借字，有些记录同一个词或同类事物的词；有些范围扩大，记录更多不同的词。记录同一词或同类事物的词如：

“隹”——甲骨文借为语气助词。周代金文用法相同。如：“隹王来征夷方。”（艅尊）

“余”——甲骨文借为第一人称代词，周代金文相同。如“降余鲁多福亡彊。”（士父鐘）

“勿”——甲骨文借为否定副词，周代金文用法相同。如“余典勿敢封。”（琱生簋）

“豆”——甲骨文（甲一六一三）和周代金文（豆闭簋）都借为国族名。

其他如“帚、来、乎、甲、乙、丙、丁、戊、辛、自、易、卯、今”等字也都与此相同。

这类假借字还有一批：

“于”——《说文解字》：“于，於也，像气之舒亏。”徐中舒说像大圆规形（《甲骨金文字典》）。甲骨文金文都假借为介词。这种用法也见于先秦早期典籍。

“弗”——《说文解字》：“弗，矫也。”甲骨文作“”（乙七七九五）“”（甲六六○），像绳缠绕箭杆及箝（竹条夹具）。本义可能为矫直箭杆。甲骨文金文和古代典籍都假借为否定词。

“七”——《说文解字》：“七，阳之正也。从一，敚阴从中衰出也。”许解误。甲骨文作“”（後下九·一），金文作“”（此鼎丙），在横画中加一小竖，会切断意，当为“切”字初文。甲骨文金文假借为数目字，一直沿用至今。后来另增“刀”形作切以表“七”字本义。

“九”——《说文解字》：“九，阳之变也，像其屈曲究尽之形。”许解不准确。甲骨文作“”（前四·四○·三），金文作“”（盂鼎），像曲钩形，本义为钩。甲骨文金文假借为数目字，沿用至今。

“艿”——《说文解字》：“艿，艸（草）也。”甲骨文假借为族名：“唐辰贞在 来告艿。”（摭续一○六）金文用法同：“姬艿母作盉鬲。”（姬艿母鼎）

“曼”——《说文解字》：“曼，引也，从又冒声。”许慎据讹变小篆说解字形，不准确。甲骨文作“”（乙七三五七），像两手张目形。金文或增声作（曼龚父盨）。本义当为张引。甲骨文金文都借为姓氏字。

“雈”——也作“鸡”。《说文解字》：“雈，鸟肥大雈雈也。”甲骨文假借为地名，如“甲寅卜在雈贞王今夕亡祸”（续三·一·七）。金文用法同，如《散盘》：“以西至于雈莫。”

“丑”——《说文解字》：“丑，纽也。十二月万物动用事，像手之形。”甲骨文作“”（前五·三四·一），金文作“”（𢦏鼎），像手爪形。甲骨文金文都假借为地支第二位字。

这一类假借字，表国族名、地名的较多，其次是表天干、地支和数目的，少数借为虚词和一般的词。

下面是周代承用商代假借字而扩大假借记词范围的例子：

“旁”——《说文解字》：“旁，溥也。”甲骨文和金文都假借为人名、地名。金文又假借为四方的“方”。《者减鐘》：“（闻）于四旁。”“四旁”即四方。

“且”——甲骨文和金文作“”“”“”等形，像俎形，并都借为祖父之“祖”。金文又借为“沮”（义为丧），如《匽卣》：“弗敢且（沮）。”又借为“租”，如《鬲攸比鼎》：“我弗敢具付鬲从其且（租）。”

“達”——《说文解字》：“達，行不相遇也。”甲骨文和金文都借为人名。金文又借为“撻”，《墙盘》：“達殷畯民。”“達”即“撻”。（简化字“達”作“达”，“撻”作“挞”。）

“商”——甲骨文和金文都借为地名、人名和方国名。金文又借为“赏”，《盘献》：“王商作册盘贝。”“王商”即“王赏”。

“競”——《说文解字》：“競，强语也，一曰逐也。从誩从二人。”甲骨文作“”“”等形，像二人接踵争競之形。甲骨文借为人名、地名。金文除借为人名外，又借为国族名（競文簋）；又借为“境”，《𠭯篙编鐘》：“隹𠭯篙屈栾晋人救戎于楚競。”“楚競”即楚境。

“友”——《说文解字》：“友，同志为友。从二又，相交友也。”甲骨文和金文都借为“祐”“侑”或人名。金文又借为“贿”，如《鬲从盨》：“復友（贿）鬲从其田。”又借为“有”，如《虢仲盨》：“兹盨友（有）十又二。”

“叀”——甲骨文和金文都借为语气词。金文又借为人名，如《叀卣》：“叀作父鉞宝尊彝。”又借为“惠”，《克鼎》“叀于万民”，即“惠于万民”。

“谷”——《说文解字》:“谷,泉出通川为谷。”本义为山谷。甲骨文和金文都借为地名。金文又借为欲望之“欲”,《师訇簋》:“谷汝弗认乃辟函于軉。”“谷汝”即欲汝。又借为“裕”,《何尊》:“叀王龏(恭)德谷天,顺我不每(敏)。”“谷天”即欲天。

“其”——甲骨文和金文都借为拟议未定之词,有“大概”之意。金文又借为代词,表领属,意为“他(们)的”。《鬲从盨》:“豆卑小宫邑鬲从田,其邑彶眔句商兒眔讎。”“其邑”即他的邑。又借为基础之“基”,《盠驹尊》:“王倗下不(丕)其,则万年保我万宗。”“不其”就是“大基”。又借为人名,见《梁其簋》。

“丂”——甲骨文作“”“”等形,像斧柯形,当为“柯”字初文。甲骨文借为地名。金文又借为“考”,如《同簋》:“用作朕文丂(考)叀中隮宝簋。”又借为“孝”,如《都公諴鼎》:“用追享丂(孝)于皇祖考。”又借为人名,见《散盘》。

“益”——《说文解字》:“益,饶也。从水皿。”为“溢”字初文。甲骨文和金文都借为国名。金文又借为重量单位“镒”,《旻成侯鐘》:“重十钧八益。”“八益”即八镒。又借为谥号之“谥”,《班簋》:“㿻(益)曰大政”,即“谥曰大政”。又借为人名,见《休盘》。

“東”(东)——甲骨文作“”“”等形,像橐中装物以绳扎结两端形,当为“橐”字初文。甲骨文和金文都借为方位词。金文又借为董督之“董”。《师毁簋》:“東裁内外。”“東裁”即“董裁”。又借为族名,如《父乙尊》:“東父乙。”又借为人名,见《辟東尊》。

剌”——《说文解字》:“剌,戾也。从束从刀。刀者,剌之也。”甲骨文和金文皆借为人名。金文又借为“列”。《中山王鼎》:“剌城数十,克敌大邦。”“剌城数十”即列城数十。又借为“烈”,《胤嗣妾蚉壶》:“以追庸(诵)先王之工剌。”“工剌”即功烈(功业)。又借为音律名:“剌音之翠曾。”(曾侯乙编钟)“剌音”即厉音。

“禾”——《说文解字》:“禾,嘉穀也。”即禾稼、庄稼。甲骨文借为人名和国族名。金文又借为龢鐘之“龢”,如《邾公钐鐘》:“陆韢之孙邾公钐作乒禾鐘。”“禾鐘”即“龢鐘。”

“邲”——《说文解字》:“宰之也。从卪必声。”甲骨文借为人名和比及之“比”。金文又借为“背”,《僦匜》:“女上邲先誓。”“邲先誓”即违背先誓。

这一类假借字比较多,可以说甲骨文中绝大多数假借字都被周代承用而扩大其假借记词范围。假借记词范围的扩大,增加了辨义难度,但在一定程度上控制了假借字增多的势头。

周代新出现的假借字也有两类：一类是商代甲骨文已有其字，使用本义或引申义，到周代才用为假借字；另一类是其字产生在周代而被用为假借字。前一类假借字较少，如：

“君”——《说文解字》：“君，尊也。从尹发号，故从口。”甲骨文用为“尹”或“尹长”义（尹、君二字同）。金文除用本义外，又假借为“群”。如《县妃簋》：“易君我隹（又）易寿。”即锡群我又锡寿。

“逐”——《说文解字》：“逐，追也。”本义为追逐。甲骨文与金文用本义。金文又借为“旞”。《㪤𤔲方鼎》：“榶中赏乎𡢎𤔲逐毛两。”“逐毛”即旞旄。又借为人名，见《逐鼎》。

“鬲”——《说文解字》：“鬲，鼎属，实五觳，斗二升曰觳。像腹交文，三足。”甲骨文和金文用本义。金文又借为“献”，如《令簋》：“姜赏令贝十朋臣十家鬲（献）百人。”又借为族氏名，如《鬲叔盨》：“鬲叔兴父作旅盨。”又借为人名，见《鬲尊》。

“孚”——甲骨文作“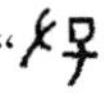”“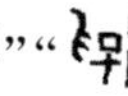”，像以手俘虏人子形。或从“彳”，示驱俘以行意，为“俘”字初文。甲骨文用本义。金文又借为“敷”，《师訇簋》“孚受天命”，即敷受天命。又借为人名，见《孚公林献》。

“往”——甲骨文作“”（粹九三〇）“”（合集五一一六）等形，从止王声，为“往”字初文。甲骨文、金文用“前往”本义。金文又借为“皇”，《陈逆簋》：“陈氏裔孙逆作为祖大宗殿。”“祖”即皇祖。又借为“旺”，《胤嗣好盗壶》“悳行成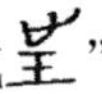”，即“德行成旺”。

这类假借字很少，因为甲骨文中多数表形字都兼用为假借字，不兼职的字本来就不多。

周代新产生的假借字，数量较多。下面是这类假借字的例子。

“哀”——《说文解字》：“哀，闵也。”本义为哀闵。金文借为“爱”，如《沈子簋》：“其凡哀（爱）乃沈子也唯福。”又借为人名，见《哀成叔鼎》。

“請”（请）——《说文解字》：“請，谒也。从言青声。”金文借为“靖”。《中山王壶》“以請郾彊”，即以靖郾彊。

“諱”（讳）——《说文解字》：“諱，忌也。从言韋声。”金文借为“违”，如《蔡侯盘》：“不諱（违）考寿。”

“救”——《说文解字》:“救,止也。”本义为救援。金文借为国族名,如《周宅匜》:“啁宅作救姜宝匜。”又借为“仇”,《中山王鼎》:“郾(鄰)邦难窺,救人在旁。”“救人”即仇人。

“烏”(乌)——《说文解字》:“烏,孝鸟也。象形。”金文借为叹词,如《效卣》:“烏虖故不敢不万年夙夜奔走扬公休。”“烏虖”即典籍中的“於乎”或“嗚呼”。

“胃”——《说文解字》:“胃,谷府也。”本义指肠胃之“胃”。金文借为“谓”,《吉日壬午剑》:“胃之少虡。”“胃之”即“谓之”。

“辨”——《说文解字》:“辨,判也。”本义为辨别。金文借为“遍”,如《作册魖卣》:“见服于辟王辨(遍)千多正。”又借为人名,见《辨簋》。

“虞”——《说文解字》:“騶虞也。白虎黑文,尾长于身,仁兽。”金文借为国名(虞习壶)和官名(散盘):又借为第一人称“吾”,《越王鐘》“以乐虞家”,即以乐吾家。又借为“永”,如《恒簋蓋》:“其万年世子子孙孙虞(永)宝用。”

“某”——《说文解字》:“某,酸果也。”为“梅”字初文。金文借为“谋”,《禽簋》:“周公某禽祝”,即周公谋禽祝。又借为否定词“無(无)”,如《谏簋》:“女某(無)否又(有)昏。”

“樶”——为“匙”字异体。《集韵》:“匙,匕也。或从木。”金文借“樶”为“题凑”字,如《中山王兆域图》:“其樶(题)趎(凑)长三尺。”

“尗”——《说文解字》:“尗,豆也。像尗豆生之形也。”金文借为俶始之“俶”,如《㪤匜》:“女亦從譺從誓,尗(俶)可。”又借为淑美的“淑”,如《㦰方鼎》:“文母日庚尗休。”“尗休”即淑休。

“考”——《说文解字》:“老也。从老省,丂声。”金文借为“孝”,如《遅盨》:“用亨考(孝)于姑公。”又借为考校的“考”,如《中山王鼎》:“考宅(度)隹型。”又借为人名,见《考卣》。

“邵”——《说文解字》:“邵,高也。从卩召声。”金文借为“昭”,《虘鐘》:“用邵大宗”,即以昭大宗。又借为“绍”,如《㝬鐘》:“𠬝子迺遣閒来逆邵(绍)王。”又借为人名,见《邵簋》。

根据假借字的来源,周代的假借字主要有上述几类。

除此以外,周代假借字中还有一些本有其字的假借。例如:

“誨”(诲)——《不嬰簋》:“汝肇誨于戎功。”“誨”借为武”。甲骨文已有“武”字。

“攻”——《国差罎》:“攻师佸铸西章宝罎四秉。”“攻”借为“工”,但甲骨文已有“工”字。“攻”从“工”声,转而假借为“工”。

“枋”——《妾盗壶》：“枋数百里。”“枋”借为“方”，但甲骨文已有“方”字。“枋”从“方”声，转而假借为“方”。

“枼”——《屭羌鐘》：“永枼不忘。”“枼”借为“世”。《说文解字》：“枼，楄也，从木，世声。”用形声字“枼”转而假借为“世”。

“宥”——《谏簋》：“先王既命女𩦞𤔲王宥。”“宥”借为“囿”。《说文解字》：“囿，苑有垣也。从囗，有声。一曰：禽兽曰囿。，籀文囿。”甲骨文中有“”字，像苑中有草木之形，即“囿”字初文。

“均”——《蔡侯鐘》：“均子大夫建我邦国。”“均”借为“君”，甲骨文中已有“君”字。

从汉字发展的趋势来看，这类假借字的出现是较奇怪的一种现象。汉字发展的趋势是从表形字向假借字（表音）发展，又进而向形声字发展。像“枋”“枼”“宥”这些形声字已经发展成汉字的最高层次，却又当作单纯的表音字来使用，这同形声字的大量增长是相矛盾的，这不是一种奇怪现象吗？而且这种现象一直继续了很久。关于这个现象，我们将在以后加以解释。

商代甲骨文的假借字比例很高，约在70%以上。周代的假借字有所减少。在《甲骨金文字典》近2200个周代金文单字中，有1198个有假借用例（其中369个只借为人名），约占总数的54%。这是整个周代金文的平均比例。

如果把东、西周分开来看，西周高一些，东周低一些。下面拿西周和战国时的成段铭文做一比较：

珷征商隹甲子朝戉
鼎克闻夙又商辛未
王才䦆自易又事利
金用乍旜公寳尊彝

（利簋）

《利簋》是西周初武王时器，全段铭文32字。其中“商”借为国族名，指殷商。“隹”借为语气助词。“甲子”“辛未”乃天干地支名，也是借字。“戉”借为“歲”，“鼎”通“当”，“歲鼎”谓歲星当前。“闻”借为“昏”。“又商”即“有商”，“又”通“有”。“才”，本义为初始，借为“在”。“䦆”借为地名。“自”借为“師”。“易”借为“賜”，赐予。“用”借为“使用”字。“旜”，人名借字。“公”借为“公侯”字。这段铭文的假借字(包括重复的),共有19个,占总字数的60%左右。

隹十又四年
塦侯午台群
者侯献金乍
㞷妣孝大妃
䘱器鈛鏱台
登台嘗保又
齐邦永荳母
忘

(十四年陈侯午敦)

《十四年陈侯午敦》是战国初田齐桓公时器,全段铭文36字。其中"隹"借为语气助词,"又"借为连词。"塦"借为姓氏字。"午"借为人名。"台"借为介词。"者侯"即"诸侯","者"借为"诸"。"㞷"("往"的初文)借为"皇"。"又"借为"有"。"齐"借为国名。"母"借为否定词。这段铭文的假借字计有12个,占总字数的33%。

再看下面一段铭文:

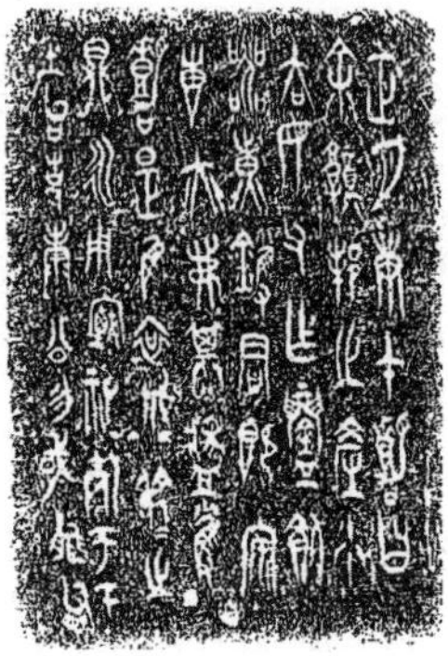

正月庚午嘉曰
余郑邦之产,少
去母父乍铸飤
器黄鑊。君既安
叀亦弗其盭蒦
嘉是隹哀成弔,哀成弔
鼎永用禋祀,死于下
土台(以)事康公勿
或能飼(怠)

(哀成叔鼎)

这段铭文是战国早期郑康公时期的。全段铭文57字。其中"庚午"借为干支字。"嘉"借为人名字。"余"借为第一人称代词。"叀"借为"惠"。"亦"借为副词。"弗"借为否定词。"其"借为语气词。"盭"借为"坠"。"隹"借为语气词。"成弔"即"成叔","弔"借为君侯谥爵字。"于"借为介词。"康公"借为谥爵字。"勿"借为否定词。“或”借为“有”，意为“有人”。“能”假借为“而”，连词。“飼”借为“怠”。假借字共20个，占铭文总字数的35%。

《十四年陈侯午敦》和《利簋》，两器铭文篇幅差不多，但前者的假借字比例低得多。《哀成叔鼎》篇幅稍长一点儿，而假借字比例与《陈侯午敦》相差无几。可以看出，春秋、战国时期的假借字的确比西周时期有所减少。当然，这种抽样分析不可能得出精确的百分比，但从整个趋势来看，假借字随着汉字的发展而逐渐减少，从甲骨文的70%左右减少到东周的30%左右，则是不容怀疑的。

四

周代形声字在商代形声字基础上有了很大的发展，数量和比例都有大幅度增加。据我们粗略统计，《甲骨金文字典》一书中，甲骨文形声字只有332个，周代金文形声字则有1130个，比甲骨文多了近800个。这部字典共载甲骨文1270个，形声字占总数的26%左右。周代金文共2200个，形声字占总数的51.3%左右。形声字的比例比甲骨文高出近一倍。《甲骨金文字典》收字未全，见于容庚《金文编》（张振林、马国权摹补本）正编的就有400多字未被收入，其中有些字也是形声字，如“社、芑、逃、徜、箭、栽、㝉、峠、犾、姶、铣”等。如果把这些字也加进去，周代形声字的比例还要高一些。

根据形声字的形成过程，周代形声字可分为五类：第一类是在表形字上加声符的形声字；第二类是在表形字上再加形符的形声字；第三类是在假借字上加形符造的形声字；第四类是在形声字上再加形符的形声字；第五类是直接用形符、声符造成的形声字。此外还有少数改造表形字或假借字而形成的形声字。下面就按照这几种类别来看看周代形声字的具体情况。

在商代，形声字主要通过在表形字上加声符形成，这种方法周代仍继续使用。如：

“齒”（齿）——甲骨文“齿”作“”“”“”，像口内有牙齿形。周代金文和简文作：

中山王壶

信阳楚简

下部仍像口齿形，上部加声符“止”。《说文解字》：“齒，口断骨也，像口齿之形，止声。”

“曼”——甲骨文“曼”字作“”（乙一三五七），上下从又（手），中从目。郭沫若说像两手张目形，为“曼”字初文（《卜辞通纂》），可从。金文作：

曼龏父盨

曼龏父盨

加声符“”。“”，“帽”字初文。

“臧”——甲骨文“臧”字作“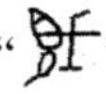”（菁八·一），像以戈击臣形，义为战败屈服之人（杨树达《积微居小学述林》）。金文和战国陶文作：

王孙诰鐘

㠱伯盨

陶香录三.三

加“爿”为声符。

“耤”——甲骨文“藉”作“”（乙七三九六）“”（合二二二），像人侧立以耒举足掘地形，会耕耤意。金文作：

令鼎

弭伯簋

另加声符“昔”。

“書”（书）——《说文解字》：“書，著也。从聿者声。”甲骨文“書”字作“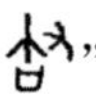”（京一二二七），像以手握笔书写形。金文和《侯马盟书》作：

颂簋

格柏簋

侯马盟书

都加了声符“者”。

“寶”（宝）——甲骨文中“宝”作“”“”，像屋内有贝、玨形。古代以贝玨为宝。金文加声符“缶”作：

戍嗣子鼎

敔簋

兮仲簋

“竨”(位)——甲骨文以“立”为“位”。金文与甲骨文同,或加声符“胃”作“竨”:

㝬簋

中山王壶

“立”为表形字,作“竨”为形声字。此“竨”字小篆作“位”,从人从立,“位”字通行,“竨”字遂废。

“裘”——甲骨文“裘”字作“”(京一九七二),像外有皮毛的裘衣。金文作:

叉尊

条伯簋

加“又”作声符,为形声字。此字小篆作“”,加“衣”作形符,为加形形声字。

“禽”——甲骨文“禽”字作“”(后下一·四)“”(铁一三四·三),像捕网形,卜辞用为擒获义。金文、石鼓文加声符“今”作:

禽簋

不𡠦簋

石鼓銮敕

以上是在表形字上加声符的例子。周代这一类形声字不多,见于《甲骨金文字典》的只有十几个。

在表形字上再加形符的形声字,商代甲骨文中已出现,周代则更多。

“神”——金文较早者,“神”字作“申”,不从示。《父辛卣》:“父母多申”,则父母多神。甲骨文“申”字作“”“”等,像闪电曲折形。先民以申(电)为天神,《说文解字》:“申,神也。”可知“申”为“神”字初文。金文较后者如《伯㺇鼎》《㝬鐘》等加形符“示”作“神”,成为形声字。

“祠”——《说文解字》:“祠,春祭曰祠。品物少多文词也。从示司声。”甲骨卜辞以“司”为“祠”,周原甲骨卜辞、《禹邦王壶》作“祠”,构形同小篆。“司”为表形字,甲骨文作“”“”,像以“”(古“柶”字)覆口上,会进食意。自食为“司”,食人食神也称“司”。后因祭祀时献食于神祇,于是加形符“示”,成形声字“祠”。

“復”(复)——《说文解字》:“復,往来也。从彳复声。”甲骨文复作“”(前五·一三·六),“”像古时穴居两侧通道,“”像人脚趾,会往返出入意。金文或加彳作“復”(𢦏鼎),成形声字。

“鬲”——甲骨文“镉”字作“”(粹一五四三),《说文解字》:“鬲,鼎属,实五觳,斗二升曰觳。像腹交文,三足。”《季真鬲》铭文加形符“金”成形声字“鬲”,表示鬲为铜制。

“國”(国)——甲骨文“國”作“”(后下三九·六),不从□,与“或”字为一字。金文较早者作“”(何尊)、“”(毛公鼎),与甲骨文同。或加“”作“”(王孙鐘),或加“囗”作“”(都嬰鼎)。《说文解字》:“或,邦也。”又“國,邦也,从口或。”可知“或”乃“國”字初文。孙海波说甲骨文“或”字的(□)像城形,以戈守之(《卜辞文字小记》),可从。金文作“國”或“國”者,为加形形声字。今简化字作“国”。

“經”(经)——《说文解字》:“經,织也。从系巠声。”金文“经”字本不从系而作“”(盂鼎)、“”(毛公鼎)等形,像织机上的纵线,为“经”字初文。后或加“系”作“”(虢季子白盘)“”(齐陈曼簠),成加形形声字,和小篆构形同。

“蜀”——《说文解字》:“蜀,葵中蚕也。从虫,上目像蜀头形,中像其身蜎蜎。诗曰:‘蜎蜎者蜀。’”甲骨文“蜀”作“”(後上九·七)“”(合集二一九一〇),像蚕卷曲形,不从虫。周原甲骨之八作“”,金文《班簋》作“”,增形符“虫”成形声字,构形同小篆。

“封”——甲骨文“封”字作“”(甲二九〇七)、“”(合集二七八九三)、“”(续五·二六·八),从(树)从(土),像封土成堆植木于土上形,是个表形字。金文或加又(手)作(琱生簋),成加形形声字,为小篆所本。

以上这类在表形字上再加形符的形声字,在《甲骨金文字典》里共有50多个。

在假借字上加形符的形声字如:

“哉”——《说文解字》:“哉,语之间也。从口𢦏声。”又“𢦏,伤也。从戈才声。”甲骨文和早期金文都借“𢦏”为“哉”。《禹鼎》中“烏虖哀𢦏”，即呜呼哀哉。较后金文作“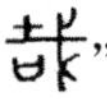”（朱么华鐘）“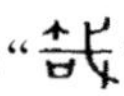”（郾侯簋），加形符“口”成形声字，构形同小篆。

“敵”（敌）——早期金文借“啻”（商）为“敵”。《𡨦鼎》：“攻龠無啻”，即“攻龠无敵”。战国金文加形符“人”作“”（中山王鼎），从人商声。小篆变作“敵”，从攴商声，当是“僪”字异体。

“敔”——《说文解字》：“敔，禁也。一曰乐器椌楬也，形如木虎。从攴吾声。”《毛公鼎》中铭文“敔”字作“吾”。《吾簋》《攻敔王光戈》等铭文作“敔”，加形符“攴”，构形同小篆。字作“吾”为假借字，作“敔”为形声字。金文或加“戈”作“䎸”（王孙诰鐘），与“敔”同。

“郐”——《说文解字》：“郐，邾下邑也。从邑余声。”早期金文借“余”为“郐”（太保簋），春秋金文加形符“邑”作“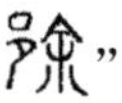”（沇儿鐘），从邑余声，构形同小篆。

“觀”（观）——《说文解字》：“觀，谛视也。从见雚声。”甲骨卜辞和早期金文借“雚”为“觀”，“王往雚”（甲二四二〇）“王雚于嘗”（效卣）即王往觀、王觀于嘗（有的学者认为“雚”通“灌”，是祭名）。《说文解字》：“雚，小雀也。”战国金文加形符“见”作“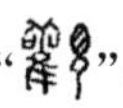”（中山王壶），从见雚声，为小篆所本。

“鎒”——《说文解字》中“鎒”作“肆”，钟鼓悬列之数为肆。金文借“隶”为“肆”，《郘鐘》“大鐘八隶”，即大鐘八肆。《齐侯壶》铭文加形符“金”作“镹”，以指金器，成形声字。

“涇”（泾）——《说文解字》：“涇，涇水，出安定涇阳犴头山，东南入渭，雍州之川也。从水巠声。”《克鼎》铭文“涇”作“巠”，又加“水”作“涇”。“巠”本“經”（经）字初文，用做水名为假借字，加形符“水”成为形声字。

“妣”——甲骨文“比庚”、金文“匕乙”即妣庚、妣乙，“比”“匕”都是假借字。金文或作“妣”（簷候簋），或作“妀”（倗万簋），在“比”和“匕”上加形符“女”而成形声字，为小篆和籀文所本。《说文解字》：“妣，殁母也。从女比声。“妀”，籀文“妣”省。

“孌”（娈）——《说文解字》：“孌，慕也。从女䜌声。”金文“孌”或假借“䜌”字，《中伯壶》“亲姬䜌人壶”，即亲姬孌人壶。《中山盨》铭文作“孌”，加形符“女”成形声字。小篆同。今简化字作“娈”。

“純”（纯）——《说文解字》：“純，絲也。从系屯声。”金文“純”或假借“屯”字，《颂簋》：“易（赐）女（汝）玄衣黹屯。”中“黹屯”即黹纯。较后的《陈猷釜》《中山王壶》铭文作“純”，加形符“糸”成形声字。小篆同。

以上是假借字上加形符的例子。这类形声字见于《甲骨金文字典》的也有五十多个。

下面看在形声字上再加形符或声符的例子：

“往”——甲骨文“往”作“”（前三·三·二），从（止）（王）声。战国《吴王光鑑》铭文又加形符“彳”作“”，从彳、声。小篆同。

“鋺”——甲骨文和早期金文“鋺”作“盂”，不从金。《说文解字》：“盂，饭器也。从皿于声。”“盂”本为形声字，金文或又加形符“金”作“鋺”（若公鼎）。表示盂用金属制成。

“陻”——早期“陻”作“”或“”（垔戈）。从土覀声，本为形声字。东周金文又加“阜”作“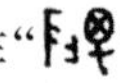”（陈喜壶），成加形形声字。

“龏”——《说文解字》：“龏，愨也。从廾龍声。”甲骨文作“”（前二·二五·六），为“恭”字初文。《邾公华鐘》：“余华龏畏忌。”“龏”即“恭”。“龏”本为形声字，后期金文又加声符“兄”作“”（邾大宰簠）、“”（曼龏父盨）。

在形声字上再加形符或声符的字不多，见于《甲骨金文字典》的只有十来个。这类形声字产生的原因有两个：一是原来的形符不够明确，有必要加上一个新形符，例如“盂”字的形符“皿”同当时大量使用铜器的现实不符合，于是又加个”金”形。另一个是原来的声符由于语音演变同当时的字音不合，于是另加一个声符表音，如“龏”字另加“兄”这个声符。再到以后，《楚帛书》才另造了个从心共声的“恭”字，代替了“龏”“龔”两个字。

周代的形声字，更大量的是直接利用形符和声符相结合而造成的，下面是这类形声字的例子：

“壯”——《说文解字》：“壮，大也。从士爿声。”《中山王壶》中已有“壯”字，构形与小篆同。

“蕃”——《说文解字》：“蕃，艸（草）茂也。从艸番声。”《蔡侯盘》中有“蕃”字，构形同小篆。

“牼”——《说文解字》：“牛厀（膝）下骨也。从牛巠声。”《邾公牼鐘》中“牼”字构形同小篆。借为人名。

“辻”——《说文解字》：“辻，步行也。从辵土声。”典籍作“徒”。《禹鼎》中有“辻”字，构形同小篆。

“距”——《说文解字》：“距，鸡距也。从足巨声。”《末距鼎》《铜戈》中有“距”

字，构形同小篆。

“誨”(诲)——《说文解字》:“誨，晓教也。从言每声。”《墙盘》《不𩡧簋》中有“誨”字，构形同小篆。

“勒”——《说文解字》:“勒，马头络衔也。从革力声。”《吴方鼎》《颂簋》《曶壶》有“勒”字，构形同小篆。

“雒”——《说文解字》:“雒，鵋鶀也。从隹各声。”《周雒盨》“雒”字构形与小篆同，借作人名。

“筍”(笋)——《说文解字》:“筍，竹胎也。从竹旬声。”《伯筍父盨》《郑筍父鬲》中有“筍”字，构形同小篆，借为人名或国名。

“盆”——《说文解字》:“盆，盎也。从皿分声。”《彭子仲盆盖》《曾大保盆》中“盆”字构形同小篆，用本义。《成伯孙父鬲》:“自乍(作)𩟄盆。”用以称鬲。

“饉”(馑)——《说文解字》:“饉，蔬不熟为饉。从食堇声。”金文《舀鼎》中有“饉”字，构形同小篆。

“霸”——《说文解字》:“霸，月始生霸然也，承大月二日，承小月三日。从月䨣声。”《令𣪘》《郑虢仲鼎》中“霸”字同小篆。

“鉦”(钲)——《说文解字》:“鉦，铙也。似铃，柄中，上下通。从金正声。”《南疆鉦》中“鉦”字构形与小篆同。

“忘”——《说文解字》:“忘，不知也。从心从亡，亡亦声。”《蔡侯鐘》《陈侯午敦》中“忘”字构形同小篆，用本义。或借为荒废的“荒”。

“都”——《说文解字》:“都，有先君之旧宗庙曰都。从邑者声。”《㝬鐘》《齐镈》中“都”字构形同小篆。《齐镈》中“都”字“邑”(阝)字在左，偏旁位置还不固定。

“積”(积)——《说文解字》:“積，聚也。从禾责声。”《商鞅方升》《睡虎地秦简》中“積”字构形同小篆。

“頭”(头)——《说文解字》:“頭，首也。从頁豆声。”《蔡侯鼎》《睡虎地秦简》中“頭”字构形同小篆。

“疥”——《说文解字》:“疥，搔也。从疒介声。”战国印文(《燕陶馆藏印》)中已有“疥”字，构形同小篆。

“劑”(剂)——《说文解字》:“劑，齊(齐)也。从刀从齊，齊亦声。”《诅楚文·巫咸》中已有“劑”字，构形与小篆同。

“空”——《说文解字》:“空，窍也。从穴工声。”《十一年鼎》《睡虎地秦简》中已有“空”字，构形同小篆。

“賀”(贺)——《说文解字》:“賀，以礼相奉庆也。从贝加声。”《中山王方壶》

《睡虎地秦简》中都有“賀”字，构形同小篆。

“俗”——《说文解字》：“俗，习也。从人谷声。”《五祀卫鼎》《永盂》中已有“俗”字，构形同小篆，假借为“欲”或“裕”，又或借为人名。

这类直接用形符和声符结构而成的纯形声字，见于《甲骨金文字典》的约有820个，占周代金文中形声字总数的90%左右。

除此以外，还有少数改造表形字和假借字而成的形声字。这类形声字数量不多：

“囿”——《说文解字》：“囿，苑有垣也。从囗有声。一曰禽兽曰囿。，擂文囿。”甲骨文“囿”字作“”（前七·二〇·一）、“”（前四·一二·三），像垣墙内有草木之形，为《说文解字》籀文所本。《秦公簋》作“囿”，《睡虎地秦简》作“囿”，都改造成形声字。《秦公簋》的“囿”构形与小篆同。

“何”——甲骨文“何”作“”（後下二二·三）、“”（簠天二一）。周代早期金文作“”（何尊），像人荷戈形。后期金文《何簋》《十六年戟》改变为从人可声的形声字“何”。《说文解字》：“何，儋（担）也。从人可声。”

“邛”——《说文解字》：“邛，邛地，在济阴县。从邑（阝）工声。”金文较早者或借“江”为“邛”（江小仲鼎）。《叔姬簠》作“”，构形同小篆，改假借字为专用形声字。

“邾”——《说文解字》：“邾，江夏县，从邑朱声。”金文较早者或假“蛛“字为“邾”。“蛛”本写作“”（邾公华鐘）。《邾公釸鐘》改为从邑朱声的“邾”，构形同小篆，为国名专字。

“昧”——《说文解字》：“昧，昧爽，旦明也。从日未声。”甲骨卜辞假“妹”表昧之义。“妹雨”（後上三二·一〇）即昧雨。金文《免簋》作“”，从日未声，表昧爽义，构形与小篆同。

以上是周代形声字各种类型形成的情况。在表形字上加声符或形符，以及在假借字上加形符构成形声字，商代甲骨文中已经出现，周代继续使用。直接用形符和声符大量构成形声字以及改造少数表形字或假借字形成形声字，这是周代才出现的现象。

形声字是继表形法、借音法之后产生的新的造字方法，虽然开始于商代，但那时尚未成熟，周代则趋于成熟，其标志是那时期直接用形符和声符构成的形声字大量增加。周代形声字比商代多得多，这是一个显著的变化。

从形声字形符的数量来看，周代比商代也明显增多。《甲骨金文字典》一书中的形声字，甲骨文形符只有91个，周代金文形符增至195个，金文比甲骨文增多形符104个。在新增加的形符中，有许多是后代形声字中常见的形符，如：心、言、金、耳、门、車、力、食、竹、穴、疒、邑、頁、厂，等等。这些形符在甲骨文中只作为表形字使用。

从同形符的形声字的数量来看，周代亦比商代增加许多。拿徐中舒主编的《甲骨文字典》和容庚编，张振林、马国权摹补的《金文编》比较，发现同一部首之下，以可识字为限，《金文编》的形声字大都要多得多。例如：

示部：甲骨文7个，金文19个。
玉部：甲骨文1个，金文10个。
贝部：甲骨文4个，金文18个。
土部：甲骨文1个，金文16个。
人部：甲骨文10个，金文40个。
木部：甲骨文13个，金文35个。

这些情况表明，周代形声字的数量有较大的增加，也说明形声字的结构方法已渐成熟。

周代形声字因为处于刚刚成熟阶段，形符用字不定的现象比较突出。许多形声字的形符（实质上是类符）可此可彼，因而形成一大批异体字。例如：

“槃”——《说文解字》：“槃，承槃也。从木般声。”金文或从金作“”（伯侯父盘），或从皿作“”（虢季子白盘）。从金表示盘的质料用铜，从皿表示盘为器皿。金、皿两个形符可此可彼，都符合形声字造字条件。

“超”——商代甲金文作“”（前四·三七·三）、“”（父丁鼎），从夂亘声。周代金文或从辵作“”（墙盘），或从“走”作“”（虢季子白盘）。“夂”像足形，“辵”义为乍行乍止，二字都与行走义相关。

“龢”——《说文解字》：“龢，调也。从龠禾声。”甲骨文和多数金文与小篆构形同。《余义鐘》铭文作“”，从音禾声。《说文解字》：“龠，乐之竹管，三孔，以和众声。”“龠”能发音。“音”为音乐，因而成为相关形符。

“體”（体）——《说文解字》：“體，总十二属也。从骨豊声。”战国金文作“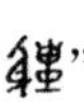”（中山王壶），从身；《泰山刻石》作“”，从骨；《睡虎地秦简》作“”，从肉。身、骨、肉都是身体的组成部分，因而三个形符可通用。今简化字作“体”。

像这类换用的形符很多，见于《甲骨金文字典》中的有六十多组，下面这些是常见的相通形符类型：

木—艸	行—走	龠—音	攴—又
攴—戈	鸟—隹	皿—金	田—邑
月—日	宀—宫	见—目	水—涉
飞—羽	耳—首	手—攴	干—戈
廾—攴	女—人	女—母	彳—辵—走
土—𩏑	㚇—绥	𤔔—糸	止—彳—走
戈—力	鬲—金	土—田	糸—素—索
斗—升	禾—米	米—食	厂—广—宀
首—页	衣—糸	牛—羊—马—鹿—犬	

周代文字中的异体字，换用形符的异体字最多。这种现象一直延续到秦汉文字及秦汉以后的文字，是汉字中存在大批异体字的主要历史原因。

以上是周代形声字的情况。

五

战国时期，社会发生剧烈变化，各国各地区相对独立，对文字产生了很大的影响，文字出现了分系发展的局面。

从现有资料来看，战国时期的文字大体可分为齐、燕、晋、楚、秦五个系统。五个系统中，秦系和燕系较为单一；齐系以齐国为中心，包括鲁、邾、倪、任、滕、薛、莒、杞、纪、祝等小国文字；楚系以楚国为中心，包括吴、越、徐、蔡等国文字；晋系包括韩、赵、魏及中山等国文字。各系文字的形体结构有较大的差异，假借字也有所不同。下面举些例子，先看看文字结构方面的差异。

“獻”（献）——齐《陈侯午敦》作“”，从犬声；燕作“”（《文物》1982年第8期，四四戈），不从犬。晋作“”（《侯马盟书》），从犬鬳声。

“市”——齐作“”（《文物》1980年第2期，二六）或“”（《玺彙》〇三五五），从土“”（或木）止（之）声；楚作“”（《望山竹简》），上从“”（之）声，讹

变较大；秦作“”（《秦简》），声之形略存。

“廚”——晋作“”（𦉢厨鼎）或“”（上乐厨鼎），从肉或从广，朱声；楚作“”（集厨鼎），从肉豆声；秦作“”（《秦代陶文》1481），从广尌声。

“都”——齐作“”（《匋文》六·四七），从邑者声；晋作“”（《侯马盟书》），“邑”字部位与齐异；燕作“”（《玺彙》二九二），从邑声。

“鑄”（铸）——晋作“”（大梁司寇鼎），从金从寸会意，寸亦声；楚作“”（畲忎鼎），像双手铸器物形。

“陳”（陈）——齐作“”（齐陈曼簠），从阜、土，東声；楚作“”（畲忎鼎），“土”字部位与齐异。

“歲”（岁）——齐作“”（陈纯釜），从步戌声；楚作“”（《楚帛书》）或“”（《望山竹简》），从月或日，“”（歲）省声。饶宗颐说：“歲本积日月以成，故字从日从月无别。”（饶宗颐、曾宪通《楚帛书》）。

“乘”——齐作“”（《匋文》五·三八），燕作“”（《三代》二十·五八·三距末），晋作“”（《中山》一〇〇），楚作“”（鄂君启节），秦作“”（《秦简》）。

“市”——齐作“”（《玺文》六·七），燕作“”（同前），晋作“”（同前），楚作“”（鄂君启节），秦作“”（二十九年漆樽）。

“者”——齐作“”（子禾子釜），燕作“”（郾侯庫𣪘“截”），晋作“”（《中山》一〇〇），楚作“”（《玺彙》〇三四三“渚”），秦作“”（《诅楚文·巫咸》“箸”）。

“平”——齐作“”（陈侯午錞），燕作“”（《玺文》五·四），晋作“”（《侯马盟书》），秦作“”（《秦简》）。

这些文字，有的是部分形体变异，如“者”字上半部分的不同写法，“乘”字的不同写法。有的增加形符，如“平”字加土作“”。有的是声符不一样，如“厨”字，或尌声，或朱声，等等。

有些字的写法非常特殊。如齐把“马”写作“”（《匋文》十·六八），把“大”写作“”（《古钱》八六九）；“百”字晋文字写作“全”，《中山王圆壶》中“方数全里”，即方数百里；楚文字把“佳”字写作“”（《楚帛书》）；“關”字写作“”（鄂君启舟节）；燕国将“中”字写作“”（《古钱》一一二九），结构也非常特殊。

以上是形体结构方面的差异。假借字方面也有明显差异。

如第一人称“吾”，甲骨文多借“余”字。西周除用“余”字外，又有专用字“吾”。《说文解字》：“吾，我自称也。从口五声。”战国晋系《栾书缶》“盧以斦（祁）眉寿”即吾以祁眉寿，假“盧”为“吾”。楚系《越王鐘》“以乐虞家”，即以乐吾家，假“虞”为“吾”。

又如“工”字，燕系多假借“攻”字，“左攻看”（《三代》二十·五七·六弩牙）即左工尹。楚系多假借“弫”（弘）字，“弫帀盤埜，差（佐）秦忑为之”（《三代》四·十七·二鼎），“弫帀”即“工师”。

又如地名“唐”，齐或假借“啺”（《玺彙》○一四七）；燕或假借“庚”（《玺彙》○○五九）。

又如地名“廣”，燕系借用“怳”字，“怳昌”（《古钱》二二九）即廣昌，今河北涞源。晋系借用“㞷”（往）字，“㞷坪”（《古钱》二五五）即廣平，今河北曲周。

中山国的假借字很有特点，许多假借字往往有本字。如《中山王墓兆域图》中铭文借“閔”为“門”，借“逃”为“兆”，借“乏”为“法”；《中山王鼎》中铭文借“蒦”为“與”，借“施”为“也”，借“閈”为“見”，借“含”为“今”，借“冢”为“重”（zhòng），等等。“門、兆、法、與、也、見、今、重”等字，都是周代常用字，却要借用“闵、逃、乏”等字。这种现象在他系文字中也可见到，但没有中山国文字这么突出。

形体结构不一样，假借字不同，这是战国时期各系文字的主要差异。许慎在《说文解字·叙》中所说的各国“文字异形”，指的就是这种差异。

在各系文字差异中，秦系文字同六国文字的差异较大，但同传统的西周、春秋文字却比较一致。例如“安”字，西周早期金文《睘卣》作“”，同秦《石鼓文》中的“”没有多少差别。“乘”字，西周中期《虢季子白盘》作“”；“者”字，西周晚期《兮甲盘》作“”；“孝”字，西周中期《舀鼎》作“”；“平”字，春秋《鄀公鼎》作“”。这些字同相应的秦系文字比较，也没有多少变化。与相应的六国系文字比较，往往差异很大。下面再用“则、华、吏（事）、出、贤、两”等字加以比较：

	西周·春秋	秦系	他系
则	兮甲盘	石鼓·吾水	信阳竹简
华	命毁	石鼓·作原	望山竹简
吏	天亡毁	睡虎地秦简	中山王方壶

出	毛公鼎	石鼓·田车	侯马盟书
贤	贤毁	石鼓·銮車	中山王鼎
两	卫盉	秦元钱	郸孝子鼎

不难看出，秦系文字的形体结构与西周春秋的传统写法基本一致，而列国文字则变化多端甚至完全不同。

历史上，秦国地处西部，因历史和地理的原因，文化上受周代的影响较多，文字也是如此。特别是战国时期，东方各国文字发生了急剧变化，而秦国文字则相对稳定，这是因为秦系文字较多继承了西周传统文字的缘故。

从另一方面看，战国文字虽有“文字异形”的一面，但是从整个体系来看，六国文字也都是同西周文字一脉相承的，没有脱离传统的汉字体系。六国文字中的“异形”，绝大部分都属于异体字的范围，有少数文字带有明显的向独立文字发展的倾向。例如，上面谈到的“本有其字”的假借字，把形声字当作假借字使用的现象，就是向表音方向发展的表现。战国文字中的形声字已经有了很大的发展，这时的假借字则相对减少。假借字代表表音文字的发展方向，形声字代表形音文字的发展方向。从当时的政治形势来看，战国时期的几个大国如晋、齐、楚等，都有建立独立国家的意图和倾向，如果这种倾向成为事实，作为文化载体的文字，很有可能沿着假借字的道路发展成纯表音的文字。但是从中国上古历史的发展总趋势来看，建立统一帝国的倾向则更为显著。后来这个倾向到秦灭六国而变成事实。在这样一个方言复杂、地区广袤的大帝国里，作为全国人民交际工具的文字，只能走以形声文字为主的道路，春秋战国文字中形声字的日益增加，已经在这方面积累了经验。李斯等人在秦王朝建立以后实施的“书同文字”政策，一方面废除了六国文字中与秦文不相合的异体字，另一方面也为汉字进入形声字发展阶段奠定了基础。

六

上面我们分析了周代文字发展的基本情况。根据这些分析，可以总结为下面几点：

第一，周代文字是对商代文字的继承和发展，在汉字发展阶段上，仍属于假借字阶段。

第二，周代文字仍包括表形字、假借字和形声字这三种类型的文字。不过，由于文字的发展，这三种文字的增减有了显著的变化。

第三，周代文字同商代文字相比较，最显著的变化是形声字大量增加；假借字逐渐减少；表形字也有所减少。表形这种造字方法已经衰竭。商代的形声字大约只有26%，周代则增加到50%左右，而且形声造字方法也日渐成熟。这是个方向性的变化，表示汉字体系即将进入以形声字为主的阶段，从而成为人类文字发展的一条与表音文字不同的道路。拿假借字来比较，周代文字从商代的大约70%，下降到50%左右，其中战国时期下降到30%左右。这种现象表明汉字已从表音文字的道路上停下来，它只走了表音文字的初级阶段便停下来转向形声文字的道路，同世界上大多数文字所走的拼音文字道路完全不同。

第九章　秦代的“书同文字”政策

一

公元前221年，秦始皇攻灭齐国，最终统一六国，建立了中国历史上第一个中央集权的封建大帝国。为了巩固新生的国家政权，秦始皇采取了一系列重大的改革政策，如废封建为郡县，连接秦赵燕诸国长城为万里长城，统一度量衡，统一历朔，在文字方面实行“书同文字”政策等。这些政策和措施在当时都发挥了很大的作用，其中“书同文字”政策对当时文字的规范和后来文字的发展，都产生了极大的影响。

根据《史记·秦始皇本纪》记载，秦始皇二十六年统一六国，随即在这一年推行“书同文字”政策：“一法度衡石丈尺，车同轨，书同文字。”秦始皇二十八年《琅邪台刻石》中又提到：“器械一量，同书文字。”秦始皇二十七年《史记·六国年表》和秦始皇三十四年《李斯列传》也分别说到“同天下书”和“同书文”。但秦始皇是怎样进行“书同文字”的，《史记》中没有详细的记载。说得较详细一些的是东汉许慎的《说文解字·叙》：

> 其后(指春秋以后——引者)诸侯力政,不统于王,恶礼乐之害己,而皆去其典籍,分为七国。田畴异亩,车涂异轨,律令异法,衣冠异制,言语异声,文字异形。秦始皇帝初兼天下,丞相李斯乃奏同之,罢其不与秦文合者。斯作《仓颉篇》,中车府令赵高作《爰历篇》,太史令胡毋敬作《博学篇》,皆取史籀大篆,或颇省改,所谓小篆者也。是时秦烧灭经书,涤除旧典,大发隶卒,兴役戍,官狱职务繁,初有隶书,以趋约易,而古文由此绝矣。

类似的记载也见于东汉班固的《汉书·艺文志》和西晋卫恒的《四体书势》。

从上述这些记载可以看出,战国时期,各国的政治、法令、度量衡、车途不一致,语言文字也有差异。于是秦始皇统一六国以后加以整齐划一,对文字加以整理规范,由李斯、赵高、胡毋敬等人根据《史籀篇》编成《仓颉篇》《爰历篇》《博学篇》三部字书加以推广,六国文字停止使用,从此文字走向全国统一。

秦始皇为什么要这样做呢?一方面是为了巩固大帝国的政治统治,六国已被消灭,当然不允许其文字继续存在;另一方面,六国文字异形,不利于统一大帝国的内部交际。《史记·秦始皇本纪》载秦始皇批阅奏书时的情形说:“天下之事无大小,皆决于上。上至以衡石量书,日夜有呈。”以衡石量书,就是用秤来称量奏书,说明秦始皇每天要批阅大量的奏书。如果奏书上出现很多秦国所无的原六国文字,秦始皇每天识读奏书文字就会花去很多时间,更不要说处理国家大事了。奏书是如此,其他方面的文书以及民间交流也是如此。因此,统一文字,势在必行。

二

战国时期文字异形的情况,我们在上一章已略有谈及,这里要进一步谈谈这个问题。

战国时期的“文字异形”,主要就是六国文字中的异体字。这种异体字,不但各国之间不同,而且一国之内也常有不同。这种情况相当普遍,有些字的异体多至五六个。下面这些例子就充分反映出这一情况。

“造”——齐作“锆”(《三代》二十·十三·一戟)、“窖”(《三代》十九·三九·二戈)、“造”(《三代》二十·十二·二戟)、“艁”(《三代》十九·四十·二戈)、“鐯”(《三代》二十·十三·三戟)、“窖”(《商周金文录遗》五八八剑);三晋作“造”(《文物》1972年第4期,四〇戈)、“棗”(《考古学报》1959年第1期,一一四戟)、“散”(《三代》二十·四十·五矛)、“散”(《文物》1972年第10期图版五·二)、“敨”(《中山》一二六);楚作“賠”(容庚《鸟书考》图二六戈,《中山大学学报》1964年第1期)、“借”(《江汉考古》1982年第1期图版,肆戈)、“敨”(同前)、“郜”(《古文字研究》十三·三二七戟);秦作“造”(《文物》1964年第9期,四三权)、“借”(《文物》1980年第4期,九四)。

“戟”——齐作“戜”(《三代》二十·十五·一戟)、“鍼”(《三代》三十·八·一戟);三晋作“戟”(《考古学报》1959年第1期,一一四戟),“□”(《文物》1972年第10期,郝本性《新郑郑韩古城发现一批战国铜兵器》)、“□”(同前);楚作“戜”(《文物》1962年第11期,六五戟)、“鉎”(《古文字研究》十三·三二七戟)、“□”(何琳仪《战国文字通论》,一四八页);秦作“戟”(商鞅戟)。

“鑄”(铸)——三晋作“鈢”(魏三十年虒令壶)、“□”(《考古通讯》1957年第11期,七五)、“□”(西周公朱鼎,《文物》1965年第7期,五三);楚作“□”(酓肯鼎)、“□”(《玺彙》〇一六一)、“□”(鄂君启车节)。

“陽”(阳)——齐作“□”(《玺彙》“古匋城阳豆”)、“□”(《古匋文舂录》城阳众)、“□”(《古钱)“安阳之去化布”)、“□”(同前);三晋作“□”(《古钱》“平阳布”)、“□”(同前)、“□”(《古钱》“宅阳布”)、“□”(同前)、“□”(《古钱》“晋阳布”);楚作“□”(鄂君启舟节)、“□”(同前)、“□”(楚王酓章镈)、“□”(同前);燕作“□”(《古钱》“阳布”)、“□”(同前)、“□”(同前);秦作“□”(《双剑吉金图录》“相邦樛斿戟”)、“□”(《古钱》)“文阳布”)。

“盈”——最早见于秦系文字《石鼓文》:“盈谋濟濟。”又《睡虎地秦简·效律》:“不盈十六两。”楚系文字《楚帛书》“月则絽绌”作“絽”,絽绌即盈缩。

“時”(时)——始见《石鼓文·车工》:“即遬即時。”《秦简·徭律》:“至秋毋(无)雨時而以䌛(繇)为之。”(187简)《楚帛书》:“是隹四寺。”借“寺”为“時”。《中山王壶》作“旹”。

“戮”——始见于秦《诅楚文》,但楚系文字作“殍”(见饶宗颐《楚帛书》丙一一·四),《信阳楚简》又作“剹”,《中山王鼎》作“𥹚”。

“國”(国)——秦系文字多作“國”,《楚帛书》作“𢧢”,早期文字多作“或”。

“城”——《秦简》作“城”,《楚帛书》作“戚”(丙一一·二)。

“地”——《秦简》和《琅邪台刻石》都作“地”。《楚帛书》作“⿱阤土”（乙·二六），《江陵楚简》同。晋国文字《侯马盟书》作“⿰阝⿱⿰土攴土”。

“春”——《楚帛书》作“旾”，《秦简》作“萅”，当为隶书、楷书“春”字所本。

“夏”——《秦简》作“夏”，借为华夏字。《秦公簋》同。齐鲁文字《齐叔夷镈》作“⿰𧾷頁”，从足从頁，当是“夏”字的变易。《楚帛书》作“⿰⿱日𧾷頁”，是从日、夏声的形声字。又《三体石经》古文作“昰”，从日从止，当是“夏”字的省简。

“秋”——《秦简》作“秋”，《楚帛书》作“⿰日禾”。《说文解字》中“秋”字下引籀文作“⿰禾⿱龜火”，从禾，⿱龜火声。“秋”当是籀文的省简。楚国时“⿰日禾”则是新造的表意字。

“冬”——《秦简》作“冬”，《楚帛书》作“⿱冬日”。“春、夏、秋、冬”四个字，楚国文字都从“日”，如：旾、⿰⿱日𧾷頁、⿰日禾、⿱冬日，独成体系，这最能说明楚国文字的特点。

其他如：“論”“謂”“諸”等字。六国文字“謂”字多作“胃”；“論”字作“侖”；“諸”字作“者”。但秦系文字《石鼓文》已有“謂”字，《秦简》普遍使用“論”“謂”“諸”三字。

秦国文字中也有些异体字，但是秦系文字的异体字多数是由篆变隶过程中产生的笔画细微差别，跟六国文字中的异体字不同。也有个别的字，在实行“书同文字”政策时舍弃秦文字而改从六国通行写法的。例如“也”字，《秦简》都作“殹”，但秦始皇统一天下后的《泰山刻石》和秦诏版都改作“也”。这类字极少。

为什么会产生“文字异形”这种情况呢？这跟掌握和创制文字的人有关，跟社会制度的变迁也有很大关系。

班固在《汉书·艺文志》中说：“古制，书必同文，不知则阙，问诸故老。至于衰世，是非无正，人用其私。”班固所说的“古制”，是指商代和西周时期的制度，他所说的“衰世”是东周以后的春秋战国时代。为什么商周时“书必同文”呢？从甲骨卜辞的研究得知，那时的文字使用、创制、文献保管都掌握在史官中的“作册”和“卜人”手里。这些人是一群专门从事占卜、祭祀、记载奴隶主重要活动的专业人员。这类人员是一些特殊的家内奴隶，许多少数民族的经师，如纳西族的巫师都同古代的“作册”“卜人”属于同一类人物。这些人师徒相传，一代一代把古老的文字和文献传下去，也传播到奴隶主分封的邦国中去，文字也有创造和改变，但是这些改变也是这一群人中的师辈所发动的，各地不能私自改变。这大概就是“古制，书必同文，不知则阙，问诸故老”的情况。

到东周以后，奴隶制度解体，开始向封建社会过渡，于是中原各地建立了几十上百个封建小国，后来经过兼并，剩下七个较大的国家。这些国家掌握文字、文献、占卜的史官，其师辈"故老"都是原来西周史官集团的后辈，但因周王朝的衰败，史官也跟着衰落，已无力影响各国的史官。因而各国史官得以按照各自的需要创制新字，以至"是非无正，人用其私"，因而造成战国时期文字异形的局面。

当然，必须指出，战国时期的文字异形，多数是异体字，而且数量并不太大。各国之间，大多数文字基本相同，书面交际也基本上能进行。秦始皇的"书同文字"，"罢其不与秦文合者"，实际上是对原东方六国的异体字进行一次全面的整理，以使文字在新的形势下达到新的统一。

三

秦始皇的"书同文字"措施，为什么能够以秦文字为标准，"罢其不与秦文合者"？这是不是秦始皇以胜利者自居，把秦国文字强加给统一后的全国各地百姓？要认识这个问题，必须从《史籀篇》说起。

《汉书·艺文志》中说："《史籀篇》者，周时史官教学童书也，与孔氏壁中古文或异。"并著录《史籀十五篇》，自注："周宣王太史作大篆十五篇，建武时(公元25—57年)亡六篇矣。"许慎《说文解字·叙》也说："宣王太史籀著大篆十五篇，与古文或异。"《史籀篇》魏晋以后全佚。《说文解字》一书中收录了220多个籀文，从中还可以窥见籀文的特点。这类文字同出土的秦国铜器，如秦公镈、秦公簋、秦公鐘、商鞅量、杜虎符、新郪虎符等铭文，以及传世的秦国文字《石鼓文》《诅楚文》等，都属于同一系统的文字。

《史籀篇》本来是周宣王史官用来教学童的字汇。从出土的铭文和传世文字来看，这种文字实际上只在春秋战国时期的西方秦国流行，很少通行于东方各国。其中的原因，高亨有一个解释："盖周宣王时，太史籀作《史籀篇》，意在统一文字。宣王死，幽王立十一年被犬戎所杀。平王立，东徙洛邑。此二三四十年间事耳。是《史籀篇》撰就未久，即遭国变。其书仅传于王畿，未传于东方也。其字仅行于王畿，未行于东方也。周室既东，西都故域为秦所有。秦之先世，文化较低，既据有西周之故域，自接受西周之文化；既接受西周之文化，自采用西周之文字。况秦之故国，接壤西周，其旧有之文化文字，亦必以西周为宗范。"(高亨《文字形义学概论》，齐鲁书社1981年版，第43页)。我们认为，高亨的解释是有道理的。大约在西周晚期，即周宣王时，周王朝的王室史官编写了《史籀篇》这部早期字典，一方面当作当时文字的规范，一方面当作学生认字用字的课本。秦国继承了这种字体，所以秦公镈、秦公鐘等铭文及传世的《石鼓文》《诅楚文》都属于这一系的文字。后来李斯、赵高、胡毋敬等人“皆取史籀大篆，或颇省改”，分别写出《仓颉篇》《爰历篇》《博学篇》作为范本，然后作为标准字体向全国推行。据《汉书·艺文志》记载，《仓颉篇》七章，《爰历篇》六章，《博学篇》七章。又说：“汉兴，闾里书师合《仓颉》《爰历》《博学》三篇，断六十字以为一章，凡五十五章，并为《仓颉篇》。”据此，李斯等人的“书同文字”的规范字汇共有3300个。现在这些书早已亡佚，但《说文解字》是把这些书的字全部收录了的。《说文解字》中收录籀文220个。据此可以推知，李斯等人的3300个字中，只有220个与秦文稍异，这大概就是“或颇省改”的字。例如：

“祺”——《说文解字》作“祺”，从示，其声。又出籀文“禥”。可以推知，《史籀篇》本作“禥”，秦篆中“省”为“祺”。《说文解字》依秦文字以“祺”为正字，又列出籀文。

“禋”——《说文解字》从“示”垔声，籀文作“䆿”，从宀。可知《史籀篇》原作“䆿”，秦小篆省为“禋”。

“則”——《说文解字》从刀、从贝，籀文作“鼎刂”，从刀从鼎。西周金文如《格伯敦》《散氏盘》等“則”字都作“鼎刂”，秦小篆改作“則”。

“箕”——《说文解字》从竹，“”，象形；“丌”其下也。籀文作“”“”，籀文有两个。王国维在《史籀篇疏证》中说：“既作‘’復作‘’者，籀篇有複字也。”

“飴”——《说文解字》从食，台声，籀文作“𩛞”，从異省。秦小篆改从“台”声。

这些都属于“或颇省改”的字。

至于这220字之外的3000多字，则全属于“皆取史籀大篆”的范围，李斯等人的规范文字同《史籀篇》相同。也就是说，秦王朝的“书同文字”实际上是恢复和继承了西周的文字传统，只对两百多字做了些省改。有些人误解了秦朝的文字政策，认为是秦始皇在对待文字问题上一意孤行，硬把秦国的文字强加给全国各地，这种看法显然不对。

四

秦小篆比大篆简省，字体方正、典雅，排列整齐。同战国文字相比较，也有一些变化和特点。

一是确定了偏旁符号的形体。战国文字中，偏旁异形比较严重。如形符“阜”（楷体写在字左边，作阝），战国时期或“阝”（曩伯大盨“阴”），或作“阝”（蔡侯盘“陟”），或作“阝”（鄂君启舟节“阳”）。秦小篆一律确定为“阝”，如《泰山刻石》“陲”、《峄山刻石》“降”、《阳陵虎符》“阳陵”等。又如形符“辶”，西周金文一般作“辵”（班簋“违”），后来或省作“彳”（曶鼎“遗”、兆域图“逃”），或又反写作“辶”（连迁鼎“连”），或写作“辶”（遣叔簋“遣”）。秦小篆一律规定为“辵”。如《泰山刻石》《琅邪台刻石》以及秦代权量诏版的“速、道、遠、運、達、遵”等。

二是确定形符在字体中的位置。先秦文字包括秦国的在内，有不少字的形符位置不固定。如偏旁“女”，《邛君壶》中“妇”字写在右边作“帚女”，《贤叔多父盘》写在左边作“女帚”。“婚姻”，《诅楚文》中写作“昏女因女”，女旁在右，铜器“姑”字写作“姑”，女旁在左。“如”字，《石鼓文》作“如”，女旁在左，战国《信阳简》作“如”，女旁在上。秦小篆固定在左边，如“始、如”二字，在刻石和诏版中一律作“始”“如”。又如形符“金”，战国文字写在上下左右甚至字里边都可以。“鐘”字或写作“鐘”（屭羌鐘），或作“鐘”（盾平鐘）。“鉴”字作“鉴”（智君子鉴），金符在上；“镈”字作“镈”（鑸镈戈），金符在下；“钧”字作“钧”（守簋），金符在字里边。秦小篆一般规定在左边，少数在字下。

三是战国文字中，可换用的形符很多，我们在上一章中列举了几十组，秦小篆多固定为一种。如“體”，《中山王壶》从身作“躰”，《睡虎地秦简》从肉作“膿”，小篆固定从骨作“體”（《泰山刻石》）。“後”，《令簋》从彳作“後”，《余义鐘》从辵作“逡”，秦小篆如秦刻石、诏版等，固定从彳作“後”。“明”，甲骨文有从囧（像窗牖形）和从日两种形体，如“明”（乙四六）、“明”（乙六四一九）；金文与甲骨文同，如“明”（秦公鐘）、“明”（屭羌鐘）等。秦小篆《泰山刻石》《廿六年诏版》等固定从囧作“朙”。

四是每字的笔画数基本固定。先秦古文同一个字笔画多少不一样。如

“皇”字,《王孙鐘》作“”,《杜伯须》作“”,《鄘侯簋》作“”,《秦公簋》作“”,《秦公鐘》作“”。秦石刻、诏版等小篆,一律写作《秦公簋》的“皇”字,使笔数有定。

五是假借字多加形符成为形声字。战国文字的形声字比西周文字中的形声字增多,这是总的趋势。用秦小篆同六国文字比较,发现秦系文字的形声字又比较多。例如“諸”字,战国文字都借用“者”字,“者侯”即“诸侯”,但《睡虎地秦简》中已用“諸”字。“謂”也是这样。六国文字的“謂”都借用“胃”,这种写法甚至保存到汉代初年,马王堆汉墓出土帛书《老子》甲、乙本等书,都仍借用“胃”字,但《秦简》已全用“謂”字。这些字有一大批。汉字向形声字发展,是汉字发展的总趋向,秦文字顺应了这个趋势,这也是秦小篆的一个重要特点。

以上这几个特点,是秦小篆的基本特点。正因为这些特点,秦王朝“书同文字”政策的成果才为后世所承认,并不因为秦王朝的崩溃而改变。汉代“闾里书师合《仓颉》《爰历》《博学》三篇……并为《仓颉篇》”,用的仍是秦代文字。汉武帝时,司马相如作《凡将篇》,元帝时史游作《急就篇》,成帝时李长作《元尚篇》,这些字书“皆仓颉中正字也”(班固《汉书·艺文志》),可见汉代的字书除增加了一些新字以外,都是继承了秦代文字的传统。

有些学者把秦国的“书同文字”政策看作是用秦小篆取代六国古文的一种字体改变。通过前面的分析,可以辨识这种说法是不足取的。就字体说,班固把秦代推行的书体叫作“秦篆”,许慎把它叫作“小篆”。秦篆、小篆都是从大篆变来的,都是“篆书”。班固说,汉代试学童,“以六体试之”;“六体者,古文、奇字、篆书、隶书、缪篆、虫书,皆所以通知古今文字、摹印章、书幡信也。”(《汉书·艺文志》)可见西汉时把大篆、小篆都叫作篆书。因为从字体上说,秦篆(小篆)同大篆并没有本质的差异。比较秦国的篆书和六国文字,发现其同属篆书类,只是从书法艺术的角度看,秦李斯的刻石篆书字体方正端庄,与楚文字的长而华美、齐文字的遒劲有力各有特色而已,并不是文字结构的不同。

五

秦小篆整理出来后,便迅速在官方的主持下向全国推行。为了使推行工作顺利进行,官方采取了一些有效的措施。李斯等人编写的《仓颉篇》《爰历篇》《博学篇》三部字书,作为儿童识字课本,是推行小篆的最好措施之一。从安徽阜阳出土的汉简《仓颉篇》残简来看，这些字书四字一句，两句一韵，文义相近或偏旁相同的字放在一起，如“傲悍骄裾”“窗牖户房”“黚黶黯黮”等。这是为了诵读方便，便于记忆。这些字书需要量大，推行面很广。

秦始皇巡行天下，多处立石刻，文字都是标准的小篆。这一方面是为自己歌功颂德，另一方面也给秦小篆的推行起到范本作用，一举两得。

除了上述措施以外，秦始皇还采取强制推行措施。据《史记·秦始皇本纪》记载，秦始皇三十四年下焚书之令，“有敢偶语诗书，弃市。以古非今，族！”秦始皇三十五年又发生了坑儒事件。秦始皇的焚书坑儒，其主要目的虽不是推行文字，但结果却禁绝了六国文字的继续使用，使秦小篆得以推行无阻。

秦小篆经秦代官方大力推行后，很快在全国通行开来。秦始皇《廿六年诏书》，内容是统一度量衡的，用小篆凿刻在权量上让全国遵照执行，后来这道诏书实物在不少地方被发现。如清代道光年间在陕西西安发现《两诏版》（刘喜海《长安获古编》）；新中国成立后山东文登县出土嵌铜诏铁权（《秦铭刻文字选》，上海书画出版社1976年版）；1957年山西左云也出土了一枚嵌铜诏铁权（吴连城《山西左云出土的秦权介绍》，见《文物参考资料》，1958年第8期）；1963年西安市郊秦阿房宫遗址出土秦高奴铜石权（《文物》，1964年第9期）；1973年吉林奈曼旗沙巴营子古城遗址出土陶量五件，其一腹部残存诏文13字（《文物考古工作三十年》，文物出版社1979年版）；新中国成立后山东邹县纪王城出土陶量一件，上面打印着诏书全文（同前。）；1963年辽宁赤峰市蜘蛛山遗址出土陶量四件，一件存诏文16字，一件存36字（《考古学报》，1979年第2期），等等。另外，20世纪30年代，山东、河北一带出土诏书残文63件，共250余字（《季木藏陶》）。从上述权量出土情况来看，秦代标准权量遍及各地，秦小篆随着度量衡的统一通行于全国。

秦代曾大规模进行宫殿和园陵的修建，由中央官署制陶作坊和官营徭役性制陶作坊烧制了大量的砖瓦。当时市亭和民间的制陶业也较繁荣。现在这类砖瓦和陶器出土比较多，砖瓦和陶器上大都有小篆字体的戳记或印文，如“右司空率”“美阳工苍”“咸阳市于”“丽亭”“咸郦里纪”等。这些戳记或印文是工匠在烧制砖瓦和陶器时打印上去的，分别标明官署、县邑、市亭、里居和工匠名（有的没有工匠名）。秦代的工匠是有一定技术的工人，这类人的身份，有的是自由人，有的是民间技术工人，被没为徒隶为官府服役的，其社会地位都比较低，他们的戳记或印文用小篆写，也说明小篆在当时是比较通行的。

小篆不仅通行，字体也较统一。观察现存的《泰山刻石》《琅邪台刻石》和诏版文字等，发现其字体都是标准的小篆体，结构也相同，没有异体字出现。这些都说明，秦代通行于全国的小篆是统一的。

秦代权量诏版中的小篆，笔法稍有不同。如“而”“其”，标准小篆作“”“”（《琅邪台刻石》），而《始皇椭升》写作“”“”，由圆笔变为方笔。这种笔法的改变，是由篆书向隶书转化的迹象，但秦诏版上的文字仍然是小篆。

六

秦代以小篆为官方统一字体，同时也承认隶书的地位和作用。《汉书·艺文志》说：“是时（指秦始皇时代——引者）始建隶书矣，起于官狱多事，苟趋省易，施之于徒隶也。”《说文解字·叙》中也说：“是时秦烧灭经书，涤除旧典，大发隶卒，兴役戍，官狱职务繁，初有隶书，以趋约易，而古文由此绝矣。”

其实隶书是在篆书草率写法的基础上逐渐形成的。大约在秦孝公时代，秦国文字开始出现像《商鞅镦》铭文那种与正规篆文不同的草篆（《秦金文录》），后来随着文字的发展，草篆逐渐简化，用“方折”笔法代替篆书的“圆转”笔法，于是逐渐变为隶书。如“吾”字，刻于秦襄公八年的《石鼓文》（前七七〇，依郭沫若《石鼓文研究》）作“”，秦惠文王十三年的《诅楚文》省作“”，写成于战国末年的《睡虎地秦简）作“”（日甲三三背）或“”（日甲一五九背）。“女”字，篆书一般写作“”，秦昭王三十三年铸的高奴铜权上的“奴”字写作“”，女旁近于隶书。《睡虎地秦简》中的“姓”“姚”“嫁”“姑”“奴”等字，其女旁与高奴铜权“奴”字女旁基本相同。《睡虎地秦简》写于战国末年，字体是隶书。这说明隶书并不是秦代才开始出现的。宋代张怀瓘的《书断》引蔡邕的《圣皇篇》说：“程邈删古立隶文。”说隶书是程邈创制的；晋代卫恒《四体书势》也说：“下杜人程邈为衙狱吏，得罪始皇，幽系云阳十年，从狱中作大篆。”又说：“或曰，邈所定隶字也。”歧说并出，难以置信。从《睡虎地秦简》的内容来看，它包括秦国的法律条文、历书、编年纪等。法律条文是官方规定写给下层官吏和老百姓看的，历书是官民都要使用的，编年纪则是国家历史纲要，可见隶书并不仅仅“施之于徒隶”。“施之于徒隶”的说法，可能因隶书的“隸”字加以附会而编造出来的。

秦始皇在“书同文字”政策实施以后，用秦小篆作为官方的标准字体，这从现存的材料来看，是没有问题的。但是对于隶书的使用范围却没有更多的实物可以说明。《史记·秦始皇本纪》说秦始皇“专任狱吏,狱吏得亲幸”;又说“天下之事无小大,皆决于上,上至以衡石量书,日夜有呈,不中呈,不得休息。”一石是一百二十斤,即每天至少要批阅一百多斤重的竹简奏书,如按每斤四五十简、每简二十字计算,就有十几万字之多。这些文件要一一加以批示。可惜这些奏书和批示至今尚未发现,不知用的是小篆还是隶书。估计有一部分可能就是隶书,不会完全是那种费时费力的小篆。

其实,隶书是战国文字的共同趋向。楚国的《楚帛书》已经是由篆变隶的早期隶书;晋国的《侯马盟书》也已经变成隶书。但是铜器铭文却仍然是规整的篆书。这跟文字使用的范围有关。这种情况不但秦王朝仍在继续,即使到了汉代,隶书逐渐取代篆书地位的时期,篆文也仍然保持其正统的地位。西汉的字书都是用的小篆,东汉许慎的《说文解字》,字头仍用小篆,解说大概已用隶书。《说文解字》以后的字书,就不再用小篆了。从这一方面也可看出由小篆逐渐演变为隶书的过程。

七

秦代“书同文字”的实质和过程及其对后世文字发展的影响这个问题,有很多不同的说法,在这里不必一一指出,我们只是根据现有的材料,经过反复的研讨思考,提出这些看法,这是汉字发展史上的一个关键性的问题,希望对这个问题的讨论能够深入进行下去。

第十章　汉代文字的发展(上)

一

研究汉代文字,可以依据的材料非常丰富。汉代有许多流传至今的著作,有许多碑刻文字,有不少地下出土的文字材料,还有汉代文字学家编纂的字典。在这些资料中,许慎的《说文解字》是研究汉代文字整体面貌的最重要的资料。为了说明这一点,我们就从文字史的角度对这部字书做个简单的介绍。

《说文解字》是公元100年写成的。从秦始皇、李斯“书同文字”政策实施(前221年)到许慎写成此书,相距321年。这三百多年是汉字从以表音文字为主的文字体系,向以形声字为主的文字体系发展的重要时期。从此时开始,汉字脱离了表音文字的发展轨道,开辟了一条兼表形音的道路。《说文解字》这部字书清楚地记录了这个历史事实,这一点我们在后面可以看到大量例证。

第二,中国的字书有一个突出的特点,就是对前代字书的继承与发展。最早的字书大概是《史籀篇》。秦始皇在实施“书同文字”政策时,李斯、赵高、胡毋敬三个人编著《仓颉篇》《爰历篇》《博学篇》三部字书当作秦国文字的规范。这三部字书是怎么编成的呢？许慎说是“皆取史籀大篆，或颇省改，所谓小篆者也”。（《说文解字·叙》）“皆取史籀大篆”，这是继承，“皆”是大部或全部，可见李斯等人的字书并不是新造的文字，大部或全部都是取自《史籀篇》。“或颇省改”的“或”意为“间或”“有的”，是少数。“颇省改”是稍加省略（简化）或笔形改变。例如“櫐”字，《说文解字》：“櫐，从木，畾声。”但籀文作“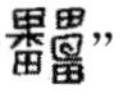”，声符简化为“畾”。木部“櫑”字从木，畾声，籀文作“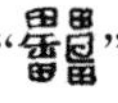”。形符“缶”改为“木”。这就叫作“省”和“改”。至于小篆笔形的变化，并不是本质的改变。《说文解字》也是在前代字书的基础上形成的。从继承方面说，它不但包括了秦代三部字书的全部文字，而且收录了许慎当时所能见到的古文字。从发展方面说，它也收入了汉代新出现的大部分新字。所以，《说文解字》实际上是战国文字和秦汉文字的总汇。我们如果掌握了许慎著书的体例，就可以把这部字书当作研究秦汉文字发展史的主要依据。当然，也并不是说不管《说文解字》以外的资料，而是应有主次之分。

二

从《说文解字》所收的字来看，汉代文字最突出的一个特点是形声字的大量增加。我们在前面已经说过，商代文字已经有了少数形声字；周代文字中的形声字有所增加；战国文字中的形声字增加更多，但还没有打破以假借字为主的格局。秦始皇实行“书同文字”政策以后，扭转了这个局面，形成了以形声字为发展方向的总趋势。汉代继承了这个趋势，不断创造出大批形声字。《说文解字》所收一万多字，竟有八千多字是形声字。三百多年的变化彻底改变了汉字体系的性质，这是一个本质的变化。我们试用金文中的形声字同《说文解字》中的形声字做一些比较：

金文中以“玉”为声符的形声字只有“玺”“璧”“環”“璋”“璜”“琱”等10来个字。《说文解字》中玉部（玨部）字共159个（包括重文）。表形字只有“玉”“玨”“班”“琟”4个，其余的字全是形声字，比金文多出150多个。

金文以“示”为形符的形声字比较多：“祐”“禮”“福”“神”“禋”“祀”“祖”“祉”“祠”“礿”“禦”“祸”等19字。《说文解字》中示部字共80个；表形字只有“示”“祝”“社”“祘”4个字，其余的全是形声字，比金文多出60来个。

金文从“艸”的形声字只有“蓼”“萃”“荒”“葢”“蒙”“艿”“蒿”“蕃”“菅”“蘇”10个字。《说文解字》中艸部共495字；表形字只有“艸”“芟”“若”“蘄”“卉”“茻”

“莫”“葬”等几个字,其余近490字都是形声字,比金文增加了四五十倍。

金文从“走”的形声字只有“趣”“趯”“�”“趩”“趙”“趯”“趄”“趣”“趙”“趞”等10个字。《说文解字》中走部共86字;表形字只有一个“走”字,其余85个全是形声字,也增加了八倍多。

金文从辵、从彳、从廴的形声字比较多,共有47个。《说文解字》中这三部的字共206个,表形字只有“辵”“逐”“彳”“亍”“廴”几个字,其余全是形声字,也增加了四倍多。

金文从“齒”(齿)的字的只有“齒”这一个形声字。《说文解字》中齒部共47字,全部都是形声字。

金文从“足”的形声字只有“蹐”“距”“路”3个字。《说文解字》中足部字共96个,只有“足”一个表形字,其余全是形声字。

金文从“言”的形声字共22个。《说文解字》言部字共283个;表形字只有“言”、“啻”(从言从中)、“信”、“計”、“討”、“詰”6个字,其余全是形声字。

金文从“目”的形声字有“睽”“眂”“盱”“睘”“旬”“睗”6字。《说文解字》目部(包括眀、䀠、眉三部)共132字;表形字只有“目”“省”“相”“看”“䀎”“眀”“䀠”“奭”“眉”“省”10个字,其余都是形声字。形声字增加了一百多个。

金文从“鳥”从“隹”的形声字只有“雝”“舊”“難”“雞”等几个字。《说文解字》鳥部、隹部共197字;表形字只有“隹”“隻”“雈”“奪”“奮”“萑”“蒦”“雚”“鳥”“烏”“舄”“焉”等十几个字,其余都是形声字。

金文中从“角”的形声字有“觸”“衡”2字。《说文解字》角部共44字;除“角”字外都是形声字。

金文从“刀”的形声字有“剛”“辨”“劃”“劁”“剔”“割”6字。《说文解字》刀部共71字,除“刀”“利”“則”“删”“釗”“制”“刵”几个字外,都是形声字。

金文从“竹”的形声字只有“節”“簟”“筥”“筐”“策”几个字。《说文解字》竹部共164字,除“竹”“等”“笑”3字外,全是形声字。

金文从“虎”的字只有“虢”一个形声字。《说文解字》虎部增加了17个形声字。

金文从“食”的形声字只有“餗”“饔”2字;《说文解字》食部形声字增至79个字,表形字只有“食”“飤”“飧”3字。

金文从“木”的形声字只有“榦”“桴”“槃”“櫑”“椃”等35个字。《说文解字》中木部、林部共483字,表形字只有十几个,其余全是形声字,增加了十几倍。

金文从“邑”的形声字只有“邦”“都”“鄭”“鄦”“邵”“郾”“鄧”“鄂”“郐”等几

个字;《说文解字》中邑部共190字,表形字只有"邑""郵""邑"3个字,其余都是形声字。

金文从"禾"的形声字有"秄""秭""穫""稷""積""稻"几个字。《说文解字》中禾部共102字,表形字只有"禾""秀""穆"(《说文解字》解为"从禾、㣎声",不准确)、"秝""采""年""秋""秦""科"9个字,其余都是形声字。

金文从"米"的形声字只有一个尚待考订的"粱"字。《说文解字》中米部字共50个,表形字只有"米""臬"两字,其余都是形声字。

金文没有从"疒"的形声字。《说文解字》中疒部共109字,除"疒""疾"两字外全是形声字。

金文以"人"为形符的形声字有"倗""備""傅""俗""傳""佃"等40个字。《说文解字》中人部共277字,除"人""保""仁""企""付""伏""伐""咎""弔""佡""件"等字外,都是形声字。

金文从"見"的形声字可确定的只有"觀""親"2个字。《说文解字》中见部共52字,除"見"、"导"(《说文解字》释为"从见、从寸",误,当为从贝从寸)、"覞"、"靦"4个字外,都是形声字。

金文没有以"欠"为形符的形声字。《说文解字》中欠部共75字,除"欠"字以外都是形声字。

金文从"頁"的形声字只有"頌""顯""順"几个字。《说文解字》中頁部达109字,除"頁""須""百""頫""面"几个以字外,都是形声字。

金文从"馬"的字有"駒""騅""駱""駭""騎""馴"等字。《说文解字》中馬部竟有128字,除"馬""馵""騺"3个表形字外,都是形声字。

金文没有从火的形声字。有个"然"字,《说文解字》解为"从火,肰声",误。"然"是个会意字。《说文解字》中火部共141字,表形字只有11个,其余130字都是形声字。

金文以"心"为形符的形声字有"忠""念""憲""慕""忘""惑""忌""恐"等字;《说文解字》心部字高达297个,除"心""惪""惢"等少数字外,都是形声字。

金文从"水"的形声字有十几个,如"江""河""洛""淮"等。《说文解字》水部字共518个,表形字只有10个,其余500多字都是形声字。

金文从"手"的形声字只有2个。《说文解字》中手部共297字,表形字只有"手""拜""承"几个,其余都是形声字。

金文从"女"的形声字较多,共有16个。但《说文解字》中女部字多达258字,表形字只有"女""妻""母""奴""好""委""如""旻""嬰""娄""妓""姦"十几个字,其余都是形声字。

金文从"糸"的形声字只有五六个。《说文解字》中糸部字共299个,表形字只有六七个,其余都是形声字。

金文从"虫"的形声字只有"蠬""螗""雖""蚊"几个字。《说文解字》中虫部(䖵、蟲)字共219个,除"虫""䖵""蟲""蠱"等5个字外,全是形声字。

金文从"金"的形声字比较多,但也只有15个;《说文解字》中金部字增至217个,除"金"字外,全是形声字。

以上是用《说文解字》540部中的一些形声字较多的部首同金文中形声字比较的大致情况,从这些数字中可以大致看出汉代文字中形声字发展的明显趋势。这种趋势从根本上改变了汉字体系的性质。

三

汉代文字中的形声字,除了一小部分是殷周文字中陆续产生的老形声字外,大部分形声字有三个来源:一是在原来假借字上加形符而构成的形声字;二是与表形字并行逐渐以新代旧的形声字;三是根据形声字造字原则创造出来的大量形声字。现在分别考察这三类形声字发展的情况。

先说第一类,假借字加形符构成的形声字。

前面我们已经说过,殷周文字的一个特点是假借字特别多。假借字有两类:一类是专用的假借字。这类字的造字本义多不可考,只当作记音符号来用,有时同一个符号可以分别记录几个同音词,如甲骨文的"㞢""叀""可""叉""丑""寅"等字,原来都是表形字,但文献中不见有本字本义的用法,卜辞和古代典籍,只用为假借字。这类假借字有些一直沿用到现在,成为现代汉字的一个组成部分。

另一类假借字是既有本义用法又用以表假借义的字。这类字有时假借为好几个词——"身兼数职"。到秦汉时,往往根据词义加上适当的形(类)符,构成形声字。例如:

"龍"(龙)——甲骨文、金文的"龍"字像"虹"形,是先民想象中的神物。甲骨卜辞和古代典籍都有其本义用法。如《易经》:"雲从龍。"《礼记·礼运》:"麟凤龟龍,谓之四灵。"此外又假借为"寵"(宠)。

《说文解字》:"寵,尊居也。从宀,龍声。"秦以前无"寵"字,都借用"龍"字。

如《诗经·小雅·蓼萧》:“既见君子,为龍为光。”毛传:“龍,寵也。”意思是,“龍”假借为“寵”。又《诗经·周颂·酌》:“是用大介,我龍受之。”《诗经·商颂·长发》:“何天之龍。”两“龍”字也都假借为“寵”。汉代文字多了个形声字“寵”,就减少了“龍”字的一个假借兼职,“尊寵”的“寵”这个词义也就更加明确。

又假借为“壠”(壟、隴)。《孟子·公孙丑下》:“有贱丈夫焉,必求龍断而登之。”“龍断”一词当是“壠碫”的假借。《列子·汤问》:“冀之南汉之北无壠断焉。”《说文解字》:“隴,天水大坂也。”又:“壠,丘壠也。”两字实是异体。“断”当是“碫”字的假借。《说文解字》:“碫,厉石也。”“壠碫”当指山丘高处,所以要“登”。因秦以前没有这两个形声字,所以借用“龍断”两字以记其音。

“寵”“壠”(隴)都是在原来假借字“龍”字上加形符而创制的。

“重”——《说文解字》:“重,厚也。从壬,東声。”金文“重”字多用为重量义,这个义项一直沿用至今。

“重”在先秦可假借为“湩。”《说文解字》:“湩,乳汁也。”《汉书·匈奴传上》:“得汉食物者去之,以视不如重酪之便美也。”颜师古注:“重,乳汁也。字本作湩。”《史记·匈奴列传》作“湩”。班固喜用传统写法,当时尽管已经有了“湩”这个形声字,却仍用传统的假借字“重”。

又假借为“動”(动)。《左传·僖公十五年》:“且晋人慼憂以重我,天地以要我。”王引之的《经义述闻》中说:“重,疑当作動。”“慼憂以重我”即以慼忧動我,“重”假借为“動”。王氏说正确。战国文字中有“運”字,《说文解字》中“動”字重文有此字。先秦典籍中“動”字常见,多用为动作义,《左传》也是如此。为什么还要借“重”为“動”呢?这原因可能有两个。一是先秦“動”字已习用,但借用“重”字的旧习未除,二者可以通用。另一个可能,古籍中原用的假借字被汉代人改写成汉代通行的形声字,残存的几条,大概是汉儒不大理解文意而幸免的。

又假借为“穜”(種)。《诗经·豳风·七月》:“黍稷重穋,禾麻菽麦。”陆德明的《释文》中说:“先種后熟曰重,又作種,音同。”《说文解字》:“穜,埶也。”又:“種,先穜后熟也。”可知“重穋”的“重”当是“穜”的假借。

“章”——《说文解字》:“章,乐竟为一章。”先秦典籍多用其本义或引申义。

又假借为“獐”。《周礼·考工记》:“山以章,水以龙。”郑玄注:“章读为獐。”秦汉以前无“獐”字,借“章”为“獐”。《说文解字》中作“麞”,《玉篇》收“獐”字。据郑注,可知汉代已有“獐”字。

又假借为“漳”。《汉书·地理志》:“至于衡章。”“衡章”即漳水,发源于山西,流经河南林县,入卫河。《书·禹贡》作“衡漳”,用“漳”字,那是因为《禹贡》篇为后人所作,从用字上也可作为佐证。

又假借为“障”。《礼记·杂记上》:“疏布輤,四面有章。”郑玄注:“四面皆有章蔽。”这句话是说,出丧时的遣车用粗布遮盖,四面也都有障蔽。陆德明的《释文》中说:“本亦作鄣。”“障”和“鄣”都是汉代新出的形声字。《说文解字》:“障,隔也。”又:“鄣,纪邑也。”“鄣”常借用为“障”。

“立”——《说文解字》:“立,住也。从大立一之上。”古文字字形与许慎的解释相合。古今汉语中“立”都是常用字。

先秦又假借为“粒”。《诗经·周颂·思文》:“立我烝民。”郑笺:“立,当作粒。”朱熹注:“盖使我烝民得以粒食者。”先秦无“粒”字,所以借用“立”字。

又假借为“泣”。《晏子春秋·内篇谏上》:“及晏子卒,公出屏而立。”“立”字《初学记》中引作“泣”。王念孙的《读书杂志》中说:“立即泣字也……此言晏子卒而朝无谏言,景公出屏而见群臣,因思晏子而泣也。”王说正确。这部书“泣”字屡见,这一处的“立”字也有作“泣”的。大概原本这类“泣”字都作“立”,汉代多改为“泣”,此处“立”字或不改,可能是抄书人犹豫不定所致,因为此处“立”字作站立解,也勉强可通。

又假借为“位”。秦以前无“位”字,《春秋经》的“即立”就是“即位”。《马王堆帛书经法·道法》:“贵贱有恒立。”“恒立”当是“恒位”的假借。

“番”——《说文解字》:“番,兽足谓之番。从釆,田像其掌。”古文字“番”正像兽足形。

古代典籍或假借为“鄱”。《史记·楚世家》:“吴复伐楚,取番。”张守节《正义》:“汉为鄱阳县也。”《说文解字》:“鄱,鄱阳,豫章县。”鄱阳,春秋时为楚国番邑;秦代为番县;西汉改为番阳;东汉才改书鄱阳。可见“鄱”这个形声字创制较晚,《史记》仍用“番”这个假借字。

又假借为“蕃”。东汉《无极山碑》:“草木番茂。”“番茂”当是“蕃茂”的假借。《说文解字》:“蕃,艸(草)茂也。”先秦典籍中“蕃”字并不罕见,可能都是汉代人所改。但到东汉时,碑文仍用“番”这个假借字,应属少数人的旧习。

又假借为“播”。《马王堆帛书十六经·三禁》:“天道寿寿,番于下土。”“番”当是“播”字假借(今本《诗经》《尚书》已有“播”字,当是汉人所改)。

又假借为“藩”。《荀子·礼论》:“以像槾茨番阏也。”杨倞注:“番读为藩。藩,篱也。”

“㱿”——《说文解字》:“㱿,从上击下也。”甲骨文已有此字,像手执击器击乐器形。

先秦典籍或假借为“嗀”。《说文解字》:“嗀,欧皃(貌)。从口,嗀声。春秋传曰:君将嗀之。”但《左传·哀公二十五年》作:“臣有疾,异于人,若见之,君将嗀之。”杜预注:“嗀,呕吐也。”“嗀”字无呕吐义,“嗀”假借为“嗀”。

又假借为“慤”。《说文解字》:“慤,谨也。”《礼记·檀弓下》:“孔子曰:‘殷已慤,吾从周。’”陆德明的《释文》中说:“慤,本又作嗀。”按:原本当作“嗀”,汉儒依汉代文字改为“慤”。

“禺”——《说文解字》:“禺,母猴属,头似鬼。从甶,从禸。”金文“禺”字像长尾猴形。

汉代初年文献或假借为“愚”。马王堆帛书《老子甲本道经》:“我禺人之心也,蠢蠢呵。”今本《老子》“禺”作“愚”。战国《中山王鼎》已有“愚”字,但帛书仍用假借字。

又假借为“偶”。《说文解字》:“偶,桐人也。”桐人即木偶。《史记·封禅书》中说:“木禺龙栾车一驷,木禺车马一驷。”“木禺”即木偶。“偶”字是汉代新造的形声字,司马迁仍用假借字“禺”。

“果”——《说文解字》:“果,木实也。像果形在木之上。”

先秦或假借为“裹”。《灵枢经》:“皮与肉相果则寿,不相果则夭。”皮肉相裹即皮肤和肌肉结合非常紧密,是身体健壮的一种表现。《说文解字》:“裹,缠也。”写定《灵枢经》时还没有“裹”字,因而借用“果”字。

又假借为“蠃”。《周礼·春官·龟人》:“龟人掌六龟之属……东龟曰果属……”郑玄注:“杜子春读果为蠃。”汉以前没有“蜾”“蠃”等字,所以借用“果”字。

又假借为“婐”。《孟子·尽心章下》:“及其为天子也,被袗衣,鼓琴,二女果,若固有之。”赵岐注:“果,侍也。”《说文解字》:“婐,妮也。一曰:女侍曰婐。读若骒,或若委。从女,果声。孟轲曰:舜为天子,二女婐。”“果”字没有“侍”义,赵岐用本字“婐”的字义解释“果”义。

“庸”——《说文解字》:“庸,用也。”或假借为“誦”(诵)。《胤嗣好蚉壶》:“以追庸先王之工(功)剌(烈)。”“追庸”即“追誦”,“庸”假借为“誦”。

又假借为“鏞”。《诗经·商颂·那》:“庸鼓有教。”毛传:“大鐘曰庸。”《释文》:“庸,依字作鏞,大鐘也。”《说文解字》:“大鐘謂之鏞。”

又假借为“墉”。《诗经·大雅·崧高》:“以作尔庸。”毛传:“庸,城也。”《释文》:“庸,本亦作墉。”

“危”——《说文解字》:“危,在高而惧也。”先秦典籍中“危”字常用,多用其本义、引申义。

又或假借为“詭”。《韩非子·有度》:“法不信,则君行危矣。”俞樾的《群经平议》中说:“危当读为詭。”俞说正确。

又假借为“跪”。《韩非子·外储说左下》:“子皋从出门,刖危引之而逃之门下室中。”俞樾的《诸子平议》说:“危乃跪之省文。”按:“危”应是“跪”字假借,秦以前无“跪”字,故借“危”为“跪”。

“亢”——《说文解字》:“亢,人颈也。像颈脈形。颃,亢或从页。”先秦多用其本义、引申义。

或假借为“远”。《说文解字》:“远,迹也。”《尔雅·释兽》:“兔子嬎,其迹远。”但刘熙的《释名》中作:“鹿兔之道曰亢。”毕沅疏证:“亢,当作远。”金文无“远”字,大概汉代才造此字。《尔雅》中的许多形声字都是汉代才有的,“远”字是其中的一个。

又假借为“伉”。《史记·齐悼惠王世家》:“惠帝与齐王燕饮,亢礼如家人。”《广雅·释诂》:“亢,当也。”“当”就是相当,相等。亢礼是同等级的人相交接的礼节。先秦无“伉”字,故借“亢”字,《史记》依旧习。

又假借为“抗”。《左传·宣公十三年》:“我则为政,而亢大国之讨,将以谁任?”《说文解字》:“抗,扞也。”“扞”即扞卫,抵抗。“亢大国”即抗大国。

“巨”——《说文解字》:“巨,规巨也。从工,像手持之。”金文“巨”字像人持工形,当是“矩”字初文。

先秦或假借为“距”。《墨子·备高临》:“行城之法,高城二十尺,上加堞,广十尺,左右出巨各二十尺。”孙诒让的《墨子閒诂》:“巨当为距之假借。”《说文解字》:“距,鸡距也。”鸡距即雄鸡的后爪。城墙上堞的左右两方加上防御登城的障碍物,也名为距。吴毓江的《墨子校注》:“此行城编连大木,横出两旁,故亦谓之距。”

又假借为“詎”。《汉书·高帝纪上》:“沛公不先破关中兵,公巨能入乎?”颜师古注:“巨,读若詎,詎犹豈也。”《说文新附》:“詎,詎犹豈也。”“詎”字创制较晚,班固仍用假借字“巨”。

“昌”——《说文解字》:“昌,美言也。”先秦为常用字,多用本义或引申义。

又假借为“猖”。屈原的《离骚》:“何桀纣之昌披兮。”《汉书·赵充国传》:“先零昌狂,侵汉西疆。”《说文解字》中无“猖”字。《玉篇》:“猖,狂骇也。”“猖”字可能创制于东汉以后。

又假借为“菖”。《左传·僖公三十年》:“冬,王使周公阅来聘,飨有昌歜。”杨伯峻的《春秋左传注》中:“昌歜即《周礼·天官·醢人》《仪礼·公食大夫礼》之‘昌本’，盖以昌蒲根，切之四寸，醃以为菜，古人又谓昌蒲菹。”《说文解字》中无“菖”字，《广韵》中有。这个字可能是魏晋以后才造的。

“爰”——《说文解字》：“爰，引也。从㸚，从于，籀文以为车辕字。”甲骨文像两手以盘互相授受形，当是“援”字初文。古代典籍多假借为虚词。

又假借为“蝯”。《汉书·李广传》：“为人长，爰臂，其善射亦天性。”《史记·李将军列传》作“猿臂”。班固喜用古假借字，多与《史记》用字不同。

又假借为“缓”。《诗经·王风·兔爰》中：“有兔爰爰。”毛传：“爰爰，缓意。”《说文解字》中：“緩，绰也。或作缓。”可证“爰爰”当是“缓缓”的假借。

“俞”——《说文解字》中：“俞，空中木为舟也。从舟，从亼，从巜。”古代典籍多假借为叹词。

又假借为“愉”。《大戴礼记·文王官人》：“心色辞气，其入人甚俞。”王引之《经义述闻》：“俞读为愉。”《说文解字》：“愉，乐也。”先秦无“愉”字，所以借用“俞”字。

又假借为“愈”。《国语·越语下》：“敬俞卑，礼俞尊。”今本“俞”改为“愈”。

又假借为“腧”。《玉篇》：“腧，五脏腧也。”即五脏腧穴。《素问·欬论》：“治藏者治其俞。”中医认为，人体上有若干腧穴，与内脏经络连结，治相应的腧穴，就能医治内脏。先秦无“腧”字，《说文解字》中也无此字，《玉篇》才收录，而古籍都借用“俞”字。直到今天，针灸学上的肺俞、心俞等穴位名，仍借用“俞”字。

“敖”——《说文解字》：“敖，出游也。从出从放。”当是“遨”字初文，古代典籍多用为遨游义。

又假借为“傲”。《尔雅·释言》：“敖，傲也。”用本字释假借字“敖”。《书·益稷》：“无若丹朱敖。”《礼记·曲礼上》：“敖不可长。”《释文》：“敖，慢也。”今言傲慢。

又假借为“熬”。《荀子·富国》：“天下敖然，若烧若焦。”杨倞注：“敖，读若熬。”

“齊”（齐）——《说文解字》：“齊，禾麦吐穗上平也。”古代典籍多用为整齐义。

又假借为“臍”。《左传·莊公六年》：“若不早圖，後君噬齊。”杜预注：“若啮腹齊，喻不可及。”“腹齊”即肚臍。《说文解字》：“臍，朏臍也。从肉，齊声。”

又假借为“齋”（斋）。战国时金文有“齋”字，但典籍仍借用“齊”。《左传·昭公十三年》：“使五人齊而长入拜。”《孟子·公孙丑》：“弟子齊宿而后敢言。”都借“齊”为“齋”。

又假借为“齌”。《诗经·召南·采蘋》:“有齊季女。”毛传:“齊,敬貌。”《说文解字》:“齌,材也。从女,齊声。”“有齊”即“齌齌”,形容女子主祭时仪态端庄的形象。

又假借为“儕”(侪)。《莊子·渔父》:“下以化于齊民。”李注:“齊,等也。”《说文解字》:“儕,等辈也。”

又假借为“躋”(跻)。《说文解字》:“躋,登也。”《礼记·乐记》:“地气上齊,天气下降。”郑注:“齊读为躋。”

又假借为“齌”。《离骚》:“荃不察余之忠情兮,反信谗而齊怒。”王逸注:“齊,疾也……反信谗言而疾怒。”《说文解字》:“齌,炊铺疾也。”“齌”当为疾速正字,后世多用“疾”字。《史记·五帝本纪》:“幼而徇齊。”《集解》:“速也。”

“易”——《说文解字》解“易”为像蜥蜴形。郭沫若、陈梦家以为当是“益”字初文。古代典籍多借用为变易、交易义。

又假借为“賜”。甲骨卜辞和金器铭文多此用法,古代典籍也有此用法。《商君书·错法》:“夫离朱见秋豪百步之外,而不能以明目易人。”即不能以明目賜人。

又假借为“鬄”。《诗经·小雅·甫田》:“禾易长亩,终善且有。”毛传:“易,治也。”《孟子·滕文公》:“夫以百亩之不易为己忧者,农夫也。”注:“易,治也。”“易”当为“剔”字假借。《说文解字》:“鬄,解骨也。”“鬄”字后作“剔”,剔除杂草是治田要务。“禾易”即剔除杂草保养禾苗。

又假借为“埸”。《说文新附》:“埸,疆也。”《易·大壯》:“丧羊于易。”《释文》:“易,陆作埸。疆埸也。”《周礼·县师》一书中郑注:“郊内谓之易,郊外谓之莱。”《汉书·食货志》:“瓜瓠果蓏,植于疆易。”班固喜用古字,所以仍借用“易”为“埸”。

又假借为“瘍”。《说文解字》:“瘍,脈瘍也。”段玉裁注:“瘍者,善惊之病也。”《汉书·王子侯表》:“乐平侯訢……病狂易,免。”“狂易”即狂瘍,当是一种精神病。

以上都是从假借字变成的形声字。这类字数量很大。这类形声字的增多,大大减少了汉字中假借字的数量,同时也增加了汉代文字形声字的数量。

这是秦汉形声字的第一个来源。

四

从表形字变成形声字,大致可分为三种情况,一是在表形字上再加形符(类

符)构成的形声字。例如:

"雲"(云)——《说文解字》:"雲,山川气也。从雨,云像云回轉形。云,古文省雨。"甲骨文、金文只作"云",像云形。《说文解字》收录"雲"字,在表形字"云"字上加上"雨"这个类符,构成形声字,仍按"云"字的读音,因此"云"字就把表形的任务交给"雨"形,"云"主要担任了声符的作用。许慎对这类形声字的解说很不一致,有的只说"从某从某";有的又说"从某从某,某亦声";有的说"从某,某声"。

"或"——《说文解字》:"或,邦也。从口、从戈以守一。一,地也。域,或又从土。""或"乃"域"字初文,表形字,会以戈守邦域意。古代典籍"或"字多借为虚词。汉代创制从"土"、或声的"域"字。《说文解字》中又有"國"字:"國,邦也。从口从或。"当与"域"字同源。

"冬"——甲骨文"冬"字作"",像丝绳两端打结形,表示终结义。当是"终"字初文。卜辞"冬日雨""冬夕雨"即"终日雨""终夕雨"。《说文解字》:"终,绒丝也。从糸,冬声。,古文终。""冬"是表形字,"终"是加类符"糸"而成的形声字。

"磬"——《说文解字》:"磬,乐石也,从石,殸像县(悬)虡之形,殳击之也。殸,籀文省。"甲骨文作"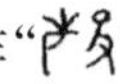",像手持击磬形,当是"磬"字初文。以后又加类符"石",说明磬属石制乐器。

"裘"——《说文解字》:"裘,皮衣也。从衣,求声。一曰象形,与衰同意。求,古文省衣。"甲骨文"求"字作皮裘形,是个象形字,当是"裘"字初文。后来加"衣"为形符,构成形声字,原来的"求"字假借表请求义。

"穅"(糠)——《说文解字》:"穅,穀皮也。从禾、从米、庚声。康,穅或省。"金文《康侯鼎》"康"字作"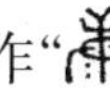",像两手持杵舂米、米糠四溅形,当是"糠"字初文。后来又加类符"禾"或"米",成为形声字,原字"康"假借为康健、安康义,直到今日。

"鬲"——《说文解字》:"鬲,鼎属。实五觳,斗二升曰觳。像腹交文,三足,融,鬲或从瓦。歷,汉令鬲从瓦厤声。""鬲"是象形字,"融"是加类符而成的形声字。"歷"是根据字音字义(义类)创制的新形声字。

"厷"——《说文解字》:"厷,臂上也。,古文厷,象形。肱,或从肉。"古文字不见""字,许慎当有所本。说""像肱形,是正确的。"肱"字是加形符而成

的形声字。许慎只说“从肉”,不说“厷亦声”,是因为他对这类字的解说本来就不统一。

“复”——《说文解字》:“复,行故道也。从夊,畐省声。”徐灏《说文段注笺》:“复、復古今字。”徐中舒说:“(复)从夊从,像穴居之两侧有台阶上出之形,夊像足趾……会往返出入之意。”徐说是正确的。“復”字是在“复”字上加形符“彳”而成的形声字。徐灏说复、復乃古今字,可信。

“它”——《说文解字》:“它,虫也。从虫而长,像冤曲垂尾形。蛇,它或从虫。”甲骨文金文“虫”“它”二字都像蛇形,当是一字,后分化为二:“虫”表一切虫类动物,“它”假为代词。“蛇”字在象形字“它”上又加“虫”为形符,以表蛇义。

“𠃬”——《说文解字》:“𤰮,耕治之田也。从田,像耕屈之形。𠃬,𤰮或省。”甲骨文、金文都作“𠃬”形,当是“𤰮”字初文。后加类符“田”,构成形声字,“𠃬”象形兼声。这个字以后又改成从田、壽声的“疇”,变成纯形声字。

“莫”——《说文解字》:“莫,日且冥也。从日在茻中。”徐锴说:“今俗作暮。”“莫”是个表形字,像日落草丛中形以会日暮意。“暮”字是加“日”形构成“莫”声的形声字。

“臭”——《说文解字》:“臭,禽走,臭而知其迹者犬也。从犬,从自。”又:“齅,以鼻就臭也。”“臭”字当是“嗅”字初文,是个会意字。因犬鼻嗅觉敏锐,所以用“犬”“自”(“鼻”字初文)会意。后来这个字多用为香臭义,于是又加“鼻”为形符而构成“齅”这个形声字,再进一步形符改为从“口”成“嗅”字。

“畺”——《说文解字》:“畺,界也。从畕,三其界画也。疆,畺或从彊、土。”金文“疆”字或作“畺”,或作“彊”。“弓”当是丈量田地的工具。《王子启疆尊》作“疆”,加“土”为类符,为《说文解字》所本。

“𣶒”——《说文解字》:“淵,回水也。从水,象形,左右岸也,中像水皃(貌)。𣶒,淵或省水。古文从口、水。”甲骨文作“”,同《说文解字》古文写法。“𣶒”当是其变形。《沈子簋》《石鼓文》已有加水形的“淵”,是个形声字。

“𠂢”——《说文解字》:“𠂢,水之衺流别也,从反永。”又:“派,别水也。从水,从𠂢,𠂢亦声。”“𠂢”“派”当是一字,“𠂢”为初文,加“水”形而成形声字。

“肙”——《说文解字》:“肙,小虫也。从肉、口声。一曰空也。”段注:“从口者像其首尾相接之状也。”段说可信。“肙”当是表形字,像小虫形。《说文解字》中又有“蜎”字:“蜎,肙也。从虫,肙声。”是加上“虫”类符而构成的形声字。

“支”——《说文解字》:“支,去竹之枝也,以手持半竹。”又:“枝,木别生条也。从木，支声。”其实“支”当是“枝”字初文，“支”像以手持树枝形，后又加“木”成形声字。这类字很多，这里只举十几个例字。

第二类是在表形字上加声符构成的形声字。这类字在甲骨文、金文中已有一些，《说文解字》中也有。例如：

“皃”——《说文解字》：“皃，颂仪也。从人，白象人面形。貌，皃或从页，豹省声。貌，籀文皃从豹省。”“皃”是象形字。“貌”字加“豸”形，许慎说是“豹”字省声。如果许慎确有实据，那么“貌”就是加注声符而成的形声字。

“永”——《说文解字》：“永，长也。像水巠理之长。诗曰：江之永矣。”又：“羕，水长也。从永，羊声。诗曰：江之羕矣。”“永”“羕”当是一字。“永”为表形字，加注羊声为“羕”，成为形声字。

“自”——《说文解字》：“自，鼻也。像鼻形。”是象形字。又：“鼻，引气自畀也。从自畀。”徐灏《说文段注笺》说：“自本像鼻，为语词所专，故又从畀声。”徐说可信。“自”当是“鼻”字初文。因为“自”多假借为虚词，因而又加注“畀”声成形声字。

“囗”——《说文解字》：“囗，回也。像回帀之形。”又：“圍，守也。从囗，韋声。”《玉篇》：“囗，古圍字。”段玉裁说：“圍绕週圍字当用此，圍行而囗废矣。”段说可信。“囗”当是“圍”字初文，表形字，后加注韋声成形声字。

“其”——《说文解字》：“箕，簸也。从竹、𠀠，象形，下其丌也。“𠀠”，古文箕省……“其”，籀文箕……”这个字变化较复杂。甲骨文作“𠀠”，当是“箕”字初文。《史颂匜》有“其”字，加丌声成为形声字。汉代又加“竹”形成为“箕”。“𠀠”变为“其”，属于加声符类，“其”又加形符“竹”为“箕”。

第三类是用新造的形声字代替原来的表形字。例如：

“凷”——“塊”，《说文解字》：“凷，墣也。从土，一屈，象形。塊，凷或从鬼。”“凷”字是个表形字，土在凵中会土塊意。“塊”从土，鬼声，是根据土塊这个词的读音和属类创制的形声字。

“𡴀”（岳）——“嶽”，《说文解字》：“嶽……从山，獄声。𡴀古文像高形。”“岳”字上下都像山形，为表形字。从山、獄声的“嶽”为形声字。

“汓”——“泅”，《说文解字》：“汓，浮行水上也。从水、从子。泅，汓或从囚声。”“汓”是表形字，子在水中，会泅水意。“泅”为形声字。

“𨳇”——“闢”，《说文解字》：“闢，開也。从門，辟声。𨳇，虞书曰：闢四门。从門，从𠬞。”“𨳇”字为表形字，像两手开门形。《盂鼎》有“𨳇”字，汉代才造了形声字“闢”。

“靁”——“雹”,《说文解字》:“雹,雨冰也。从雨,包声。,古文雹。”“”字下部像冰雹形,是个表形字。现在所见古文字无“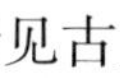”字,许慎说是“古文雹”,他大概见到六国文字中有此写法。“雹”这个形声字则是汉代才有的。

“砅”——“濿”,《说文解字》:“砅,履石渡水也。从水,从石。诗曰:深则砅。濿,砅或从濿。”甲骨文已有从水、萬声的“澫”字,当是“濿”字所本,却不见表形字“砅”。按照汉字发展规律,应该先有“砅”,“濿”应后出。这大概由于文献材料残缺所致。

“馽”——“縶”,《说文解字》:“馽,绊马也。从馬,其足。縶,馽或从糸,執声。”《侯马盟书》中“馽”字像马足被拴系形,是个表形字。“縶”字为汉代新形声字,不从“馬”而从“糸”,包含了“绊马”的引申义。

“采”——“穗”,《说文解字》:“采,禾成秀也。人所以收,从爪、禾。穗,采或从禾,惠声。”《侯马盟书》中有“采”字,表用手取禾穗意,是表形字。“穗”是汉代创制的形声字。

“沬”——“湏”,《说文解字》:“沬,洒面也。从水,未声。湏,古文沬从頁。”甲骨文作“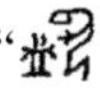”,像人在水中洗面形,当是“湏”字所本。汉代造“沬”这个形声字以代“湏”。《汉书·司马迁传》:“士无不起,躬自流涕,沬血饮泣。”孟康注:“沬音颒。”颜注:“沬,古颒字。颒,洒面也。言流血在面如盥颒。”《玉篇》以“颒”为正文,“沬”为同文,“湏”为古文。《广韵》又有“靧”字。《礼记·内则》:“燂潘请靧。”《释文》:“靧,洗面。”“靧”也是“沬”字的今字,因字音小变而更换了声符,为使洗面义更显豁又更换了形符。

“𧮫”——“悖”“誖”,《说文解字》:“誖,乱也。从言,孛声。悖,誖或从心。𧮫,籀文誖从二或。”二“或”相背,会意。“悖”“誖”都是形声字。可知《史籀篇》仍用表形字,秦汉时才造出形声“誖”“悖”。

“羴”——“羶”,《说文解字》:“羴,羊臭也。从三羊。羶,羴或从亶。”甲骨文有“羴”字,从三羊或四羊,假借为方国名,当是《说文解字》所本。“羶”乃汉代新出形声字。

“舛”——“踳”,《说文解字》:“舛,对卧也。从夂㐄相背。踳,扬雄说:舛从足、春。”“舛”是表形字,“踳”是形声字。

“居”——“踞”“蹲”,《说文解字》:“居,蹲也。从尸古者,居从古。踞,居从足。”甲骨文有“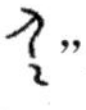”字,和人形相近,只是下肢弯曲,徐中舒以为像人屈膝蹲踞

形，当是“居”“踞”初文。徐说可从。“居”字当是加声符“古”构成的注音形声字。“踞”是又加形符而成的形声字。上古当和“古”音相近，今山东方言仍言踞为gū，是上古音在方言中的残留。“蹲”读dūn，是踞音的音变。“居、踞、蹲”三个字都是形声字，原来的表形字早已不用了。

“西”——“棲”，《说文解字》：“西，鸟在巢上，象形。日在西方而鸟棲，故因以为东西之西。棲，西或从木、妻。”“西”当是“棲”字初文，因借为西方之西，又造形声字“棲”以表本义。

“閞”——“開”“闓”，《说文解字》：“開，张也。从門、从幵。閞，古文。”古将“開”字作“閞”，为《说文解字》所本。小篆从“門”从“幵”，当是古文讹变，是表形字。《说文解字》中又有“闓”字：“開也，从門、豈声。”这才是形声字，不过“闓”字并未通行。

大量表形字改造成形声字，是汉代文字中形声字增加的第二个来源。

五

上面两类形声字还不能包括汉代全部形声字，还有大量形声字，不一定有与之相应的假借字，在古文字中也没有与之相当的表形字，因为形声字的造字原则已为人们所熟悉，人们便利用这个原则创制出大量形声字，用以记录新产生的词语，或者改变过去的习用字。这类字数量很大，分布面也宽，不可能一一加以分析，这里只拿《说文解字》中马部的部分形声字加以分析，来说明这一类形声字的情况。

为什么拿马部字来进行分析呢？这有文化背景的原因。从古代文献和地下发掘的材料来看，周代以来，马在军事、交通和贵族日常活动中所占地位日趋重要，到汉代达到了极点。秦始皇陵墓旁发掘出的兵马俑，其数目之大，气势之宏伟，已为世人所惊叹。但从汉代典籍的记载看，汉代养马、驯马、牧马及用马的规模之大，又远远超过了秦始皇时代。据《汉书·百官公卿表》记载，汉代养马、牧马的工作都属于中央政府九卿之一的“太仆”卿管辖。太仆“掌舆马”，管理皇家的车马。太仆下的属官有“大厩、未央、家马”三令；又有“车府、路軨、骑马、骏马”四令丞；又有“龙马、闲驹、橐泉、騊駼、丞华”五监长丞；又有“边郡六牧师菀”令、各三丞；又“牧橐、昆蹏”令丞。这些都是为皇帝养马、驯马、牧马的政府机构。据颜师古注引《汉官仪》记载，“牧师诸菀三十六所，分置北边、西边，分养马三十万头。”唐代杜佑《通典》叙述汉代的“六厩”注说:“(六厩)大厩也,马皆万匹。武帝承文景蓄积,海内殷富,厩马有四十万匹。时匈奴数寇边,遣卫青、霍去病发十万骑,并负私从马凡十四万匹穷追,大破匈奴,汉马死者十余万匹。”从这几个数字可以看出汉代养马、用马的规模之大。

马不但数量大,而且要求的质量高。皇帝用的马要良种马,要经过专门训练,于是出现了一大批研究马的技术人才和书籍。《汉书·艺文志》与马有关的著作有《相六畜》三十八卷。《隋书·经籍志》有《相马经》一卷,注中说:“梁有《伯乐相马经》《关中铜马法》《周穆王八马图》……亡。”关于医马疾的著作有《伯乐治马杂病经》一卷,《治马经》三卷(俞极撰,亡),《治马经》四卷,《治马经目》一卷,《治马经图》二卷,《马经孔穴图》一卷,《杂撰马经》一卷,《治马牛驼骡等经》三卷。这类著作可能都是秦汉以来养马、用马的经验总结。古代养马驯马医马的各种技师,一般文化程度不高,本人不会写书,后来读书人把他们的经验写下来,就成为专著。这些专著中有许多专门用字。

从《说文解字》中马部字的情况看,当时对于马的毛色非常重视,许多马因毛色不同而各有专名。例如:

《说文解字》:“馰,马白頟也。从马,的省声。”白頟即白额,白颠,白顶。《相马经》说:“马白頟名曰的卢。”的卢即馰颅,是一种烈性骏马。

又:“駱,马白色黑鬣尾也。”

又:“駰,马阴白杂毛黑。”

又:“駹,马面颡皆白也。”

又:“駽,青骊马。”音xuān,今名铁青马。

又:“騏,马青骊文如博棊也。”因花纹如棋子,因名为騏。

又:“騂,马头有发赤色者。”

又:“騧,黄马黑喙。”

又:“騮,赤马黑毛尾也。”

又:“驔,骊马黄脊。”

又:“驠,马白州也。从馬(马)、燕声。”“州”即肛门。《尔雅·释畜》郭璞注:“州,窍。”邢昺疏:“谓马之白尻者名驠。”

又:“驪,马深黑色。”

又:“騅,马苍黑杂毛。”

又:“騩,马浅黑色。”

又:“騢,马赤白杂毛。”

又:“騂,马赤色也。”《字汇》:“騂,俗作骍。”

又:“驃,黄马发白色。”

又:“驄,马青白杂毛也。”

又:“騽,马豪骭也。”段玉裁注:“豪骭,谓骭上有脩豪也。”即马腿上有长毛。

又:“駓,黄马白毛也。”

又:“驇,马长毛者也。从馬(马),埶声。”

又:“䮾,马一月白曰䮾,二月白曰鱼。”(《類篇》:䰻,马二月白曰䲄,或作“䰻”)

又:“驈,骊马白胯也。”

又:“驖,马赤黑色。”《诗经·秦风·驷驖》中有“驖”字。

这种毛色细致的分辨,今天在我们看来,似乎没有必要,但汉代的养马、相马专家却辨析得非常认真,毛色稍有不同的马都有专名。

马的奔驰、行走,甚至行走的形态都有专门术语。例如:

《说文解字》:“驅(驱),马驰也。”

又:“馳(驰),大驱也。”说明“驰”和“驱”同中有异。

又:“騖,次弟(第)驰也。”次弟驰是马队按次序奔驰。

又:“駥,马奔也。”

又:“馴,马步疾也。”馴音niè。

又:“騁,直驰也。”

又:“駾,马行疾来皃(貌)。”

又:“騛,马逸足也。”《玉篇》:“騛,騛兔,古骏马。”其实“騛”和“飛”(飞)当是一个字。“騛兔”即飞兔,形容马跑如飞兔。因为用在马身上,所以造了从马、飞声的“騛”字。

又:“驟,马疾步也。”

又:“驚(惊),马骇也。”《玉篇》:“逸也。”今仍有驚车、马驚等语。

又:“騤,马行仡仡也。”

又:“騺(骘),马重皃(貌)。”“马重皃”即马行步很难,《史记·晋世家》:“马騺不行。”

又:“驜,马行徐而疾也。”

又:“驙,駗驙也。”桂馥《说文义证》:“驙如,难行不进之貌。”

又:“駉,駉駉,马怒皃(貌)。”“駉”当是从“昂”字变来的。《楚辞·卜居》:“昂昂若千里之驹。”《一切经音义》卷九十六引作“駉駉若千里之驹”可证。

又:“驤,马之低仰也。”段玉裁注:“马之或俛(俯)或仰谓之驤。”

又:“駊,駊騀也。”《玉篇》:“駊,駊騀,马摇头。”

马的奔跑、行走以及马怒、俯仰、摇头这些专门的术语,只有驯马的马师才会创造出来。

其他如马的年龄、高度以及与马有关的装饰,也都有专门的字来加以记录。

这类形声字之所以大量产生,有两个原因:一个是当时的文化背景;一个是创制新形声字已经成为风气。从词汇学的角度看,有些形声字简直是多余的。例如,“騛”字用以记录“飛兔”这个词,“駉駉”用以记录“昂昂”这个词,不用“騛”“駉”而用“飛”“昂”也不会产生歧义。又如《说文解字》《尔雅》都有“駃騠”二字,也是一种良马名。从这两个字看,很难看出命名的本意。其实是根据“快蹄”二字造出的新字。汉代名马如飞黄、惊帆、飞兔等都因其跑得快而得名,“快蹄”也是由此得名。因为专对马而言,所以造出“駃騠”这两个怪字(见拙著《文字训诂论集》332页《释“駃騠”》)。

从汉代这些与马有关的形声字,可以看出汉代形声字大量产生的总趋势。《说文解字》中的大部分形声字都属于这一类。汉代以后,唐宋时继续出现的大量形声字,也多属于这一类。

以上是秦汉文字中形声字发展的情况。

汉代形声字的发展,改变了表形字、表音字和形声字在汉代文字体系中的比例,因为大批表形字和表音字(假借字)改造成形声字,使这两类文字大量减少,形声字从战国文字的50%左右上升到80%以上,这个巨大变化从本质上改变了汉字的性质。我们把汉代以后的文字称作以形声字为主体的形音文字阶段,道理就在于此。

第十一章　汉代文字的发展（下）

六

汉代文字的另一个特点是异体字大量增加。《说文解字》中的“重文”共1163个；“重文”中大部分是异体字和古今字。但汉代的异体字比这个数目大得多，一是许慎把一些异体字分别收入各部，误认为是不同的字，二是《说文解字》未收而汉代实际上已在通行的异体字为数甚多。如果把这两种异体字都算上，汉代字库中的异体字要比《说文解字》的“重文”多得多。

《说文解字》中保存的汉代异体字主要有四类：一是表形字中的异体字；二是形声字中因形符变化而形成的异体字；三是形声字因声符变化而形成的异体字；四是形符声符都变化的异体字。

先说第一类。我们在前面已经说过，表形字的特点是用各种手法描绘事物而创制的文字。象形字用写实的手法直接描绘事物的形状；会意字用写意的手法表示事物，有点像中国画中的写意画；指事字是用象征手法表示事物。这三类字都是直接从原始记事图画的手法中继承下来的。描绘事物往往因笔画繁简和着眼点的不同而创制出不同的图像。比如给人画像，用工笔画的画法可以把毛发、皱纹都画出来;写意画用三五根线条便可勾勒出一个人的特征和神态。表形字也是这样,甲骨文的“虎”字,有的把老虎的大口、巨齿、长尾和全身花纹都画出来,有的只有几笔,只画老虎的巨口、长尾,共有一二十种写法。“马”字也是这样,有的画得很工细,有的只画出马鬃这个特点。这些不同的写法,有的差别很小,算是笔形差异;差别稍大的就是异体字。《说文解字》重文中也反映了这种情况。例如:

“龜”(龟)——《说文解字》:“龜,像足、甲、尾之形。,古文龜。”古文“”是龟形的简化写法。六国文字中当有此种写法。现在的简化字“龟”即以此为根据而加以简化。

“匚”——《说文解字》:“匚,受物之器,象形。读若方。,籀文匚。”“匚”是“”的简化。

“義”(义)——《说文解字》:“義,己之威仪也。从我、羊。羛,墨翟书義从弗。”“義”是“儀”字初文,当是会意字。在“我”头上加饰羊形以显示己之威仪,当是古人习俗的描绘(朱骏声、刘心源以为是从我声的形声字,杨树达又以为从羊声,都难从)。“羛”字从“弗”,当是“我”字的讹变,典籍中罕用。

“開”(开)——《说文解字》:“開,张也。从門从幵。,古文。”“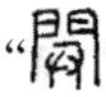”像两手开门形,以会开门意。“開”当是手形的讹变。

“冬”——《说文解字》:“冬,四时尽也。𣅀,古文冬从日。”楚国文字和《三体石经》多作“𣅀”,典籍中不见。

“邕”——《说文解字》:“邕,四方有水。𩚬,籀文邕。”

“𣿡”——《说文解字》:“𣿡,徒行厲水也。从沝从步。涉,篆文从水。”从沝从步是早期的写法,以后简化为从水从步。

“𣻸”——《说文解字》:“𣻸,水行也。从沝、㐬。流,篆文从水。”

“赤”——《说文解字》:“赤,南方色也。从大从火。烾,古文从炎、土。”甲骨文“赤”字像以火焚人形,用为祭祀名,“烾”当是讹变异体。

“躳”——《说文解字》:“躳,身也。从身从吕。躬,躳或从弓。”“吕”像脊椎骨形。朱骏声说:“身曲则吕现。或从弓,象形。”脊椎骨是支持身体的支柱,人在躬身时如弓形,两种表形法都可描绘“身”意。

“仁”——《说文解字》:“仁,亲也。从人从二。忎,古文仁从千、心。𡰥,古文仁或从尸。”古代典籍不见有“忎”“𡰥”两字,这两个异体字当是六国文字中的异体。从千从心和从人从二都表示人与人的关系,当互相关心爱护。“𡰥”字的“尸”,当是“人”字的讹变。

“監”(监)——《说文解字》:“監,临下也。从卧,䘓省声。譼,古文从言。”甲骨文金文“監”字像人俯首于器皿上以照视形,当是鑒、镜初文,是个表形字,许慎误释为形声字。“譼”字的“言”,或是“皿”形的讹变。

“射”——《说文解字》:“䠶,弓弩发于身而中于远也。从矢从身。射,篆文从寸。寸,法度也,亦手也。”甲骨文“射”字作“”,像矢在弓上将发射形。金文作“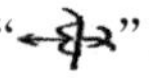”,加手形。小篆变弓形为“身”,因而讹变为“䠶、射”二形。

“本”——《说文解字》:“本,木下曰本。从木,一在其下。古文。”“本”字的本义当为树根部,今语“根本”即用其本义。树的根部或用“一”,或用“”,都是指示符号。

“绝”——《说文解字》:“绝,断丝也。从糸从刀从卩。𢇍,古文絕,像不连体絕二丝。”甲骨文“絕”字初文作“”,从二糸,三横表示断丝形。《中山王壶》作“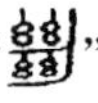”,从二丝从刀,像以刀断丝形。《说文解字》古文“刀”形讹变。“絕”字再讹变而为从刀从卩。

“㱿”——《说文解字》:“㱿,如野牛而青,象形。兕,古文从几。”甲骨文“兕”字像犀牛形,小篆字形讹变,隶书再变而成今形。

“衰”——《说文解字》:“衰,艸雨衣。从衣,象形。,古文衰。”“衰”字是“蓑、簑”初文。因“衰”假借为衰败义,又加艸(草)或竹而造新字。“”近原形,“衰”字形小变。

“丘”——《说文解字》:“丘,土之高也,非人所为也。从北从一。一,地也。人居在丘南,故从北。中邦之居在崐崘东南。一曰:四方高中央下为丘。象形。㘳,古文从土。”甲骨文“丘”字作“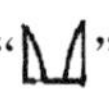”,像山丘形。小篆讹变作从北从一,“㘳”字又加“土”形以表山丘与土有关,但已失去原来象形字的面貌。

表形字产生异体字的原因不外有两个:一是笔画繁简的不同,总趋势是向简化演变;一是笔画的讹变,有些字变得失去了原来的形象。

七

形声字的异体字可分为三类:一类是因形符变易而形成的异体字;另一类是因声符变化而形成的异体字;第三类是声符形符都变化而形成的异体字。

形声字的形符变易是汉代文字发展的一个重要方面。这类字很多,下面举些例子:

“尤頁”——“疣”,《说文解字》:“尤頁,颤也。从頁(页),尤声。疣,尤頁或从疒。”余岩的《古代疾病名候疏义》:“尤頁,头摇动不定。”因指头疾,所以从頁;又因属病名,所以又可从疒。

“薉”——“穢”,《说文解字》:“薉,芜也。”《说文解字》正文无“穢”字,但“耘”字下说:“耘,除田间穢也。”可见许慎时已通用“穢”字。《周礼·考工记》注:“粤地涂泥多艸(草)薉。”《经典释文》:“刘云:穢字之异者。”可知“薉”字在先,“穢”字后出,二字为异体。

“敺”——“驅”,《说文解字》:“驅,马驰也。敺,古文从攴。”按:金文及先秦典籍用“敺”字,汉代始有“驅”字。改形符“攴”为“馬”(马),字义较显豁。

“狜”——“怯”,《说文解字》:“狜,多畏也。从犬,去声。怯,杜林说:狜从心。”古代典籍多用“怯”。从造字原则看,“怯”字以“心”为形符,比从“犬”合理。

“但”——“袒”,这两字的异体关系较为复杂。《说文解字》:“但,裼也。”“但裼”即裸露上身。古籍多用“袒”字。《礼记·曲礼》:“冠勿免,劳勿袒。”郑玄注:“袒,露也。”《史记·廉颇蔺相如列传》:“廉颇闻之,肉袒负荆。”“肉袒”也是袒露上身意。但《说文解字》解“袒”字为“袒,衣缝解也。”徐锴《说文系传》云:“今俗作綻字。”《广韵》丈苋切。那么,“但”和“袒”音义都不同,本不是异体字。但从汉代开始就已以“袒”代“但”,成为袒露正字。以后“但”字借用为虚词,又造“绽”字以代“袒”字本义。从这个变化可以看出文字不断调整的过程。单从“但”和“袒”的袒露义来看,从“衣”比从“人”更为合理。

“梼”——“鎒”——“耨”,《说文解字》:“梼,薅器也。从木,辱声。鎒,或从金。”《玉篇》《广韵》又有“耨”字。“梼”从“木”当是较早的写法,后来因耘田器改用铁,所以形符改从“金”。“耨”字又改以“耒”为形符,是分类体系的调整,锄草器无论木制或铁制,都属于“耒”类。

“槾”——“鏝”——“墁”,《说文解字》:“槾,杇也。从木,曼声。”杇就是以泥灰抹墙的抹子,或用木制,或用铁制。《说文解字》又有“鏝”字:“鏝,铁杇也。从金,曼声。”《玉篇》:“墁,杇也。所以涂饰墙也。亦作鏝。”形符从“木”从“金”是因所用原料不同。现在泥瓦工人使用的抹子(或名糊板),仍有木制和铁制两种。至于改形符为“土”,那是因为这种工具用于以泥土涂饰墙壁。

“跟”——“跟”,《说文解字》:“跟,足踵也。从足,艮声。跟,或从止。”从足从止,古文字中常有任意性。后来逐渐采用从“足”的“跟”。

“茵”——“鞇”,《说文解字》:“茵,车重席。从艸(草),因声。鞇,司马相如说:茵从革。”车中的席子用草制,所以从艸。司马相如所说的“鞇”,是用虎豹皮做的,所以改从“革”。

“詠”——“咏”《说文解字》:“詠,歌也。从言,永声。咏,詠或从口。”《玉篇》:“詠,长言也,歌也。亦作咏。”从言和从口的异体字有一大批,因为“言”和“口”关系密切,可此可彼。

“訝”——“迓”,《说文解字》:“訝,相迎也。从言,牙声。迓或从辵。”迎宾客时一面以言语表迎接意,一面趋前相迎,所以可从言又可从辵。唐宋后“訝”用以表惊訝(讶)义,于是专用“迓”表迎迓义。这属于异体字的分化。

“堵”——“𩫖”,《说文解字》:“堵,垣也。从土,者声……𩫖,籀文从𩫏。”《部鐘》堵字正作“𩫖”。形符“土”是“𩫏”的类化。

“城”——“𩫨”,《说文解字》:“城,以盛民也。从土,从成,成亦声。𩫨,籀文城从𩫏。”两周金文“城”“𩫨”二字通用,这跟“堵”“𩫖”的情况完全相同。

“垝”——“陒”,《说文解字》:“垝,毁垣也。从土,危声……陒,垝或从阜。”

“阱”——“穽”——“汬”,《说文解字》:“阱,陷也。从阜从井,井亦声。穽,阱或从穴。汬,古文阱从水。”从阜从穴从水都跟陷阱义有关。

“盎”——“瓮”,《说文解字》:“盎,盆也。从皿、央声。瓮,盎或从瓦。”从皿是因为盎属器皿类;从瓦是因为盎为瓦器。

“管”——“琯”,《说文解字》:“管,如篪,六孔。从竹,官声。琯,古者玉琯以玉……从玉,官声。”用竹用玉,因材料不同而造出两个异体字。

“劒”——“劍”,《说文解字》:“劒,人所带兵也。从刃,僉声。劍,籀文劒从刀。”从刀从刃,用意同。金文又有从金的“鐱”字,也是“剑”的异体。

“膀”——“髈”,《说文解字》:“膀,胁也。从肉,旁声。髈,膀或从骨。”从肉从骨两可,因为膀臂既有骨又有肉。

“脣”——“顈”,《说文解字》:“脣,口端也。从肉,辰声。顈,古文脣从頁。”《说文解字》又有“唇”字,释为“惊也”。《广韵》作职鄰切,今当读zhēn;段玉裁以为当是“震”字初文,原与“脣”字无关。但《论衡·率性篇》“扬唇吻之音”,“唇”字已代脣”。戴侗《六书故》说:“唇,口端也,别作脣。”可见以“唇”为唇吻字来源很早。“唇”字形符为“口”,比较符合汉字形符的分类原则,因为嘴唇是口的一部分(口端),所以改用“唇”以代“脣”。顈,废弃了“惊”义而成为唇吻正字。

“鬻”——“煑”(煮),《说文解字》:“鬻,亨(烹)也。从䰜,者声。煑,鬻或从火。鬻,鬻或从水在其中。”“鬲”字像古代炊具鬲形,“䰜”像鬲上有蒸气形,加

“者”为声符以表烹煮义,当是“煮”字初形。或加“水”形,更能表示蒸煮意。后来以“火”为形符。这类异体字的形符变化,最能说明形符从会意、象形向类符转变的过程。

“鬻”——“煼”——“焣”,《说文解字》:“鬻,熬也。从䰜,芻声。”《广韵》:“鬻同炒。”《广韵》又有“煼”字。《集韵》:“煼,或作炒。”汉代大概还没有“煼”“炒”这两个写法,扬雄在《方言》卷七中说:“焣,火干也。凡以火而干五谷之类……秦、晋之间或谓之焣。”可见汉代已有了“焣”字。

“睹”——“覩”,《说文解字》:“睹,見也。从目,者声。覩,古文从見。”从目和从見用意相同。类化为从“目”,符合形符的演变规律。

“雞”——“鷄”,《说文解字》:“鷄,知时畜也。从隹,奚声。鷄,籀文雞从鳥。”从隹从鳥的异体字很多,如“鶬”和“䧳”,“雕”和“鵰”,“雛”和“鶵”,“䧑”和“鴟”,“翟”和“鸐”,“雇”和“鳸”等,《说文解字》都列入重文,“隹”“鸟”这两个形符实在难加区分,最后也只好以约定俗成的原则决定去取。

“僕”——“蹼”,《说文解字》:“僕,给事者。从人,从菐,菐亦声。蹼,古文从臣。”按:甲骨文“僕”字作“”,像受刑人手持粪箕以执贱役形,本是个会意字。小篆字形讹变,许氏因解为“从人、从菐,菐亦声”的会意兼形声字。后来又有了从臣的“蹼”这个异体字。

“唾”——“涶”,《说文解字》:“唾,口液也。从口,垂声。涶,唾或从水。”口液即今语口水,从口、从水都有道理。

“嗥”——“獋”,《说文解字》:“嗥,咆也。从口,皋声。獋,谭长说:嗥从犬。”咆嗥用口,所以从“口”;咆嗥指兽声,因而也从“犬”。

“吟”——“訡”——“誇”,《说文解字》:“吟,呻也。从口,今声。訡,吟或从音。誇,或从言。”“吟”字从口、从音、从言都有道理。大约在汉代时已经约定为从口的“吟”。

“嘯”——“歗”,《说文解字》:“嘯,吹声也。从口,肅声。歗,籀文嘯从欠。”吹声就是从口里发出的吐气声,所以从口。“欠”字甲骨文像人跪地张口向前形,《说文解字》说:“欠,张口气悟也,像气从人上出之形。”可知“嘯”字从欠的造字初意。

“壻”——“婿”,《说文解字》:“壻,夫也。从士,胥声……士者,夫也……婿,壻或从女。”壻从士,因为夫壻为士类。从女是从女方着眼,壻是女子的丈夫,或称女婿。后来“婿”字逐渐成为正字。

“氛”——“雰”,《说文解字》:“氛,祥气也。从气,分声。雰,氛或从雨。”

“气”本像云形，云、雨本是一物，因而可形成异体字。

“玩”——“貦”，《说文解字》：“玩，弄也。从玉，元声。貦，玩或从貝。”玉器及貝制器都可以把玩欣赏。

“勇”——“戫”——“恿”，《说文解字》：“勇，气也。从力，甬声。戫，勇或从戈。恿，古文勇从心。”从力从戈意在以武器、力气示勇，从心意在勇气。

“缾”——“瓶”，《说文解字》：“缾，瓮也。从缶，并声。瓶，缾或从瓦。”从缶从瓦同。

“麰”——“苹”，《说文解字》：“麰，来麰。从麥，牟声。苹，麰或从艸（草）。”麥属草类，因又制“苹”字。

“韘”——“弽”，《说文解字》：“韘，射決也，所以拘弦，以像骨韋系著右巨指。从韋，枼声……弽，韘或从弓。”因韘系手指以钩弦，所以从韋；又因其为弓上的部件，又或从弓。

“槃”——“鎜”——“盤”，《说文解字》：“槃，承槃也。从木，般声。鎜，古文从金。盤，籀文从皿。”从木、从金，表示材料不同；从皿则因其为器皿。金文多用“鎜”，汉代以后多用“盤”。

“櫑”——“罍”——“䍣”，《说文解字》：“櫑，龟目酒尊，刻木作云雷象，像施不窮也。从木，畾声。罍，櫑或从缶。䍣，櫑或从皿。”从木从缶因酒尊或为木制，或为陶器；从皿则因其为器皿。

“曐”——“𣊫”——“星”，《说文解字》：“曐，万物之精上为列星。从晶，生声……𣊫，古文星。星，曐或省。”甲骨文“星”字像众星形，或加注“生”声，是最早的形声字。汉代通用“星”字，形符“日”是众星形的省简，也是一种类符化作用。

“晨”——“晨”，《说文解字》：“晨，房星，为民田时者。从晶，辰声。晨，晨或省。”“晨”简化为“晨”，跟“曐”简化为“星”同。

“粒”——“飠立”，《说文解字》：“粒，糂也。从米，立声。飠立，古文粒。”粒是把米弄碎成颗粒以做羹食。因是食物，故又从“食”作“飠立”。

“糟”——“䣊”，《说文解字》：“糟，酒滓也。从米，曹声。䣊，籀文从酉。”糟为米酒滓，所以从米。因属酒类，又从酉。“酉”为酒器形，甲骨卜辞或用为“酒”字。

“寓”——“庽”，《说文解字》：“寓，寄也。从宀，禺声。庽，寓或从广。”从宀从广，同为住所。

“瘇”——“尰”，《说文解字》：“瘇，胫气足腫。从疒，童声……尰，籀文从尣。”“瘇”乃疾病名，从疒。“尣”字《说文解字》解释为：“尣，尳，曲胫也，像偏曲之形。”“尣”字像人形而屈其一足，以表足胫有疾，所以“尰”又从尣。

“罬”——“輟”，《说文解字》：“罬，捕鸟覆车也。从网，叕声。輟，罬或从车。”捕鸟的覆车，为捕鸟具，网上弓子似车轮形，鸟啄食时则网覆，所以字从网，或从车。(《说文解字》中另有“輟”字：“輟，车小缺复合者。”跟“罬”字义不同。)

“常”——“裳”，《说文解字》：“常，下帬(裙)也。从巾，尚声。裳，常或从衣。”巾乃佩巾，和衣同属裳类。因“常”字假借为副词“经常”的“常”，于是一对异体字分化为同音字。

“帬”——“裙”，《说文解字》：“帬，下裳也。从巾，君声。裠，帬或从衣。”其他，如“幝”与“襌”，“帙”与“袟”等，都属此类。

“鼅”——“蜘”，《说文解字》：“鼅，鼅鼄蝥也。从黽，智省声。蜘，或从虫。”又：“鼄，鼅鼄也。从黽，朱声。蛛，鼄或从虫。”从黽变为从虫，是典型的类符化。

“螕”——“蚍”，《说文解字》：“螕，蚍蜉，大螘也。从䖵，𣬉声。蚍，螕或从虫、比声。”这是形符“䖵”简化为“虫”的例子。

“蠯”——“蜱”，《说文解字》：“蠯，蠯蛸也。从䖵，卑声。蜱，蠯或从虫。”这是“䖵”简化为“虫”的例子。同类的字还有“蠚”——“螫”，“蝨”——“虱”，“蚤”——“蚤”等字。

“蟹”——“鱰”，《说文解字》：“蟹，有二敖八足，旁行。从虫，解声。鱰，或从鱼。”蟹居水中，因而可从鱼。

“𦃇”——“綽”，《说文解字》：“𦃇，𦆛也。从素，卓声。綽，𦃇或省。”又：“𦆛，𦃇也。从素，爰声。緩，𦆛或省。”“綽”“緩”皆有宽綽、宽緩义，从素从系都与衣服有关。“系”是“素”的省简和类符化。

“媿”——“愧”，《说文解字》：“媿，慚也。从女，鬼声。愧，或从耻省。”按：应为“从心，鬼声”，因慚愧属心理活动，所以从心。

“聝”——“馘”，《说文解字》：“聝，军战断耳也。馘，聝或从首。”古人作战时割获敌耳以献功，故从耳。从首则因耳属首类。

“翼”——“翼”，《说文解字》：“翼，翄也。从飛，异声。翼，篆文翼从羽。”从羽是简化与类符化。

“雩”——“𦐿”，《说文解字》：“雩，夏祭乐于赤帝以祈甘雨也。从雨，于声。𦐿，或从羽。雩，羽舞也。”因雩舞是祈雨的乐舞，因而从雨；又因舞者加羽饰，所以又从羽。

“汀”——“平”，《说文解字》：“汀，平也。从水，丁声。平，或从平。”《玉篇》：

“汀,水际平沙也。”《楚辞·湘夫人》:“搴汀洲兮杜若。”“汀洲”即水边平洲,可知“汀”与水有关,所以从水。“玎”字不通行。

“態”——“能”,《说文解字》:“態,意也。从心,从能。能,態或从人。”钮树玉说:“当为从心,能声。”钮说是。“態”字从心从人都是类符,“態”字通行。今简化作“态”。

“鼢”——“蚡”,《说文解字》:“鼢,地行鼠。一曰偃鼠。从鼠,分声。蚡,或从虫。”

“狂”——“性”,《说文解字》:“狂,狾犬也。从犬,㞷声。性,古文从心。”“狂”本指疯狗(狾犬),所以从犬。后引申为狂妄义,或用“心”为类符。但“狂”字一直通行。

“豻”——“犴”,《说文解字》:“豻,胡地野狗。从豸,干声。犴,豻或从犬。”

“崩”——“阴”,《说文解字》:“崩,山坏也。从山,朋声。阴,古文从阜。”从山、从阜都可做类符。

“襭”——“撷”《说文解字》:“襭,以衣衽扱物谓之襭。从衣,頡声。撷,襭或从手。”撷必用手,故从手;以衣衽扱物,故又可从衣。

形声字的形符本都是表形字,后来按事物分类逐渐类化。《说文解字》把所有文字分为540部,除少数外,基本上以形声字的形符为分类依据。所以形声字的形符也可叫作类符。汉代形声字形符变化的总趋势是形符从表形作用向类符转化。

八

《说文解字》中形声字因声符不同而造成的异体字非常多。形声字声符的作用是标注字音,从理论上说,只要声符同那个形声字的读音相同或相近就行。汉字中的同声字很多,用不同的同声字跟同一个形符相结合,就可以造出许多异体字。当然,“可能”和实际并不相同,因为有个历史演变和约定俗成的问题。

以现在的读音标准来看,有些异体字的声符并不同音,有些仍然同音或读音相近,那是因为古今音韵变化形成的。

下面举些例子加以说明。

“綫”——“線”,《说文解字》:“綫,缕也。从系,戋声。線,古文綫。”声符“戋”和“泉”上古音同属元部、从母。

“嬀”——“孌”,《说文解字》:“嬀,顺也。从女、𤔔声。孌,籀文嬀。”“𤔔”和

“䜌”同属元部、来母。

“飽”——“饌”——“䬪”,《说文解字》:“飽,猒也。从食,包声。饌,古文飽。䬪,亦古文飽;从卯声。”“包”“孚”“卯”上古音同属幽部,“包”属帮母,“孚”属滂母,“卯”属明母,音近。中古以后“孚”变为轻唇音,“飽”字一直通行。

“頂”——“䫆”,《说文解字》:“頂,颠也。从頁,丁声……䫆,籀文从鼎。”“丁”“鼎”上古音同属耕部。汉代时“顶”已代替了从鼎声的“䫆”,这是声符的简化。声符简化是汉字形声字演变的趋势之一。

“蜩”——“蚺”,《说文解字》:“蜩,蝉也。从虫,周声。蚺,蜩或从舟。”“周”“舟”同属幽部、章母。

“騧”——“䯄”,《说文解字》:“騧,黄马黑喙,从马,咼声。䯄,籀文騧。”“咼”和“鬲”两个声符都是形声字;“咼,口戾不正也。从口,咼声。”“鬲,秦名土釜曰䰙。从鬲,𢆉声,读若過。”上古音都属歌部。以这两个声符构成的形声字还有“媧”——“嫋”(女媧)。

“蠣”——“蜾”,《说文解字》:“蠣,蠣蠃,蒲卢,细要土蜂也。蜾,蠣或从果。”“果”也属歌部字,和“䰙”同音。

“螾”——“蚓”,《说文解字》:“螾,侧行者。从虫,寅声。蚓,螾或从引。”《荀子·劝学》:“螾无爪牙之利。”杨倞注:“螾与蚓同。”“螾”“蚓”同属真部,音同。

“纊”——“絖”,《说文解字》:“纊,絮也。从糸,廣声。絖,纊或从光。”“廣”“光”同属阳部。

“緁”——“緝”,《说文解字》:“緁,緶衣也。从系,疌声。緝,緁或从習。”“習”古属缉部邪母,“疌”属葉部精母,音近。

“紟”——“綸”,《说文解字》:“衿,衣系也。从糸,今声。綸,籀文从金。”“今”“金”属侵部,见母,音同。

“縕”——“綎”,《说文解字》:“縕,绶也。从糸,盈声。读与聽同。綎,縕或从呈。”“盈”属耕部余母,呈属耕部定母,音近。

“姻”——“婣”,《说文解字》:“姻,壻(婿)家也。从女从因,因亦声。婣,籀文姻从𣶒。”“因”“𣶒”同属真部、影母。

“妘”——“䡝”,《说文解字》:“妘,祝融之後姓也。从女,云声。䡝,籀文妘从員(員)。”“云”“員”同属文部,音同。“䡝”简化为“妘”,符合声符简化原则。

“擂”——“抽”——“誘”,《说文解字》:“擂(搯),引也。从手,畱声。抽,擂或从由。誘,擂或从秀。”“畱”“由”“秀”都属幽部,音近。“抽”字通行,也是简化的结果。

“拓”——“摭”,《说文解字》:“拓,拾也。从手,石声。摭,拓或从庶。”“石”“庶”属铎部,分属禅书两母,音近。“拓”字通行也是因为简化。

“聞”——“䎽”,《说文解字》:“聞,知聞也。从耳,門声。䎽,古文从昏。”“門”“昏”属文部,“門”属明母,“昏”属晓母,音近。

“䲔”——“鲸”,《说文解字》:“䲔,海大鱼也。从鱼,畺声。鲸,䲔或从京。”“畺”“京”同属阳部见母,音同。后来字音分化,也由于“鲸”字稍简,所以“䲔”字渐废。

“魴”——“鰟”,《说文解字》:“魴,赤尾魚。从魚,方声。鰟,魴或从旁。”“旁”字从方声,方、旁音同。

“麩”——“麱”,《说文解字》:“麩,小麦屑皮也。从麥,夫声。麱,麩或从甫。”“夫”“甫”属上古音鱼部、并母,音同。

“梅”——“楳”,《说文解字》:“梅,枏也。从木,每声。楳,梅或从某。”“每”“某”属上古音明母之部,同音。

“楮”——“柠”,《说文解字》:“楮,穀也。从木,者声。柠,楮或从宁。”“者”“宁”属上古鱼部。

“梠”——“梩”,《说文解字》:“梠,臿也。从木,目声。梩,或从里。”“目”属上古之部邪母,“里”属之部来母,声母不同,当是方言间的差异。

“櫓”——“樐”,《说文解字》:“櫓,大盾也。从木,魯声。樐,或从鹵。”“魯”“鹵”音同,同属鱼部、来母。

“穧”——“秶”,《说文解字》:“穧,稷也。从禾,齊声。秶,穧或从次。”“齊”“次”同属脂部,分属“从”“清”两母,音近。

“秔”——“稉”,《说文解字》:“秔,稻属。从禾,亢声。稉,秔或从更。”“亢”“更”同属阳部,音近。

“糂”——“糣”——“糝”,《说文解字》:“糂,以米和羹也。从米,甚声。糣,籀文糂从朁。糝,古文糂从參(参)。”“糂”“糣”“糝”同属上古侵部,音近。

“罦”——“罬”,《说文解字》:“罦,覆车也。从网,包声。罬,罦或从孚。”“包”“孚”上古同属幽部,帮母;中古后“孚”变轻唇音。

“傀”——“瓌”,《说文解字》:“傀,伟也。从人,鬼声。瓌,傀或从玉,裹声。”“裹”字从衣,鬼声。“傀”“瓌”声符相同。

“袗”——“裖”,《说文解字》:“袗,玄服。从衣,㐱声。裖,袗或从辰。”“㐱”“辰”同属文部,分属章、禅母,音近。

“嬴”——“裸”,《说文解字》:“嬴,袒也。从衣,羸声。裸,或从果。”“羸”“果”

同属歌部,来母。以后“裸”字通行。

“㕙”——“峻”,《说文解字》:“㕙,高也。从山,陖声。峻,或省。”“陖”从阜、夋声。“峻”省从夋声,二字声符同。

“廡”(庑)——“廡”,《说文解字》:“廡,堂下周屋。从广,無声。廡,籀文从舞。”“無”“舞”甲骨文实为一字,像舞形,后分化为“無”“舞”两字。

“貔”——“豼”,《说文解字》:“貔,豹属。从豸,𣬈声。豼,或从比。”“𣬈”,从囟,比声。二字声符实相同。“豼”字简化。

“麐”——“麂”,《说文解字》:“麐,大麋也。从鹿,旨声。麂,或从几。”“旨”“几”同属脂部,音近。

“猵”——“獱”,《说文解字》:“猵,獭属。从犬,扁声。獱,或从賓。”“扁”“賓”同属上古真部。《玉篇》“猵”“獱”才分为布眠、婢賓二切。

“爤”——“燗”,《说文解字》:“爤,熟也。从火,蘭声。燗,或从間。”“闌”“间”同属元部;声母分属来、见母,当是方音不同的反映。

“竢”——“迎”,《说文解字》:“竢,待也。从立,矣声。迎,或从巳。”“矣”“巳”同属之部,分属匣、邪母,音近。

“衺”——“褏”,《说文解字》:“衺,衣带以上。从衣,矛声。褏,籀文衺从楙。”“楙”从矛声。“衺”乃“褏”的省简。

“懋”——“忞”,《说文解字》:“懋,勉也。从心,楙声。忞,或省。”声符的对应与上同。

“愆”——“寒”,《说文解字》:“愆,过也。从心,衍声。寒,或从寒省。”“衍”“寒”同属元部,分属“余”“匣”二母,音近。

“愓”——“愁”,《说文解字》:“愓,敬也。从心,易声。愁,或从狄。”“易”“狄”属锡部,分属“余”“定”母,音近。

“恐”——“忎”,《说文解字》:“恐,惧也。从心,巩声。忎,古文。”“巩”从工声,声符实相同。

“情”——“怖”,《说文解字》:“情,惶也。从心,甫声。怖,或从布声。”“甫”“布”同属鱼部、帮母,音同。中古后“甫”变轻唇音。

“漾”——“瀁”,《说文解字》:“漾水出陇西相道,东至武都为汉。从水,羕声。瀁,古文从養。”“羕”“養”都从羊声,声符同。

“瀾”(澜)——“漣”(涟),《说文解字》:“瀾,大波为瀾。从水,闌声。漣,瀾或从連。”“闌”“連”同属元部来母,音同。

“漉”——“渌”,《说文解字》:“漉,浚也。从水,鹿声。渌,漉或从录。”“鹿”

“录”同属屋部，来母，音同。

“煙”——“烟”，《说文解字》：“煙，火气也。从火，垔声。烟，或从因。”上古音“垔”属文部，“因”属真部，音近。

“鯾”——“鳊”（鳊），《说文解字》：“鯾，魚名。从魚，便声。鳊，鯾又从扁。”“便”古属元部，“扁”属真部，二部音近。

“稃”——“粖”，《说文解字》：“稃，稽也。从禾，孚声。粖，稃或从米，付声。”“孚”属幽部，“付”属侯部，二部音近。

“蠠”——“蜜”，《说文解字》：“蠠，蜂甘饴也。从䖵，鼏声。蜜，蠠或从宓。”“鼏”从鼎，冖声。冖属锡部，宓属质部，音近旁转。

“祀”——“禩”，《说文解字》：“祀，祭无巳也。从示，巳声。禩，祀或从異。”“巳”属之部，“異”属职部，二部字对转。

“殂”——“殅”，《说文解字》：“殂，往也。从歺，且声。殅，古文殂从歺从作。”“且”属鱼部，“作”属铎部。鱼铎对转。

“樗”——“檴”，《说文解字》：“樗，木也。从木，雩声。读若华。檴，或从蒦。”“蒦”属铎部，“雩”属鱼部。鱼铎对转。

“稑”——“穋”，《说文解字》：“稑，疾熟也。从禾，坴声。穋，稑或从翏。”“坴”属觉部，“翏”属幽部，“稑”变为“穋”为“觉”“幽”对转。

“藥”——“療”（疗），《说文解字》：“藥，治也。从疒，樂声。療或从尞。”“樂”属藥（药）部（入声），“尞”属宵部（阴声）。古代典籍治疗的“疗”字多用“療”，可能在汉代此字的韵尾辅音已脱落，所以用“療”代“藥”。

“抍”——“撜”——“拯”，《说文解字》：“抍，上举也。从手，升声。《易》曰：抍马壮吉。撜，抍或从登。”徐铉注：“今俗作拯。”今本《易经》作“拯”。这个字甲骨文作“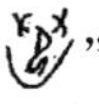”，像人落水中两手拯救之形。“抍”和“拯”是汉代出现的形声字。“升”“登”“丞”都属上古蒸部；“升”属书母，“登”属端母，“丞”属禅母，上古音相近。唐宋时以“拯”代“撜”，当是舌上音变化的缘故。

“蜦”——“蛕”，《说文解字》：“蜦，蛇属。黑色，潜于神渊，能兴风雨。从虫，侖声。蛕，蜦或从戾。”“侖”属谆部，阳韵；“戾”属脂部，阴韵。“侖”变为“戾”，属阴阳对转。

“鬄”——“髢”，《说文解字》：“鬄，髲也，从髟，易声。髢，鬄或从也。”“易”属锡部（入声），“也”属歌部；易变为也，属入声韵尾脱落的变易。

“䵑”——“𥝖”，《说文解字》：“䵑，黏声。从黍，日声。𥝖，䵑或从刃。”《方言》二:“䵒,黏也。齐鲁青徐自关而东,或曰䵒。”可知:“䵒”是汉代山东、河南一带的方言读音。郭璞说:“䵒,言黏䵒也。”“黏”“䵒”二字音近义同,是一个词的方音差异。“刃”属上古文部,“黏”属谈部,“䵖”属质部。“䵖”和“䵒”的变易,是阳声韵与入声韵的变易。

“地”——“墬”,《说文解字》:“地,从土,也声。墬,籀文地从隊。”“隊”字《说文解字》解为:“道边庳垣也。从𨸏,彖声。”“彖”属上古元部,“也”属歌部。可以推想,“地”字最早的读音本属元部,但到汉代时鼻音韵尾已脱落,从“彖”的“墬”只是历史演变的遗迹而已。

形声字的声符,在早期应该都是同音或音近字,由于语音变易,于是不得不用更改声符的办法,以适应变易后的读音,这就形成了许多声符不同的异体字。至于那些读音相同的同音声符,那是造字时所用声符不同造成的,因为汉字的声符同表音文字的音节符号不同,没有规定用一个固定的声符表示一个固定的音节。

九

还有些形声字的异体字,形符和声符都发生了变化。例如:

“絥”——“鞴”,《说文解字》:“絥,车絥也。从糸,伏声。茯,絥或从艸(草)。鞴,絥或从革,葡声。”车絥是车上或马背上的铺垫物,可以用丝织品制作,可以用草编制,也可以用皮革,所以从系、从艸或从革。“伏”“葡”属职部字,音同。现在“鞴马”一词仍用“鞴”(bèi)。

“緹”(缇)——“衹”,《说文解字》:“緹,帛丹黄色。从糸,是声。衹,或从氏。”

“𦈢”——“𪔅”——“罏”,《说文解字》:“𦈢,𦉥也。从甾,虍声。𪔅,篆文。罏,籀文𦈢。”“甾”是个象形字,像罏形,加上“虍”声构成形声字。声符或用“盧”成为“𪔅”,变换形符成为“罏”。《玉篇》又出“爐(炉)”字。

“簠”——“医”,《说文解字》:“簠,黍稷圆器也。从竹,从皿,甫声。医,古文从匚从夫。”“医”从匚,夫声。因其为竹器,又加“竹”“皿”两个形符。又改声符为“甫”,因而造出“簠”字。为什么把较简单的“医”变成复杂的“簠”呢?由繁趋简,本是汉字变化的总趋势,但还有字形用意明确的一面,有时就不得不多写几笔。

“鬴”——“釜”，《说文解字》：“鬴，鍑属。从鬲，甫声。釜，鬴或从金，父声。”形符“鬲”变为类符“金”，声符“甫”换成“父”，完全符合简而明的原则。“釜”字一直沿用至今。

“期”——“朞”，《说文解字》：“期，會也。从月，其声。朞，古文期从日、丌。”按：“朞”字应是“从日、丌声”，“丌”是“基”字初文，“其”字“从，丌声”，所以“期”和“朞”声符相同，从月或从日，形符同类。

“柩”——“匶”，《说文解字》：“柩，棺也。从匚、从木，久声。匶，籀文柩。”从匚与从木同类。“柩”从“匛”声。“匛”从“匚”，久声。“久”属之部，“舊”属幽部，音近。“匶”变为“柩”也符合简明原则。

“蟁”——“蟁”——“蚊”，《说文解字》：“蟁，啮人飛虫，从䖵，民声。蟁，或从昏，以昏时出也。蚊，俗蟁，从虫从文。”“蚊”字形符、声符都简化了。

“饕”——“叨”——“𩞁”，《说文解字》：“饕，贪也。从食，號声。叨，或从口、刀。𩞁，籀文饕从號省。”形符“食”“口”同类，声符“號”“刀”同属宵部，音近。“叨”字后来多用为叨扰义，贪义仍沿用“饕”字。

“寏”——“院”，《说文解字》：“寏，周垣也。从宀，奂声。院‘寏’或从阜。”“院”字的形符改从“阜”（阝），比从“宀”较切近，声符从“完”也较明确。

“鼒”——“鎡”，《说文解字》：“鼒，鼎之圜掩上者。从鼎，才声。鎡，俗从金从兹。”

“歠”——“呹”——“啜”，《说文解字》：“歠，歓也。从歓省，叕声。呹，歠或从口从夬。”又有“啜”字：“啜，尝也。从口，叕声。一曰喙也。”“歓”“呹”“啜”当是一组异体字。形符“欠”“口”同类，声符“夬”“叕”音近。现通用“啜”字。

“强”——“蠹”，《说文解字》：“强，蚚也。从虫，弘声。蠹，籀文。”形符简化为“虫”，声符“畺”改为“弘”。“弘”属蒸部，“畺”属阳部，古音旁转。

“視”——“眎”——“眡”，《说文解字》：“視，瞻也。从見，示声（依段玉裁注）。眎，古文視。眡，古文視。”形符“見”“目”同类，声符“示”“氐”属脂部，音近。

“窊”——“溛”，《说文解字》：“窊，污衺下也。从穴，瓜声。”又：“溛，清水也。一曰窊也。从水，窐声。”王筠以为这两个字是异部重文。王说可信。

“㐬”——“撫”，《说文解字》：“㐬，撫也。从攴，亡声。读与撫同。”又：“撫，安也。从手，無声。𢓊，古文从辵、亡。”“㐬”“撫”“𢓊”，当是一组异体字。“亡”属阳部，“無”属鱼部，声符阴阳对转。

“嘒”——“譿”,《说文解字》:“嘒,小聲也。从口,彗声。诗曰:嘒彼小星。”又:“譿,声也。从言,歲声。诗曰:有譿其声。”“彗”“歲”同属月部,音同;形符“口”“言”同类,义同。两字当是一组异体字。

“夆”——“逢”,《说文解字》:“夆,啎也。从夂,丰声。读若缝。”又:“逢,遇也。从‘辵’,‘峯’省声。”王筠《说文释例》说:“逢,遇;夆,啎也;啎,逆也;逆,迎也。相迎是相遇也。”因以“夆”“逢”两字为异体。“夆”字当是“逢”字初文,“逢”字是“夆”字再加类符“辵”而制出的增形形声字,增加一个形符是为了字义更加明确。

“感”——“憾”,《说文解字》:“感,动人心也。从心,咸声。”《说文解字》无“憾”字。《玉篇》:“憾,恨也。”但汉代已有“憾”字。《礼记·中庸》:“人猶有所憾。”陆德明《释文》:“本又作感。”古籍常以“感”代“憾”,汉以后这两个字才有明确分工。“憾”也是加形字。“感”已从心,“憾”又加心形。

“匧”——“篋”,《说文解字》:“匧,藏也。从匚,夾(夹)声。篋,匧从竹。”“匧”已是形声字,又加“竹”形成“篋”,原字“匧”乃退居声符地位。

十

前面谈的都是汉代文字的变化情况。总体来说,秦代文字的“书同文字”政策奠定了汉字向形声字发展的基础和方向,汉代文字的主要变化是形声字的大量增加。战国文字中的形声字大约占50%,许慎《说文解字》中的形声字上升到80%以上,这是个有决定意义的变化。从此汉字形成了它独特的以形声字为主要成分的文字体系。用比较文字学的观点来看,这是汉字区别于表音文字的主要依据。从商周文字到战国文字,汉字基本上属于表音文字体系,是一种没有发展成熟的表音文字。但是商周文字中已经有了一些形声字,战国时期的形声字增加很多,所以它有向形声文字发展的明显趋势。汉代文字则大不相同:在形声字大量增加的过程中,假借字大量减少,表形字兼做假借字的现象大大减弱,因而杜绝了向表音文字发展的道路。这就是汉代汉字的本质变化。

正是由于这些变化,我们把汉代以后的汉字称为以形声字为主要成分的文字阶段。这个阶段一直到今天,没有再发生什么本质的变化。

当然这并不是说,全部汉字都变成了形声字。除了绝大部分形声字以外,还有一些表形字,也有少数假借字。这两类字合在一起不到20%。汉代以后的文字发展也大致是这个格局。

因为汉代文字的主要部分是形声字，所以我们对形声字中异体字的变化谈得较多。形声字的变化可以总结为两点：一是形符的类化；二是声符因语音变易而产生的变化。许慎在编写《说文解字》时，把文字分成540个部首，这是编排汉字字典的一大发明和巨大的贡献。部首基本上是表形字，同时又是这一部中形声字的形符。这540部的分法，有的并不妥当，例如，木部、林部应合并为木部；日部、旦部应合并为日部；人部、从部、比部应合并为人部；見、覞可合为一部；鹿、麤可合为一部；犬、㹜可合为一部；火、炎、焱可合为一部；心、惢可合为一部……这一方面可以说是许慎分部中的小疵，另一方面也可看出形声字形符的类化过程还没有结束。最近出版的《汉语大字典》和《汉语大词典》共同合并为200部，分部减少很多，但按部编排汉字的原则没有大的改变。

形声字声符的变化更为复杂、频繁。六国文字形声字的声符，有的因各地方音不同而有所不同。汉代文字的声符变化较多地反映了语音演变的影响。汉代以后，声符的变化也并未停止，这是汉字异体字不断增加的一个主要原因。

以上是汉代文字发展的主要内容。

过去讲文字学的著作，往往把汉代的隶书当作汉代文字的主要特点。汉代通行的书体是隶书，这一点大家都承认。但是，隶书是不是到汉代才有的呢？并不是。许慎在《说文解字·叙》中说："（秦始皇帝）初有隶书，以趣（趋）约易。"在"秦书八体"中，也有"隶书"体。可见秦始皇时已有隶书体。不过过去人们并没有见过秦代的隶书。1975年在湖北省云梦县睡虎地秦墓中发现了一千一百多枚秦代竹简，内容主要是秦代的法律条文和文书，每简字数一般为三十字左右。简文记载的年代，始于秦昭王元年（前306年），终于秦始皇三十年（前217年）。这些简书都是用隶书写的。

用这些秦代隶书的写法同秦代的小篆比较，可以看出由篆变隶的笔法变化。我们选了15个字做比较（见下页附表）。"蘭""蒲""葉"三个字的"艸"字头，小篆都做"艸"，保存了象形字的原貌，但秦隶的"艸"一律变为""，草葉的曲笔变为一横，竖画变短。"人""伍""傷""便"等字的"人"形，小篆做""，还保持人侧立的形状，但秦隶的"人"字，第二画变成横捺；作形符时，第二画变成竖画。"女"字小篆仍保存了女人敛手躬身的形象，隶书则变成横、撇、捺倾向的笔法，"妻""妾"等字形符女的写法也是如此。"言""之""不"等字的写法，也都有类似的笔法变化。

睡虎地秦隶与小篆比较

例字	小篆	秦简
蔺	藺	藺 睡六七·198
蒲	蒲	蒲 睡六七·198
葉	葉	葉 睡八四·377
人	人	人 睡一〇〇·566　人 睡一一六·736
伍	伍	伍 睡九六·526
傷	傷	傷 睡九三·489
便	便	便 睡五五·057
女	女	女 睡一四八·952　女 睡一〇八·664
妻	妻	妻 睡七三·268
妾	妾	妾 睡七三·268
言	言	言 睡一五七·1052
論	論	論 睡七七·313
试	試	試 睡七七·314
之	之	之 睡一五二·1003　之 九五·506
不	不	不 睡一四一·759

(引自《云梦睡虎地秦墓》图版,文物出版社1981年版)

比较秦隶和汉代的隶书,可以发现两者在笔法上没有本质的变化。有些文字学家把秦隶叫作古隶,把汉代的隶书叫作汉隶。从书法的角度如此划分,当然可以;从文字史的角度看,似乎没有这个必要。可见隶书在汉代以前已经产生了。

从书体发展的历史来看,小篆变为隶书,是经过多年的演变逐渐完成的,这大概跟书写的工具和文字使用的范围有关。甲骨文用刀刻在甲骨上,金文铸在铜器上。卜辞和铭文都是奴隶主贵族的活动记载，文字都不能苟简。六国时有些用毛笔书写的文字材料，为了书写“约易”，自然会向隶书方向发展，打破篆书的圆笔笔法，向横、竖、撇、捺、方折的方笔和笔画分解方向发展。从这个角度看，秦隶以前已经有了向隶书发展的趋势。1944年在湖南长沙子弹库出土的《楚帛书》，共九百余字，文字的字体在篆、隶之间，笔法仍是篆书，但“行笔则开隶势，所有横笔，微带波挑，收笔往往稍下垂”，“帛书用圆笔而不用方笔，以圆笔而取横势，体隶而笔篆也。”（饶宗颐《楚帛书》，中华书局香港分局1985年版，第148页）从这类材料可以看出，战国中晚期，楚国文字也有篆书向隶书转变的迹象。

至于汉代的隶书，从书法的角度分析，自然应当详加分类，有许多话要说，但是从文字学的角度看，就不必多说了。

我们不赞成把书体变化当作文字历史变化中的唯一变化或主要变化，所以在上面对汉代文字的实质性变化做了比较详细的分析；对于秦汉隶书的形成只做简单的叙述。

第十二章　魏晋以后的文字发展

魏晋南北朝以后的汉字,并没有什么本质的变化;一千七百多年的汉字,始终没有脱离秦汉文字奠定的框架。从汉字历史发展的阶段来看,此时的汉字仍然处于以形声字为主要成分的形声文字阶段,没有再划分历史阶段的科学依据。不过,在漫长的岁月中,汉字的变化还是有的,有些变化是很显著的。研究这些变化可以使我们对汉字的现状和前途有更清楚的认识。

在这里,我们想分析下面几个问题:一、汉字字数的不断增加和混乱;二、正字著作的作用;三、汉字的简化与造字原则的保持。

一

从晋代直到现代的字典看来,汉字的数目在不断增加。《说文解字》共收一万多字(包括重文即异体字)。晋代吕忱的《字林》,是继《说文解字》以后第一部以楷书为字头的字书,此书已佚。据唐张怀瓘的《书断》和唐封演的《封氏闻见记》记载,《字林》共收

12000余字。梁顾野王的《玉篇》,现在只能看到唐人抄写的残本,字数不详,但日本空海编纂的《篆隶万象名义》一书,乃是《玉篇》的删节本,保留了《玉篇》的字头,删汰了大量书证和顾野王的"按语",因而可以推知,《玉篇》共收字15846个。到了唐代,孙强有所增补,宋代的陈彭年、丘雍再增补,于是字数增加到22692个,这就是现在通行的《大广益会玉篇》(简称《玉篇》)。从隋代《切韵》增补而成的《广韵》是宋代陈彭年等奉诏修纂,按韵部排列的一种字典,共收字26194个。过了20多年,又命丁度等人修纂《集韵》,收字竟达53525个。这个数字差不多已经达到了高峰,因为,清代的《康熙字典》和民国初年的《中华大字典》收录的字数也都不过47000—48000个。最近出版的《汉语大字典》也只收录了54000多字,稍稍超过《集韵》。可见汉字的字数到了宋代已经达到极限。宋代以后虽仍有少数新字出现,但已不像从秦汉到宋代那样成千成万地增长了。

对汉字字数不断增加的现象,要做具体分析。有人把汉字字数多当作汉字难学的一个理由。其实,字典里收的字同日常使用的字并不相同。字典里收的字包括许多在当时已不使用的生僻字、"死"字。每一个时代,在书面交际中经常使用的字,大约只有四五千。秦代在推行"书同文字"政策时,李斯等人编纂的《仓颉》《爰历》《博学》三部书,共55章,每章60字,共3300字,这是秦代通行文字的字数。班固在《汉书·艺文志》中说,李斯等人的这三部书,"文字多取《史籀篇》",可见《史籀篇》的字数也不会超过这个数目。到了汉代,扬雄作《训纂篇》,增加到5340字,班固又续增到6100多字,已经包括了一些当时不大使用的字。

从现代教育家和语文工作者研究现代常用字的情况,也可看出现代常用或通用汉字的字数。20世纪20年代以来,陈鹤琴的《字汇》是4339字;商务印书馆出版的《平民字典》收录了4435字;平民教育促进会的《平民袖珍字典稿本》采用了3882字(傅葆琛《教育论著选》,人民教育出版社1994年版,第180页)。1981年人民日报发表的《信息交换用汉字编码字符集(基本集)》,即《现代常用汉字表》,是用统计方法调查汉字使用情况得出的成果,共收汉字3755个。1988年国家语言文字工作委员会和国家教委联合发表的《现代汉语常用字表》收字3500个(常用字2500个,次常用字1000个)。同年国家语委和国家新闻出版署又联合发布了《现代汉语通用字表》,共收字7000个。拿这些数字同两千多年前秦代的常用字相比,竟然大体相同!这可以说明,两千多年来,每一个时期的常用汉字,大都在4000—6000个这个范围以内。

如果这个说法可以成立，那么，汉字字典中的三四万、四五万字又当如何解释呢？

我们认为，大型字典中所收的汉字，实际上是历代文字的汇集。编字典的人有个传统，首先是把旧字典中的字保存下来，然后把新出的字编进去。在新增加的字中有许多异体字、讹变字。为了说明这个情况，下面且用《说文解字》《原本玉篇残卷》（以下称《玉篇残卷》），今本《玉篇》及《汉语大字典》中的“食”部字同现代常用“食”部字做个粗略的比较。

《说文解字》中“食”部字共82个（连重文和新附字）；《玉篇残卷》收录134字（中华书局影印本，有两处完整的食部字）；今本《玉篇》收录220字；《汉语大字典》收录556字。

《说文解字》所收的82个字，就已经同汉代使用的常用字不大一致。比如：“食”和“飤”两个字。《说文解字》：“飤，粮也，从人、食。”段玉裁注：“飤，以食食人、物，本作食，俗作飤，或作飼。”可见“飤”本是从“食”分化出来的俗字。汉代和汉代以前只用“食”字，不用“飤”。例如，《诗经·豳风·七月》：“食我农夫。”《小雅·緜蛮》：“飲之食之，教之诲之。”《汉书·韩信传》：“解衣衣我，推食食我。”都只用“食”，不用“飤”。“飼”字见于今本《玉篇》，是唐宋时才出现的异体字，是现代汉字中的常用字。

“飽”字下收了“餥”“䬳”两个古文重文，但古代典籍都作“飽”。这两个异体字在汉代已不使用，《说文解字》收了它只是为了存古。以后的字典也都照样予以收录。

“饛”字的重文作“饌”。古代典籍都用“饌”字，直到现在。

顾野王的《玉篇》和以后增加的字，异体字更多，而且有许多讹变字。这是以楷书为书体的一部字典。汉字从隶书变为楷书，是汉字书体的一次大变化。从笔画的角度来看，楷书的笔画增加了钩、挑、撇、捺、点，其写法也更为显著，这样就更加脱离了篆书描绘事物的原意，有的甚至讹变成容易使人产生误解的字形。例如：

《玉篇残卷》中“饌”字下说：“《说文解字》亽（亦）饛字也。”《说文解字》中的“饛”字本从“算”声，讹变为“莫”，失去声符的表音功能。至于“饃”字，则是近几十年才出现的方言字，《汉语大字典》才将其收入。

《说文解字》中“飧”字，即“飱”字，从夕从食，表示夕食意，是个会意字。《玉篇残卷》误作“餐”，从歺、从食。大概因受“餐”字的影响而致误。还引了书证：“《诗》：有饛簋餐。”今本《诗·小雅·大东》作：“有饛簋飱。”“飱”即“飧”字，“夕”误为“歹”（“菖”是“篡”的讹字）。

《说文解字》：“鈕，杂饭也。从食，丑声。”《玉篇残卷》误作“飷”，从食从刃。辽代的《龙龛手鉴》收了这个“飷”字，并注为“鈕”的俗字。

《说文解字》：“饏，秦人谓相谒而食麦曰饏餢。从食，㥯声。”《玉篇残卷》讹作“饂”，从食从急，因“㥯”和“急”字形相近而致误。

《说文解字》：“飻，贪也。从食，殄省声。”《玉篇残卷》讹作“飰”，又说：“飬，工（亦）飰字也。”误为饵馐的异名“飰”字。

《玉篇残卷》释义中也有大量讹变字，如“護”字写作“讓”（78页“可食以讓人命也”）；“逆旅”讹作“迸旅”（90页“客舍迸旅”）；“亦”字写作“⺀”或“⼣”或“工”；“恶”字简化为“恶”（85页）；“糧”字写作“糧”，声符分解成“日”“井”“王”三个部件（79页“行道曰糧，糧謂糈也”）。这类字有的被收在《龙龛手鉴》中，有的没有。

《玉篇残卷》是唐代人抄写的。有些人认为，这些错字讹字，是因为抄写者的文化水平低，所以抄错了。这个说法不见得可靠。我们试拿日本古籍抄本和敦煌卷子的文字对比，可以发现，有许多字的写法竟是唐代比较通行的写法。这种错讹字连篇累牍的现象，不可能是抄写者个人的行为，而是当时的一种普遍现象。这类“俗字”也在魏晋南北朝和隋唐的碑刻中大量使用。清代赵之谦的《六朝别字记》、罗振玉的《六朝碑别字》等书曾对这些字加以纂集。这些俗字的一部分曾被收入唐宋以后的字典，但很多字没有被收录，那是因为编字典的人大都懂得文字学，有些错讹过甚而又不大通行的字就不收。只有辽代僧人行均编纂的《龙龛手鉴》，把唐代的大部分俗字都收入字典中，因为行均不懂得文字学，他只是根据唐代以来的通俗文字照原样编录下来，所以与一般奉朝廷诏命编写的字书不同。

《汉语大字典》食部的500多字，包括了以前字典中所收录的全部，但是在现代常用字表中，食部字只有25个。《新华字典》中常用字收字较宽，也只有50字。用以同1800年前的《说文解字》比较，可以证明我们在前面说过的论点。

二

因为文字中异体字讹变字的大量增加，文字符号的混乱，影响到社会交际的各个方面，于是以规范文字为内容的“正字”著作不断出现。

东汉的《熹平石经》，是熹平年间（172—177）蔡邕等人正定六经文字的刻石,作为政府规定的六经定本,是官方的正字措施。后来魏时的《正始三体石经》(240—248),唐代的《开成石经》(836—840)都属于这一类。这类刻石,有正字的作用,但还不是真正的正字著作。因为它只限于儒家经书中的文字。

关于"正字",最早提出这一问题的是隋代人颜之推(531—590)。他在《颜氏家训·书证篇》中针对当时文字的混乱情况提出了正字的必要性和正字的标准等主张。下面列出几个颜氏举的例子:

> 简策字,竹下施朿,末代隶书,似"杞宋"之"宋"。亦有"竹"下遂为"夾"者,犹如"刺"字之旁应为朿,今亦作夾。徐仙民《春秋音》《礼音》,遂以"筴"为正字,以"策"为音,殊为颠倒。

《说文解字》说:"策,马箠也。从竹,朿声。""朿"即刺字初文,像刺形。隶书的"朿"有的同"宋"字相近,楷书遂讹变为"筞"。至于"策"讹为"筴",也是因字形而致误。《国语·鲁语·展禽论祭爰居篇》:"使书以为三筴。"韦昭注:"筴,简书也。"《庄子·骈拇篇》:"则挟筴读书。""筴"都是简策的"策"字的讹变。

> 又,太史公记曰:"宁为鸡口,无为牛後。"此是删《战国策》耳。案:延笃《战国策音义》曰:"尸,鸡中之主。從,牛子。"然则"口"当为"尸","後"当为"從",俗写误也。

"宁为鸡口,无为牛後"这句话出自《史记·苏秦列传》:"臣闻鄙谚曰:宁为鸡口,无为牛後。"张守节《正义》说:"鸡口虽小,犹进食;牛後雖大,乃出粪也。"《战国策·韩策》所记相同。颜之推所引延笃说,"口"当是"尸"字讹误;"後"当是"從"字讹误。两字都因隶书字形相近而致误。《尔雅翼》对"鸡尸""牛從"加以解释说:"尸,主也,一群之主所以将众者。從,從物者也,随群而往,制不在我也。"从事理上说,这个说法比较合理,也比较切合苏秦主张连横,劝说韩国不要跟在秦国后面做牛從的原意。王念孙《读书杂志》也以"鸡尸""牛從"为是。

> 又,太史公论英布曰:祸之兴自爱姬,生于妬媚,以至灭国。"又《汉书·外戚传》亦云:"成结宠妾妬媚之诛。"此二"媚"并当作"媢",媢亦妬也,义见《礼记》《三苍》。且《五宗世家》亦云:"常山宪王后妬媢。"王充《论衡》云:"妬夫媢妇生,则忿怒斗讼。"益知媢是妬之别名。原英布之

> 诛为意贲赫耳！不得言媚。

这一段考证精详，证明“妬媚”乃“妬娟”之误。《史记·黥布列传》的“媚”当是“娟”字，也是因隶化后字形相近致误。

> 又，《后汉书》：“酷吏樊晔为天水郡守，凉州为之歌曰：‘宁见乳虎穴，不入冀府寺。’”而江南书本“穴”皆误作“六”，学士因循，迷而不寤。夫虎豹穴居，事之较者，所以班超云：“不探虎穴，安得虎子？”宁当论其六七耶？

“虎穴”误作“虎六”，当然也是因隶书字形相近而致误。

除了古代典籍中的别字、错字以外，颜之推还列举了当时流行的异体字。如：

> “亂”旁为“舌”，“揖”下无“耳”，“黿”“鼉”从“龜”，“奮”“奪”从“雚”，“席”中加“带”，“惡”上安“西”，“鼓”外设“皮”，“鑿”头生“毁”，“離”则配“禹”，“壑”乃施“豁”，“巫”混“經”旁，“皋”分“澤”片，“獵”化为“獦”，“寵”变成“寵”，“業”左益“片”，“靈”底着“器”……

他认为“如此之类，不可不治”。“治”就是整顿，对于那些不合造字原则的字加以纠正。

但是对于俗字，也并不是一律排除。他说：

> 吾昔初看《说文解字》，蚩薄世字。从正则惧人不识，随俗则意嫌其非，略是不得下笔也。所见渐广，更知通变；救前之执，将欲半焉。若文章著述，犹择微相影响者行之，官曹文书，世间尺牍，幸不违俗也。

这里提出一个折中的办法，既要据《说文解字》以求其正，又要明文字通变。这两者有时很难统一，就在使用范围中加以区别：文章著述的文字要求“正”，日常应用的“官曹文书，世间尺牍”可用俗字。这是很重要的一个原则。

《颜氏家训·杂艺篇》对于南北朝时的文字混乱现象也有所叙述：

> 晋、宋以来，多能书者……楷正可观，不无俗字，非为大损。至梁天监之间，斯风未变。大同之末，讹替滋生。萧子云改易字体，邵陵王颇行伪字。朝野翕然，以为楷式，画虎不成，多所伤败。至为一字，唯见数点；或妄斟酌，逐便转移。尔后坟籍，略不可看。北朝丧乱之余，书迹鄙陋；加以专辄造字，猥拙甚于江南。乃以“百”“念”为“憂”，“言”“反”为“变”，“不”“用”为“罷”，“追”“来”为“歸”，“更”“生”为“蘇”，“先”“人”为“老”，如此非一，遍满经传。唯有姚元标工于楷隶，留心小学，后生师之者众。洎于齐末，秘书缮写，贤于往日多矣。

这一段话概括地叙述了南北朝时南方北方的文字混乱现象。

颜氏为了纠正这类混乱现象，曾编著《证俗文字略》《证俗文字音》两部书。宋王应麟《玉海》说这两部书“援诸书为据，正时俗文字之谬，凡三十五目”，是一部很有分量的正字著作。可惜这两部书早已亡佚了。

三

到了唐代，颜之推的从孙颜师古(581—645)曾撰《匡谬正俗》《字样》等书。又过了几十年，颜师古的侄孙颜元孙又著了《干禄字书》一书。这部书由颜真卿书写刻石(唐大历九年，775年)，因而流传至今。

《干禄字书》的“干禄”，来源于《论语》的“子张学干禄”。禄是俸禄，干是求，求禄就是求做官。封建社会知识分子的主要出路是做官。唐代的国子学，相当于今天的高等学校。“六学”中就有“书学”一门，是当时专门研究文字学的高等学府，学生学习《说文解字》《石经》《字林》等字书。科举考试六项科目中也有“明书”科。考试时先口试，后笔试。考试《说文解字》《字林》，要能明训诂，能书写各种字体。书法要求正确，又要写得好(见《唐六典》卷二十一)。可见唐代朝廷对文字的正误是非常重视的。《干禄字书》一书正是在这种情况下编撰的。

颜元孙在这部书前面写了一段序言，说明他编撰这部书的原因、编写的体例和他对文字变易的看法。他把异体字分成“俗”“通”“正”三体。三种字体各有使用的范围：“俗”体字只适用于籍账、文案、券契、药方等日常应用文字。“通”即通用体，可以在表奏、笺启、尺牍、判状中使用；而著述、文章、对策、碑碣以及进士考试，都必须用正体，“明经、对策，贵合经注本文”更要用正体。每一组字

都分列这三体(有的只有二体)。例如(引文中的上中下或上中,分别指每组字中前中后三字或两字):

聪、聦、聰——上中通,下正。诸从悤者并同。他皆准此。

功、功,差、差,窥、窺——并上俗下正。

兹、兹、兹,耆、者、者,鸡、鸡、鸡,豎、豎、豎——并上俗中通下正。

膚、膚、膚——上俗中通下正。

互、氐——上通下正。诸从氐者并准此。

"诸从悤者并同。他皆准此","诸从氐者并准此",是说凡以"悤"为声符的字都有这三种写法,凡是以"氐"为部件的字都有这两种写法。这部书共收了1600字,部件相同的字大都没有收录。

对于这三种异体的使用,他一方面主张应该使用正体字,一方面主张在日常使用文字时,"用舍之间,尤须折衷",并不一味排斥俗字和通用字。有些俗字是颜之推在《颜氏家训·书证篇》和《杂艺篇》标出的讹字,颜元孙却肯定它在日常文字使用中的范围和地位。例如:

絹、缉——上俗下正。诸与缉同声者并准此。

按:《书证篇》以"揖下无耳"的"捐"为讹谬。其实,《后魏吊殷比干墓文》和《古写本史记残卷》"揖"都作"捐"。敦煌卷子"缉"多写作"絹"。这类俗体字,《干禄字书》并不全盘否定。

筞、筞、策——上俗中下正。

认为"策"为正字,"筞"为俗字,承认其各自的地位。跟颜之推完全排斥"筞""筞"两种写法的做法不同。

皷、鼓——上俗下正。

靈、靈——上俗下正。

乱、亂——上俗下正。

席、席——上俗下正。

《书证》以为:"鼓外设皮"的"皷","靈底着器"的"靈","亂旁为舌"的"乱","席中加带"的"席"都是讹谬字,全盘否定,但颜元孙则一并收录为"俗"字。

但是，他对于南北朝隋唐时期出现的异体字，也并非一概承认。例如：

> 层、尼——上俗下正。
>
> 不收《書证》批评的《三苍》“尼”旁益“丘”的“屔”字。其实，《说文解字》已有“屔”字，《集韵》又作“屔”：“屔，山名，颜氏祷于屔丘，生孔子，或从丘，通作尼。”《干禄字书》不收“屔”字，因为这个“屔”字那时已不通行了。
>
> 耂、老——上俗下正。
>
> 《颜氏家训·杂艺篇》有北朝的“专辄造字”中“先人为老”的“㐫”字，《干禄》不收。
>
> 罷、罷——上通下正。
>
> 《杂艺篇》所排斥的“不用为罷”的“甭”字，《干禄》不收。
>
> 蘓、蘇——上俗下正。
>
> 不收《杂艺篇》所指斥的“更生为蘇”的“甦”字。
>
> 變、變——上俗下正。
>
> 不收《杂艺篇》所指斥的“言反为變”的“𡕥”字。
>
> 歸、歸——上通下正。
>
> 不收《杂艺篇》“追来为歸”的“𨒖”字。

像“㐫”“甭”(罷)“甦”“𡕥”“𨒖”这类字，与因隶楷变化而产生的讹变异体字不同，是当时人用“合意”法造的异体字，用“先、人”两字合成“老”(㐫)字，用“不、用”合成“罷”(甭)字，用“更、生”两字合成复苏的“蘇”(甦)。这类字颜元孙多半不收。

一方面强调“正”字的重要地位，一方面又给“俗”字以应有的地位，对于一些没有存在价值的异体字不予收录，这是《干禄字书》对异体字区别对待的原则。颜元孙的这些原则，比他的先人颜之推、颜师古都要通达得多。

从《干禄字书》所收的异体字来看，可以看出唐代用字的情况：一是那时的“正字”已经逐渐定型，二是从南北朝到唐代因楷化而导致讹变或新造的异体字多被淘汰，但还有许多异体字正在变化中。关于这两方面的情况，我们可以用《干禄字书》同宋代的韵书《集韵》做一些比较，用以说明汉字在这一时期的变化情况。

四

从《干禄字书》(700年左右)到《集韵》(宋治平四年,1067年),这300多年的文字变化不大,是汉字逐渐趋于稳定的时期。

这两部书所收的"正字"基本上一致。这种现象可以说明汉字继承传统的一个方面。《集韵》的编纂者丁度在《韻》中说:"字训悉本许慎《说文解字》。"《说文解字》中没有的字,"则引他书为解"。"凡旧韵字有别体,悉入于注。""先标本字,余皆并出,启卷求义,灿然易晓。""凡流俗用字,附意生文,既无可取,徒乱真伪,今于正文之左直释曰'俗作某,非是'。"丁度把"正字"叫作本字,把异体字叫作"别体",异体中一部分流俗用字叫作俗字,这种三分法大体同《干禄字书》所用的"正、俗、通"三分法相类。不过《集韵》在通用字和俗字的取舍上跟《干禄字书》有所不同。例如:

"蠶"字:

《干禄》:蝅、蠶——上俗下正。

《集韵》:"蠶——俗作"蝅",非是。

按:《说文解字》中"蠶"字从䖵,朁声。《说文解字》:"旡,首笄也。"当是"簪"字初文,像簪形。"蠶"字从朁声,在楷化过程中,"朁"讹变为"兓"。《龙龛手鉴》作"蝅",敦煌卷子多用此写法,《干禄》承认其俗字地位。《集韵》予以否定,因为它不符合许慎的"字训",也不符合形声字的造字原则。《干禄》的"簪"字条收了俗字"簮","潛"字条收了俗字"潜",也是跟"蝅"字同类的俗字,《集韵》都未收录。《广韵》"蠶"字下有俗字"蚕",又是"蝅"的省简。

"莊"字:

《干禄》:庒、荘、莊——上俗中通下正。

《集韵》:莊、𤖼——俗作"庒",非是。

按:《说文解字》"莊,从艸,壯声。"《干禄》的"荘"是由行书写法简化而成,"庒"字又是"荘"的讹变。《集韵》加以排除。

"胥"字:

《干禄》:肙、胥——上通下正。

《集韵》作"胥",而且所有从胥声的字如諝、湑、蝑、猾等都从胥,排除了“肙”这个写法。

按:《说文解字》中“胥”字“从肉,疋声”。“疋”像足形,甲骨文作“”,小篆作“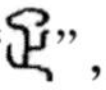”,楷化为“疋”,唐代俗字讹变为“”。经过几百年的时间检验,这个写法逐渐被淘汰。

“商”字:

《干禄》:商、啇——上俗下正。

《集韵》“啇”字和从啇声的字如“蔏”(蒿名蔏蔞)“鷸”(鸟名)“滴”(水名)“蝻”(虫名)等都从“商”。

按:《说文解字》无“商”字。《集韵》“啇”及从啇声的“嫡”“謫”“驕”等字都在昔、麦两韵,同商字音义全不相同,唐代对二者加以严格区分。

“嫂”字:

《干禄》:婹、嫂、嫂——上俗中通下正。

《集韵》:嫂、嫂——或从“更”,非是。

按:《说文解字》中“嫂,兄妻也。从女,叜声。”“叜”字从宀、从火、从“又”,像手持火把在屋内搜索形,当是“搜”字初文。《干禄》的“嫂”,《集韵》的“嫂”都还保持了原来造字的笔形,讹变为从“更”,则是“徒乱真伪”,《集韵》加以排除,未可厚非。

“燥”字:

《干禄》:燥、燥——上俗下正。

《集韵》:“燥——俗作“燥”,非是。

按:《方言》卷七郭璞注:“热则干熮。”卢文弨云:“熮,俗燥字。”熮讹从“参”声。“参”乃参星名。“喿”本像众鸟在木(树)上噪鸣形,乃“噪”字初文。“燥”讹变为“熮”,当是魏晋后文字混乱时期的俗字,为《干禄》所不收,《集韵》对其加以否定。

“筋”字:

《干禄》:觔、筋——上通下正。

《集韵》正字作“筋”,与《干禄》同。但以为“俗作觔,非是”,对其加以否定。

按:《说文解字》中“筋,肉之力也。从力、从肉、从竹。竹,物之多筋者。”说明了筋字从力、从肉、从竹的原因。俗字“觔”的“角”显系

“肉”字的讹变。篆书“肉”字楷化后多作“月”，唐代以后已经定型。“角”字形音义都与“肉”字异，讹变为“觔”，失去了“筋”字的造字原意，变成不可理解的符号，《集韵》加以删除。

“珍”字：

《干禄》：珎、珍——上通下正。

《集韵》：珍、鉁——俗作“珎”，非是。

按：唐代常以“尔”为“爾”，一直沿用。“珍”字从㐱声。“㐱”字乃“鬒”字初文，像头发稠密形。“珍”从“㐱”声，讹变为“珎”，误从“尔”声。

“醫”字：

《干禄》：醫、毉、醫——上俗中通下正。

《集韵》：醫、毉——俗作“醫”，非是。

按：“醫”从“殹”声。《说文解字》“醫”字下引王育说：“殹，病声，酒所以治病也。”那么，“醫”当是个形声兼会意字。“臥”乃“監”字的上半部分。“監”字乃“鑑”字初文，像人伏首在水器中照视形，同“醫”字全不相干。

“氐”字

《干禄》：互、氐——上通下正。诸从氐者并准此。

又：鴟、鵄、鴟——上俗中通下正。

《集韵》：氐——俗作“互”，非是。

按：唐代俗字“互”“氐”多通用。其实，“氐”“互”本是完全不同的两个字。《说文解字》：“氐，从氏下箸(著)一。”又：“笪，可以收绳也。从竹，象形，中像人手所推握也。互，笪或省。”“互”当是“笪”字的初文，像缠绕绳索的拐子。从互声的字如“詎”“枑”“沍”“枑”等，都从互。从氐声的“底”“柢”“詆”“觝”“砥”等都从“氐”。《集韵》对这两类字加以区分。

“窺”字：

《干禄》窺、窺——上俗下正。

《集韵》：窺(窺)——通用闚。不收“窺”字。

按：《说文解字》中“窺，小视也。从穴，規声”。是个形声字。唐人改为从穴从視的会意字，《集韵》不取。南北朝到唐代，这种改形声字为会意字的风气很盛，这就是颜之推所批评的“专辄造字”。这些字从单个字的造字意图来看，并不是没有道理，把形声字“窺”改成从穴从視，以表示窺视意，也符合会意字的造字原则。但从整个汉字体系来看，汉唐文字早已是以形声字为主体的文字体系了，把形声字改造成会意字，如果没有其他理由，是不符合汉字发展趋势的。

“功”字：

《干禄》：㓛、功——上俗下正。

《集韵》：功、紡、紅——或作“紡”“紅”。

按：《说文解字》“功，以劳定国也。从力从工，工亦声。”是个形声兼会意字。《干禄》所收俗字“㓛”，从工从刀，《集韵》不取。但《集韵》又以“紅”为别体，也不妥当。“紅”为“帛赤白色”，同“功”字音近义别。古籍中有借“紅”为“功”的用法，如《史记·孝文本纪》中“大紅”“小紅”即大功、小功（丧服名），但不是“功”的异体字。

“缉”字：

《干禄》：緝、緝——上俗下正。诸与缉同声者并准此。

《集韵》只作“緝”。“咠”字下云：“《说文解字》：聶语也。”

按：“緝”字从咠声。《说文解字》：“咠，聶语也。从口从耳。”是个会意字，会以口向对方耳边私语意。唐代人因受隶书影响，误写成“肙”形。《集韵》排除了这个写法。

“隙”字：

《干禄》：隟、隙——上通下正。

《集韵》“隙”字条无“隟”字。

按：《龙龛手鉴》有“隙”“隟”两字，是由“隙”字讹变而成。大约先变为“隙”，以后又因其与“巢”字形近而讹为从“巢”。唐写本《玉篇残卷》也误把“隙”字写成“隟”，因而唐代人多误用此字。宋代的《大广益会玉篇》才加以改正，《集韵》“隙”字条也不收这个讹字。

“棗”字：

《干禄》：棗、棗——上俗下正。

《集韵》作“棗”。

按：《说文解字》“朿，木芒也。象形。读若刺。”又：“棗，羊棗也。从重朿。”因为棗树有刺，所以棗从重朿。《干禄》误从两束。“束”字《说文解字》说：“缚也。从口、木。”把树枝用绳索捆起来叫束。《干禄》多误“朿”为“束”，如“棘”字正字作“棘”，“策”字正字误作“策”。至于“棗”

讹为"棗","棘"讹为"棘",就更为谬误。这类字到了宋代才被纠正、淘汰。

拿《干禄字书》和《集韵》中所收的正字、异体字做比较,大致可以归纳出两个规律性的现象。第一,这两部字书(韵书是按音韵编纂的字书)的"正字"变化不大,说明汉字从唐代开始,因隶变、楷化而形成的正字楷书已经趋于稳定。这些正字直接同汉代文字相联系,把汉代的隶书写法逐渐变成相应的楷书。楷书到了宋代,算是走到了尽头,所以那时的正字一直沿用到现代,在20世纪50年代文字改革以前,没有太大的变化。第二,从异体字方面来看,变化比较大。唐代的异体字,继承了魏晋南北朝时期的文字混乱的余绪,在不同的领域仍在大量使用正字以外的俗体字、别体字。《干禄字书》中淘汰了一些,宋代又删除了一些,新的异体字还在产生,但总的趋势是在减少。以上两个方面,可以说明从唐到宋这三四百年间的汉字演变的大致情况。当然,除此以外,为适应时代发展和语言发展的需要,每一个时代都在产生一些新字,一批不能适应语言变化的字变成生僻字不再使用。这是汉字整个发展历史上的普遍现象,这里就不谈了。

在新造异体字中有一类新合意字,用几个字合起来表示这个字的字义。例如"甦"用"更""生"两个字表示"苏醒、复苏"义,"⿺先人"用"先""人"两字表示"老"字义。这种造字法同会意字有所不同,因而可名之为合意字。这类字是南北朝时一些略通文墨但又不懂文字学的文人制作的。这种风气一直延续到唐宋,成为汉字演变中一股小小的逆流。下面举几个例字:

"⿰兄⿱之子"字:

《字汇補》:"⿰兄⿱之子,与姪同。见《藏经字义》。"

用"兄""止"(之)"子"三个字表示"姪"字。

按:《说文解字》:"姪,兄之女也。从女,至声。"是个形声字(《说文解字》无"侄"字)。后世把兄弟之子叫"侄"(侄儿),兄弟之女叫"姪女"。"姪""侄"两字已通行多时,并且符合汉字形声发展的规律,另造"⿰兄⿱之子"字,实无必要。

"皈"字:

《龙龕手鉴》:"皈,音歸(归)。"

按:这是唐代佛门弟子们创制的新字。佛家以信奉佛教为皈依,即歸依。用“自”“反”两字表“歸”字义，自反就是自己返回。唐代的敦煌卷子，“歸”字多写作“皈”。现在“皈依”一词还保留在佛教词汇中，“皈”写作“皈”。

“飺”字：

《字汇補》：“飺，与了齋（斋）同。”

按：宋代吴曾《漫录》云：“婺州俗字，如以飺为齋（斋），不长为矮，讼牒文案亦然。”不食即不吃饭，与齋戒义同，因用以代“齋”字。这个字也可能出自佛门弟子之手。

“埊”（地）字：

《玉篇》：“埊，古地字。”

按：“埊”字相传为唐武则天所造。武则天喜造新字，《唐书·艺文志》载《武后字海》一百卷，收了些新字，但在武后之前可能已有“埊”字。地上有山、水、土，即用此三个字合意代“地”字。

“恧”（臣）字：

《集韵》：“臣，唐武后作恧。”

按：用“一”“忠”表“臣”字，表示做臣的人应当一意效忠。这可以说明则天皇帝对臣下效忠于己的心态。

“曌”（照）字：

按：《集韵》：“照，明也。唐武后作曌。”因为自己的名字叫武照，因而改“照”为“曌”，取日月当空普照大地意。造字者的心态可笑。

这类合意字的制造者，把一些通行了一两千年的形声字如“姪”“歸”“齋”“地”“臣”“照”还有一些象形字等摒除，臆造出一些新字，既没有必要，也不符合汉字的发展趋势，因此多数已被淘汰。

以上是从唐代到宋代的文字变化情况。

五

从元代到清末，这六七百年的文字有一个比较显著的变化，就是汉字趋向于简化。这种倾向在一些碑文和民间文学作品的刻本中可以看到许多实例。至于当时士大夫使用的文字，以及传统著作使用的文字，却仍以唐宋以来的“正字”为主，变化较少。从历代碑文用字情况也大体可以看出这种区别：属于士大夫阶层的墓碑，多由当时当地的书法家撰写，较少简字，但一般平民百姓的碑文就写得文理不甚通达，字也多用简体，或者正字与简字互用。下面从北京图书馆《中国历代石刻拓本汇编》（中州出版社影印本）一书元、明两代石刻中举些例子说明这种情况。

元代《龙王祠石碣记》（《中国历代石刻拓本汇编》第29册，以下只注册数）“寳”字简作“宝”。甲骨文“寳”字从宀从玉、貝，本是个会意字；金文加“缶”声成形声字，变为楷书正字“寳”。省简为“宝”，仍可视为会意字。

又“桑”字作“桒”，与汉《礼器碑)同。

又“座”字作“坐”。

又“天”作“宂”（又仍作“天”），沿用唐代的异体写法。

《法容禅师碑》（第49册）中的“覺”字有三种写法：“覺初”“斍忻”“觉良”。“覺”为正字；“觉”为行草字写法；“斍”为草书楷化的写法。佛教从隋唐以来，一向写字较草率，并喜创制新字。这个元代禅师碑文，继承了这个传统，在同一碑文中，一个字竟有三种写法，是当时这类文字材料的常见现象。

《宣教大师塔铭》（第29册）“爾”字作“尔”，“珍重”作“珎重”，“具備”作“具俻”；《荅里麻世礼墓志》中“年”字作“秊”，“關”字作“関”；《王德成辞世颂》（同上）“年”字作“秊”，“辭”字作“辞”，“世”字作“丗”；《平江路儒学记》（同上，赵孟頫书）“創”字作“刱”，“嘗”字作“甞”，都是元代新制的省简字。

明代碑文中的省简异体字更多一些。如《孙铉妻朱清墓志》（第52册）的“寿”字，《王氏妻李氏墓志》（同上）的“塟”（葬）字，《関王庙碑》的“塩”字，《武當山玄帝垂训》（同上）的“怜”（憐）字，《海源寺碑》（同上）的“畆”（畝）字，《李俊墓志》（同上）的“称”（稱）“庐陵”（盧陵）“獘”（弊）“辝”（辭）等字。

用明代通俗文学杂剧、小说中的异体省简字同石刻中所见的同类字比较，前两者数量要大得多，情况也更复杂，这大概由作者的行业不同所致。由于政治上的原因，元代出现了一批很有才华的杂剧、曲艺作家；明代以后这种传统一直流传下来，再加上从话本发展而成的明清小说，于是形成了从13世纪开始的白话文学作家群和若干名著。早期的作者大都是些民间艺人和落魄的文人，他们的作品有很浓重的民间气息，同过去通行于士大夫阶层的古文、诗赋不同，他们在书写文字时也不是那么遵守传统“正字”的规则。因此在这些作品中出现的省简异体字比较多，错别字也多，还有一批为记录白话词语而制造的新字。

1930年刘复、李家瑞曾编《宋元以来俗字谱》一书，所取材料为宋元明清通俗文学作品，包括《古列女传》(据宋刊摹刻本)、《大唐三藏取经诗话》(据宋刊影印本)、《京本通俗小说》(据元刊本刻)、《古今杂剧三十种》(据元刊影印)、《全相三国志平话》(据元刊本影印)、《朝野新声太平乐府》(元刊影印)、《娇红记》(据明本影印)、《薛仁贵跨海征东白袍记》(明刊本)、《岳飞破虏东窗记》(明刊本)、《目连记弹词》(清初刊本)、《金瓶梅》(清刊本)、《岭州逸史》(清刊本)，共12种。这12种著作虽然不能包括宋元以来所有的俗字、别字，但从宏观来看，大体上可以看出这八九百年汉字演变的一个侧面。从这个侧面，可以看出某些规律性的东西，也可以看出某些变化的“误区”，给将来的文字改进提供一些教训。下面我们就根据《宋元以来俗字谱》编集的“俗字”，分类做一些必要的分析。这本书所收的“俗字”，以汉字的性质为准，可以分成以下几类：

第一类为笔画省简。如：

“備”省简为“俻”；
“時”省简为“时”；
“曉”省简为“晓”；
“桑”省简为“桒”(汉隶已有此写法)；
“執”省简为“执”；
“勢”省简为“势”；
“獨”省简为“独”；
“濁”省简为“浊”；
“吳”省简为“吴”；
“嚵”省简为“唴”；
“寶”省简为“宝”；
“奪”省简为“夺”；
“棄”省简为“弃”(《说文解字》：“弃，古文棄”)；
“棗”省简为“枣”；
“惱”省简为“恼”；
“惡”省简为“悪”(南北朝已有“悪”字)；
“懸”省简为“悬”；
“攝”省简为“挕”；
“點”省简为“点”；

"異"省简为"异";
"節"省简为"节";
"聲"省简为"声";
"職"省简为"耺";
"與"省简为"与";
"蠶"省简为"蚕";
"縣"省简为"县";
"纏"省简为"缠";
"趨"省简为"趋";
"夢"省简为"梦""㝱";
"鄭"省简为"郑";
"隨"省简为"随"等。

汉字的笔画省简是汉字发展变化的总趋势，这类省简字的一部分，经过时间的考验，已经逐渐取代了传统正字的地位；但是，有些字因为笔画省简而破坏了原来造字的本意，因而变成无理性的符号文字，却又是一个缺点。例如，"時"字从日，寺声，本是个形声字，省简为"时"，就失去了声符表音的性质；"獨"字、"濁"字都是形声字，省简为"独""浊"，也是这样。这类字的确因省简而减少了笔画，但解说起来却要追溯到原来的正字。

第二类是用改变形声字声符的办法进行简化。例如：

"僕"字作"仆"，以"卜"为声符；
"儀"字作"仪"，以"乂"为声符(《说文解字》:"乂，芟艸也。刈，或从刀")；
"儻"字作"傥"；
"勵"字作"励"；
"猶"字作"犹"；
"嬭"字作"妳"；
"賓"字作"宾"；
"寵"字作"宠""寵"；
"廠"字作"厰"；
"廟"字作"庿""庙"("庙"乃"庿"的省简)；

“盧”字作“庐”；

“廳”字作“厅”“所”；

“樸”字作“朴”；

“機”字作“机”(《说文解字》:“机,木也。”本为木名)；

“饑”字作“飢”(《说文解字》:“饑,穀不熟为饑。”又“飢,餓也。”二字义有别)；

“櫃”字作“柜”；

“恥”字作“耻”(《说文解字》:“恥,从心,耳声。”耻从“止”声,但“耳”非形符)；

“憐”字作“怜”；

“撫”字作“抚”；

“撲”字作“扑”；

“擔”字作“担”；

“擡”字作“抬”；

“燈”字作“灯”；

“爐”字作“炉”；

“璽”字作“玺”；

“瓏”字作“珑”；

“禮”字作“礼”(《说文解字》:“礼,古文禮”)；

“窮”字作“穹”(《说文解字》:“穹,窮也。”又:“窮,極也。”二字音近义通。后世以“穹”为苍穹字,以“窮”为贫窮[穷]字,至今为然)；

“竊”字作“窃”；

“膽”字作“胆”；

“議”字作“訍”；

“譏”字作“訁几”；

“遠”字作“远”；

“遷”字作“迁”；

“鐵”字作“铁”；

“韆”字作“靬”；

“繡”字作“绣”；

“轤”字作“轳”；

“蘆”字作“芦”等。

形声字声符的改变有两个原因:一个是原来的声符已不适合当时的语音,另一个是为了减少笔画。例如,“膽”字的声母“詹”,宋时已变为章母,于是改成“胆”字,以“旦”为声符,减少了笔画,并且与字音切合。“猶”改为“犹”,廟改为“庙”,也都如此。至于“饑”“譏”“機”改为“飢”“訌”“机”,“遷”改为“迁”,“綉”改为“绣”等,都减少了笔画。这类字很多,这是形声字演变的趋势。形声字是现代汉字的主体,形声字发展的倾向以及将来形声字会演变成什么样子,是很值得研究的问题。宋元以来通俗文学刻本中的这些声符的改变,可以让我们发现形声字发展的规律。预期将来形声字还会继续朝这个方向演变,继续改变一些不切合现代语音(普通话语音)和笔画较多的声符。

第三类,彻底改造字的结构。例如:

“個”字改为“个”。“個”字初见于《玉篇》:“個,偏也。”但《仪礼·士虞礼》:“举鱼腊俎,俎释三个。”郑玄注说:“个犹枚也,今俗或名枚曰個。”可见汉代已有“個”和“个”字。“個”是形声字,“个”字构形不明。

“佛”字改用“仸”。“佛”为形声字,“仸”从人、天,会意。

“淚”字改为“泪”。“淚”为形声字,“泪”从水、从目,为会意字。

“筆”字改用“笔”。“筆”为形声字,“笔”为会意字。

“陰”字改用“阴”,“陽”字改用“阳”。都是形声字改为会意字。

把形声字改为表形字,从汉字发展的历史来看是倒退,南北朝、隋唐时期曾有过这种风气,这类字多数都被淘汰了,明清时这类俗字不多。

第四类省简字是行书、草书的楷化。行书、草书是汉字字体中的变体。正规隶书、楷书的写法,要笔画规整,横平、竖直,笔笔分明。但在日常应用时,为了速度,便难免写得草率,于是渐渐形成了行书、草书。书法家把写字当成艺术创作,有的写得龙飞凤舞,几个字的笔画往往连续不断,一气呵成,文字几乎完全失去了交际工具的功能。但适当的草率,可以减少笔画,使书写便捷,因而抄书刻书的文字,也常使用这类字。例如:

“盡”字写作“尽”,“儘”字写作“侭”。“尽”是“盡”的草书楷化。

“問”“聞”“閒”等从“門”的字写作“问”“闻”“间”,“门”是“門”的行书写法。

“嬌”写作“娇”，“橋”写作“桥”，“驕”写作“骄”，都是“喬”的行草写法。

“應”字作“应”，“實”字作“实”，“會”字作“会”，“書”字作“书”，都是草书的楷化。

“樂”字作“乐”，“論”字作“论”，“蒼”字作“苍”，“滄”字作“沧”，都是草书楷化。

“戀”“欒”“灣”“蠻”等字写作“恋”“栾”“湾”“蛮”，声符都变为“亦”，则是“䜌”字草书楷化后讹变而成。

“學”字写作“斈”，“覺”字写作“竟”，“舉”字写作“夅”，也是由于草书楷化。“舉”字的草书作“举”，又变为“夅”；“學”字的草书作“学”，又变为“斈”。

这类字的优点是可以省简许多笔画，但缺点是破坏了正字的结构和本意，也增加了楷书中所没有的部件和笔画结构。例如，“戀”“變”等字的声符改为“亦”，就难以说是形声字；“书”“论”等字的笔画结构，从楷书中是看不出来的。“蒼”字写作“苍”，同“花”字作“苍”雷同，“論”字作“论”，也同“滄”的草书相混。因此，这种省简法大都弊多于利。

第五类是部件的符号化。例如：

“勸”字写作“劝”，“對”字写作“对”，“權”字写作“权”，“歡”字写作“欢”，“漚”字写作“沤”，“灘”字作“滩”，“難”字作“难”，“觀”字作“观”。在这些字中，“又”代替了“雚”“丵”“莫”以及“區”字中的“品”等四个部件。

“壞”字作“坏”或“坯”；“環”字作“环”；“轟”字作“轰”，以“双”代“𨌫”；“巉”字作“峣”，“饞”字作“馋”，以“二”代“免”。

用笔画简单的符号代替正字中的部件，这就像速记术中的符号，其目的只是节省书写的时间，但作为交际工具，这种符号代替法值得认真考虑。

第六类是省略形符或声符的一部分。例如：

“條”字作“条”，省去声符攸的一部分；

“圖”字作“啚”；省形符“口”；

"舊"字作"旧",省去"萑"形,声符"臼"又省简为"旧。";

"霧"字作"务",省去形符"雨"和声符的一部分;

"頭"字作"豆",省去形符,只留声符"豆",实际上成为借音字;

"號"字作"号"(《说文解字》:"號,从号、从虎。"段玉裁以为"号亦声",是"號"当为表形兼形声字),省形符"虎";

"虧"字作"亏"(《说文解字》:"虧",从亏、亏声"),省去形符"虐"。

"裏"字作"里",省形符"衣";

"緞"字作"叚"(应作段,讹为叚);

"親"字作"亲";

"爺"字作"爷",省去声符"耶"字的"耳";

"雜"字作"桼",省去"集"字的"隹";

"離"字作"离",省去形符"隹";

"莊"字作"庄","莊"字从艸,壯声,"庄"字改从"广"形,从"土"为"壮"字的半边;

"點"字作"点",省去形符"黑"字的一半;

"節"字作"节",省去声符的半边,又变形符"竹"为"艹";

"聲"字作"声",取声符"殸"的一半,省形符"耳";

"職"字作"耺",省声符的一半;

"蠶"字作"蚕"(《说文解字》:"蠶,从蚰,朁声"),省形符为"虫",又省声符为"天"(当为"旡")。

这类省简法往往失去原字的造字用意,如不愿当作无理性的符号来学习,就要用正字加以说明。

以上是宋元以来通俗文学抄本用字中所见俗字的六种省简办法。这六类的分法还有待深入细致的研究,但基本上可以看出这八九百年俗字变化的大体情况。

若从整个文字体系的角度来分析这些俗字,可以看出,大部分所谓俗字还不能代替传统正字的地位。《宋元以来俗字谱》一书,只是把12种作品中的"俗字"编录成书,使人看了很容易发生错觉,认为这些刻本中的传统正字都被所列举的俗字代替了。其实不然,这些刊本中的大部分字都仍然沿用传统正字;有一些俗字也往往同正字兼用;同一个词,有时用正字,有时用俗字;同一个俗字也有不同的写法。例如:

明万历刊本《乐府菁华·琵琶记》(台湾学生书局影印本)中“憐”字,或作“憐”,用正字;或作“怜”,用俗字。其中“天憐念,天怜念”一句(第1册37页),在同一叠句中一用“憐”,一用“怜”。

《琵琶记》“難”字用正字(15、28页);《投笔记》(110页)《粧盒记》(99页)作“难”,用俗字。

《荆钗记》“幽”字作“凶”(193页);《断发记》等处作“幽”(264页),用正字。

《十义记》“勸”字多用正字,只一处用“劝”(198页)。

《荆钗记》(193、194页)《断发记》(254页)“婦”字作“媍”,《十义记》等处用“婦”(211页)。《乐府菁华》用“婦”字者多。

“飢”字的写法有四种:《投笔记》作“飢”(71页),作“飥”(68页);《破窑记》作“餅”(127、139页);《断发记》或作“饑”(258页)用正字。这个字的演变过程大概是:饑→餅→飥→飢。“并”当是“幾”的省变,碰巧“并”的下部“几”和“幾”同音,于是索性改为“飢”。

“歸”字也有四种写法:《破窑记》作“歸”(13页),又作“帰”(129页),又作“埽”(131页),又作“歸”(6页)。

“夢”字《投笔记》作“夢”(82页);《红叶记》作“梦”(108页),又作“夢”(104页);《破窑记》又作“䒱”(134页)。

在这类刊本中,正字和省简字互用和省简字写法不定的情况很多。

同一种作品的不同版本,也有用字极不一致的情况,我们以《俗字谱》中所用清嘉庆刊本《金瓶梅》同明万历刊本对比,发现两种刊本的用字有很多不同处。例如:

> 明本的“聲”字都写作正字,清本作“声”;
> 明本的“盡”字都作正字,清本或作“尽”;
> 明本的“膽”字都作正字,清本或作“胆”;
> 明本“擡”字都为正字,清本作“抬”;
> 明本“總”字,清本或作“総”;
> 明本“縣”字,清本或作“县”;
> 明本“繼”字,清本或作“継”;
> 明本“纏”字,清本或作“缠”;
> 明本“纔”字,清本或作“綫”;
> 明本“縷”字,清本多作“缕”,凡以“婁”为声符的字,清本多省简为“娄”;

明本"漢"字,清本或作"汗";

明本"灣"字,清本多作"湾",凡以"䜌"为声符的字,明本都作正字,清本多省简为"亦",如"戀"作"恋","變"作"变"等;

明本"廳"字,清本或作"所";

明本"應"字,清本或作"应";

明本"廟"字,清本或作"庙";

明本"廠"字,清本或作"厰";

明本"勸"字,清本多作"劝";

明本"勢"字,清本或作"势";"執"字清本或作"执";

明本"燭"字,清本多作"烛",但"濁"字不作"浊",《古今杂剧》作"浊";

明本"羅"字,清本作"罗";"鑼"字清本作"锣";

明本"禮"字,清本或作"礼";

明本"點"字,清本或作"点";

明本"爐"字,清本或作"炉";

明本"隨"字,清本或作"随";

明本"陽"字,清本或作"阳";

明本"陰"字,清本或作"阴";

明本"亂"字,清本或作"乱";

明本"齋"字,清本或作"齐";"濟"字清本或作"济";"劑"字清本或作"剂";

明本"還"字,清本或作"还";

明本"會"字,清本或作"会";

明本"處"字,清本或作"処";

明本"學"字,清本或作"斈";

明本"臺"字,清本或作"台";

明本"覆"字,清本或作"覆";

明本"歡"字,清本或作"欢";

明本"靈"字,清本或作"灵";

明本"鐵"字,清本或作"铁"……

明本中也有一些省简字,如:

"逃"字多用正字,偶尔用"迯",清本未见"迯"字;
"鬪"字或用"鬦",或用"閗";
"飯"字多用正字,或作"飰",清本无作"飰"者;
"歸"字或作"归",或作"帰";
"幾"字或作"九";
"驢"字或作"驴";
"淚"字或作"泪",清本同;
"關"字或作"関",或作"闗";
"燈"字或作"灯",清本同;
"壇"字或作"坛",清本或作"坛";
"簫"字或作"箫";
"譏"字或作"讥";
"趁"字或作"趂"等。

用两种版本对比,差异很明显,明刊本多用正字,所用省简字也或与清刊本不同。明本基本上不用草体楷化和符号化两种省简法。这些差异可以说明:清本和其他作品中所见大量俗字,大部分只是抄书者和刻书者在一定的读者和作者群中所使用的草率文字。有些俗字还没有达到约定俗成的程度,还不能取代传统正字的地位。在语言中有一种叫作"行话"(slang)的俚语,只在某一集团或行业中通行。这些在通俗文学作品中通行的简体俗字,不妨叫作"行业字",许多俗字还没有成为全民交际符号。

宋代以后直到20世纪50年代的文字,的确发生了些变化,增加了一些新字,改造了一些传统正字,对一些笔画过多或声符失实的字加以省简,这些字逐渐约定俗成,成为近代汉字常用字的组成部分。但从宏观来看,这八九百年的文字并没有太大的变化,绝大多数文字仍然继承了唐宋时期逐渐稳定下来的楷书正字,其中包括一些异体字。

第十三章　几个问题的探讨

在这本书的最后，我们想总结和讨论有关汉字的几个问题：

1.汉字发展历史的回顾；

2.汉字的优点；

3.汉字在表音方面的缺点和补救办法；

4.汉字的简化问题；

5.汉字教学改革。

一

我们把汉字发展的历史划分为三个阶段：第一个阶段是图画文字阶段，商代以前的文字应该属于这个阶段；第二个阶段是以表形文字为基础、以表音文字为主体的表音文字阶段，从甲骨文到秦代的文字都属于这个阶段；第三个阶段是以形声字为主体，还保留了一些表形字和表音字的形声文字阶段，从秦汉到现代的汉字都属于这个阶段。

这三个阶段的划分，第一阶段是用的拟测法（reconstruction），是用其他文字发展的共同规律加以比较而构拟的,因为夏代的文字发现的极少,有些符号是不是文字还不能被证实,所以只能用这个办法。因此,汉字的发展,从商代到现代,实际上只有两个阶段。

划分的标准同前辈和当前几位专家的划分法不一样。传统的划分法,多半以字体的变化为标准,大篆、小篆、隶书、楷书算四个阶段,或者把甲骨文字另算一个阶段。我们认为,字体的不同也是汉字历史发展的一个方面,但是字体的变化并不是文字本质的变化,不能说明汉字的历史发展规律。只有文字构造方法的变化,文字构造类别的数量变化,才能说明汉字的本质变化。可以用很简单的办法来证明这一点。大部分现代汉字,人们写起来当然是用楷书,但也可以用隶书,书法家还用小篆、大篆,读者和观赏者都知道它是楷书的某个字。但是,甲骨文的“白”字常假借为“伯”(方伯),“井”字假借为方国名,“正”字用为“征伐”。现代人写字,如果把“伯父”写作“白父”,“邢台”写作“井台”,“征伐”写作“正伐”,都不行。这才是汉字本质性的变化。“白”字本像拇指形(郭沫若说),假借为方伯的“伯”;“井”当是“型”字初文,像模型形(林义光说),假借为地名“邢”。“伯”和“邢”都是形声字。“正”字本是“征”字的初文,甲骨卜辞用为征伐义,不是假借,但因为这个“正”字假借为方正、正当义,于是后来又造了“征”这个形声字表示征伐义。这种变化是一种本质性的变化。我们根据大量资料和前人的一些启示,发现并证明了这种变化的规律,并据以当作汉字发展阶段的划分标准。这个设想是在四十多年前初步形成的,那时还只是个大胆的假设,后来根据这个设想考察了古今汉字的大量材料,反复验证,证明这个设想基本符合汉字发展的历史事实。

有的朋友说,你们所划分的两个阶段的汉字,都包括表形字、表音字和形声字这三类字,两个阶段的不同,只是形声字数量的增加,这难道能说明古今汉字的本质差异吗?

我们认为,汉字是一种历史悠久的文字体系,这个体系的特点有三:一是以表形字(象形字、会意字、指事字)为基础,这类字的大部分一直保存下来,只是后来有所减少;二是表音字(假借字),这类字在殷周文字中使用率很高,殷代和西周占70%以上,春秋战国时期,下降为40%左右,在近代汉字中,只剩下几百个;三是形声字,甲骨文的形声字只占26%左右,春秋战国文字的形声字增加到50%,《说文解字》中的形声字竟增加到80%以上。这种数量的巨大变化,就是先秦文字和汉代以后文字的根本区别。这种变化是本质性的变化。从世界各国文字的发展历史来看,以假借字为主的表音文字阶段,是所有古老文字都经过的阶段，埃及古文字、苏美尔文字，都同甲骨文字属于同一发展阶段。不过其他古文字都在表音文字的道路上继续发展，后来变成了音节文字或字母文字，只有汉字没有向这条路发展，而是向兼表形音的方向发展，因而形成了独特的汉字体系。因此，形声字在汉代以后的大量增加，不是简单的数量增加，而是汉字体系的根本改变。为了说明这个变化，我们用纳西象形文字同汉字做了对比研究，纳西象形文字中也有一些形声字，但是没有继续向这个方向发展，所以后来又创造了表音文字。埃及古文字中也有一些形声字，同样没有得到发展，后来演变成拼音文字。从这些比较研究中，更可看出汉字形声字的大发展，绝不仅仅是简单的数量增加。

有的朋友又说，你们的统计方法是否可靠？因为甲骨文字有四千多个，现在认识的不过一千左右。商周埋藏在地下或已经毁灭的文献资料中的文字不知有多少。况且，文字的使用率和字数比例又是两回事，在这种情况下统计出的数据究竟有多可靠，很令人怀疑。

我们认为，在做这些统计时，的确存在材料不足的困难，我们得出的这些统计数字，也不是十分精确。但是，在考虑这个问题时，也并不需要十分精确的数字和百分比，所以我们常常使用26%左右、70%左右这样的模糊数字。研究汉字发展趋势的问题，有了这些模糊数字就足够说明问题了。我们观察任何事物的发展，最主要的是掌握其发展变化的实质，我们所采用的方法和所根据的材料，也只能做到这一点，但是这也足以说明汉字发展的本质了。

还有朋友说，你们把汉字发展的历史只划分为两个阶段是不是太少了？难道两千多年的汉字发展史，不能再分得再细一点吗？

把汉字发展的历史划分为两个阶段，并不是说每一个阶段不能再加以划分。事实上，我们是把前一个阶段分成甲骨文字、周代金文和春秋战国文字这样几个时期加以研究的。第二个阶段分别为汉代文字、魏晋以后的文字，也是按照历史顺序加以说明的。不过这是第二个层次的划分，不能同两个阶段的划分等同。

至于划分为两个阶段时间过长的问题，这也不值得怀疑。中华民族在漫长的历史发展中，殷商的奴隶制社会到了东周开始演变为封建社会，这个封建社会制度竟一直延续到20世纪，时间之长也是在世界历史上罕见的。汉字作为中华民族文化的载体，在长期的封建社会中一直处于相对稳定的状态，这不是很自然的吗？

所谓相对稳定，也就是说当然也有不稳定的时候。从汉字发展的历史来看，历史上有过两次动荡。一次是战国时期的“文字异形”，那时六国各造了一些适合本国情况的新字，如果按照这个势头发展下去，如果楚国、齐国、晋国建立起长期存在的独立国家，那么，也就有可能形成独立的楚国文字、齐国文字、晋国文字……这种独立发展的文字，可能跟汉字一样向形声字方向发展，也可能向纯表音文字发展。秦代封建大帝国的建立，结束了六国独立的企图，秦始皇的“书同文字”政策，阻塞了向表音文字发展的方向，给汉代以后以形声字为主的文字创造奠定了条件。这是汉字发展史上的第一次动荡。

第二次动荡是南北朝政治分裂时期，这时出现了乱造新字和隶书楷化异体的混乱现象。不过动荡的范围不大，时间不长，到隋唐时，又逐渐趋于稳定。

除了这两次动荡以外，两千年来的汉字体系基本上是稳定的。在这漫长的时间里，不断地改造、更新一些旧字，创造一些新字，但始终没有发生剧烈的体系变化。

这就是整个汉字发展历史的主要情况。

二

文字是记录语言的书面符号。无论哪一种发展成熟的文字，都是那个民族根据自己的条件创造发展而成的。现在世界比较通行的文字，绝大多数都是表音文字，用几十个字母记录词语的语音，只有汉字是兼表音和形的文字。“形”是从图画文字发展而成的，形加上注音就成为兼表形音的形声字，由此发展成汉字体系。表音文字完全抛弃了“形”，只用音符记录词语。

表音文字和汉字这两类文字体系，可以说各有自己的优点和缺点，不能说哪种文字绝对的好，哪种文字绝对的不好。过去很长一段时间，欧洲学者看一切事物都是以欧洲为中心，叫作欧洲中心主义。对文字的看法也是这样。他们认为，只有像欧洲文字那样的字母文字才是最进步的文字，汉字则是一种落后的文字。这种偏见也被我们国内的一些学者接受了，因而在有关的书刊中谈到汉字时，很少说到汉字的优点。近几年有的日本学者又说汉字是最好的文字，是“人类智慧的结晶”，国内也有些人应和。这两种相反的论调都有片面性。前者是一种民族偏见，总认为他们是优秀民族，一切都好；后者则是东方民族觉醒思潮的反映，感情有余而科学的论证有待补充。实事求是地说，汉字体系有它极大的优点，也有缺点。现在我们先谈优点。

汉字的第一个优点是它的超方言、超历史性。

中国是一个方言极为复杂的国家，方言之间的语音差别往往很大。这种方言差别来源悠久，大概从殷周开始就有了。汉代扬雄的《方言》中收录了很多方言差异的资料，其中一部分是词语的不同，另一部分是同一词语的读音差异。方音差异其实就是语音变易历史的反映。“街”字的上古音属见母、支部，《广韵》古膎切，今北京音读jiē，是因为声母舌根音[g]的舌面化，闽南话、四川话、上海话等方言，还保持古声母的读法，因而形成了方音的差异。古今音、方音尽管不同，但是这个“街”字从战国时开始使用，至今还是个常用字，所以汉字也是“超历史”的文字。这种文字很容易继承中国的古代文化遗产，古代的典籍，现代人比较容易读懂，文化传统不易割断，作为文化载体的汉字，实在有巨大的功劳。

中国历来是一个方言复杂的国家，在古代，不可能做到语言的规范化，就是现在推广普通话，也还不是短期所能完成的。但是汉字却是全国通行的书面语言交际工具，广东人、上海人、福建人彼此交谈有困难，但是写出字来以笔代口却完全可以毫无阻碍。试想一想，像中国这样一个历史悠久的大国，如果没有一种统一的交际工具，我们将会成为一个什么样的国家！

这可以拿印欧语系的文字来比较。古罗马使用的拉丁文字，后来变成好几种文字，在政治上形成好几个国家，如意大利、西班牙、法国、罗马尼亚等，他们的文字都是字母文字，但就其语言的差异来说，比起汉语广州话和北京话之间的差异却要小得多，只是因为他们使用的是拼音文字，所以不但彼此不能交谈，彼此的书面语言也不能交流。可以设想，如果汉字也走上了拼音文字的道路，那是不是会出现广东文、闽南文、上海文、北京文这样的亲属文字？

为什么汉字具有这种超方言、超历史的性能呢？这是个很值得探索的问题。

文字是一种符号体系，符号可以分为两大类：一类是有理性的符号，一类是无理性的符号。文字也分成这两类，一类是有理性的文字，一类是无理性的文字。无理性的文字符号同它所表示的事情没有直接联系，只和词语的读音相联系，这就是纯表音文字（假借字、音节文字、字母文字）的特点。有理性的文字，除了表示词的读音，还有代表事物形类的标志，这是汉字体系的特点。

拿英文和汉字来比较：英语的“水”写作“water”，只表示“water”这个词的读音，用了五个字母符号，没有水这个东西的一点儿迹象。汉字的“水”，古代写作“”，像水流的形状，又因为长久使用，又兼有“水”这个词的读音，一个文字符号兼有表形和表音这两个作用。“江”“河”两字，用“水”表示类属，用“工”“可”表

示读音，叫作形声字，是汉字中的主体，更可说明这种形音兼顾的特点。英语的"river"也只是记录这个词的音，单用记音的办法，需要死记硬背才能记住这个词所表示的事物，这是无理性符号的通病。兼用形音组合的汉字，则由于两者的提示作用，往往一望便知它所表示的意义范围。从水的字大都和水有关，从山从土的字都和山、土有关，再加上声符的提示作用，只要你熟悉汉语，就能断定它所表示的词。就是初学汉语者，也往往会揣摸出它的意义范围，因此我们说汉字是一种有理性的文字符号。

从记音的角度看，汉字的记音符号不如拼音文字精确，这是事实。但是拼音文字也不像国际音标那样精确无误。例如，英语的"night"（夜晚）/gh/两个字母；"garden"（菜园）、"car"（车辆）两词的/r/都不发音；"laugh"（笑）读作[la:f]，其中的[gh]却读作[-f]。这类例子不胜枚举，说明表音文字的记音字母也并非十分完美。

汉字用声符注音当然缺点更多，有的声符甚至已经变得面目全非，但是因为用形声兼顾的方法，比起单用字母记音的方法效果要好。日本医学家在对失语症的研究中发现，患者对用假名拼写的词语毫无反应，但对所认识的汉字却仍能辨认。心理学家发现，人的大脑细胞有很多网格，在学习语言文字时，用拼音文字只用一个网络工作；学习汉字，则要调动两个网络的脑细胞。大脑的两个区域分管语音和物形，前者是一条线，后者是两条线构成的一片或一块。这项研究给汉字在这方面的优越性找到了科学根据。

如果用两类文字对比，表音文字的功能即使是满分实际上也只有50分，汉字的表形功能和表音功能即使都不完全，但两者相加至少也有七八十分。过去在欧洲中心主义的影响下，因为印欧语系的文字都是拼音文字，所以认为人类语言的书面符号都应该走向拼音文字的道路；不符合这个标准的文字，一概视之为落后文字。这实在是没有科学根据的偏见。现在我们也并不是说汉字是世界上最优秀的文字，一点缺点也没有；我们只是说明，汉字是中华民族创造的优秀文化之一，它不但是中国几千年来的文化载体，而且在现在仍然是全国人民以及国外华夏儿女的共同交际工具。现在越来越多的国内外有识之士都认识到汉字的优越性，这个文字体系不可能也没有必要重新走拼音文字的道路。

三

现在谈谈汉字在表音方面的缺点和补救办法。

汉字在表音功能方面有不少缺点。汉字表形字中的一小部分长期被当作假借字使用,这是汉字中的表音字,数目不大,多为常用字,可以不谈,只谈形声字的表音功能。

形声字的声符大都是可以单独使用的表形字,用以当作表音的声符,比起用字母表音自然不会那么准确。

第一,形声字的声符不能区分声调的差异,同一个声符往往表示不同的调类。例如,以“莫”为声符的字,“摸”读阴平,“谟”“模”“馍”读阳平,“漠”“寞”“瘼”读去声,而“莫”读去声,用去声调的“莫”表示同音的阴平、阳平调字。又如“胡”字是阳平字,但“糊”(把墙缝糊上)读阴平,“糊涂”的“糊”读阳平,“糊弄”的“糊”又读去声。同一个声符,同一个字竟有三种读法。这类例子很多。汉语的声调不同往往词义也不同,声调读错了,常会造成误会。声符不能区分声调,应该说是一个缺点。

第二,形声字的声符往往因为语音的变易而丧失或减弱了表音功能。例如,“尚”字今读shàng,但以“尚”为声符的“倘”“惝”“躺”读tǎng,“党”读dǎng,“徜”“常”“尝”(嘗)读cháng,“敞”读chǎng,因声母变易而读音不同。“立”字读lì,但以“立”为声符的“垃”“拉”读lā,“位”字读wèi,只有“笠”字读lì。有的韵母不同,有的声韵都变了。又如“台”字读tái,“苔”“抬”“骀”“炱”等字读音相同,但“治”读zhì,“饴”“怡”“贻”读yí,都因音变而读音大异。文字这种书面语言符号,比起语言中的语音来要稳定得多,语音变了,但用以表音的文字(包括汉字形声字的声符)常常还保持原样,因此造成读音的差异。前面谈到英语中的这类情况,同形声字中这类现象都是这个原因造成的。但无论怎么说,这不能不是形声字在表音方面的一个缺点。

还有第三个缺点,就是汉字中的“重(chóng)音”现象。所谓“重音”,就是同一个字有两个以上的读音。例如,“参”字在“参加”“参观”等词中读cān;在“人参”“参商”等词中读shēn;在“参差不齐”这个熟语中读cēn,共有三个读音。“重”字在“重量”一词中读zhòng;在“重叠”一词中读chóng;“重音”(zhòng yīn)和“重音”(chóng yīn)是两个不同的词。“ 会”字在“开会”和“会计”两词中读音不同。“石”字在“石头”和“二千石”两词语中读音全异。这类字有一批。拼音文字的字母也有一些同一字母而读音不同的例子,也不能不说是一个缺点。

汉字在表音方面的这些现象，如果从汉语音韵史的角度加以分析，可以得到解释。无论哪种语言，总是在不断地变化，时代愈久，变化愈大。记录语言的文字，虽然也在变化，但总是跟不上语音变化的脚步，于是产生了上面说的那些不协调的现象。拿上古汉语音系同现代对比，会发现有许多较大的变易。例如，汉语的韵尾辅音，有逐渐消失、合并的趋势。上古汉语的韵尾辅音有/-p、-t、-k、-m、-n、-ng/共六个，但在现代汉语北方官话区，/-p、-t、-k/都已消失，/-m/全读为/-n/，韵尾辅音只剩下两个/-n、-ng/。在声母方面，则有唇音的分化，舌前音的分化，舌根音的舌面化。在韵母方面，除了韵尾辅音以外，主要元音和介音的变化也很大。所有这些变化，都在文字的读音上造成诸多不协调。这些不协调，都是历史造成的。汉字在表音方面的缺点，是历史的必然。

有些事物的优点和缺点往往是共存的。汉字形声字（也包括表形字）的上述缺点，其实又是它的优点，正因为它这种读音的不一致，恰好可以使各地操不同方言的人拿来当作共同的交际工具。如果汉字的读音也像拼音文字那样一符一音，那就不能胜任其“超方言”的交际功能。为什么又说这是它的缺点呢？那是因为我们今天的汉语已经有了个规范，那就是以北京音为标准的普通话。以北京音为标准，那就是说，一切不同于北京读音的方音都要改变，向北京音看齐，用这个标准来看形声字的声符和传统的汉字注音，就看出前面说到的缺点。

为了弥补汉字在表音方面的缺点，从明代开始就有了用拉丁字母拼写汉字读音的著作。意大利传教士利马窦（1552—1610）首先用罗马字母给汉字注音，写成《西字奇迹》四篇文章。金尼阁（1577—1628）编成《西儒耳目资》一书，这是供外国人学习汉语的一部注音字汇，也是用拉丁字母给汉字注音最早的著作。清代末年有些平民教育家提倡普及教育、言文一致，曾创制过二十多种“切音字”，其中以王照、劳乃宣的“官话合声简字”影响最大。到1913年，由读音统一会议定了一套“注音字母”，由当时的教育部公布，成为中国第一套法定的以简单汉字为基础的注音符号。这套符号一直应用了四十多年，从此汉字的读音确定以北京音为准。因为每个符号都确定了相应的音值，因而成为汉字注音的有效工具，弥补了汉字本身表音功能的不足。

五四运动以后，赵元任、钱玄同、黎锦熙、林语堂等人研究用拉丁字母做汉语的拼音字母，赵氏拟订了“国语罗马字”，但未能通行。在同一时期，瞿秋白、吴玉章等人在苏联也拟定了一个拉丁化方案，叫作“中国拉丁化字母”。这个方案曾在苏联的中国工人中推行；抗日战争期间，在解放区也曾用以当作扫盲的“新文字”使用过。新中国成立后，1955—1957年中国文字改革委员会“汉语拼音方案委员会"研究制订了"汉语拼音方案",兼收"国语罗马字"和"拉丁化新文字"之长,于1958年由全国人民代表大会批准公布,这就是我们今天在国内外通行的汉语拼音方案。

汉语拼音方案的作用有两个:一是当作推广普通话的工具,二是给汉字注音。这二者实际上是一回事。1957年出版的《新华字典》和以后出版的《现代汉语词典》是第一批用这套拼音方案注音的权威性的汉语字词典。这个方案得到了国际的承认,现在已经成为国内外通用的汉字拼音符号。

目前拼音方案的应用范围还有扩大的可能。例如,小学生在作文时,遇到不会写的字词,可以用拼音写出,以免打断文章的思路。这个办法已经证明是行之有效的。其次,书刊中的难字僻字,可以加上拼音,以便读者阅读。在应用外国的人名、地名时,也有人主张用拼音方案拼译,用以代替汉字音译法。有些象声词如"叮当""乒乓""轰隆"等,似乎也可以用拼音法代替。当然,它最主要的作用还是为汉字注音。作为汉字表音的辅助手段,拼音方案是经过了两千年来从直音、反切到字母符号的探索才最后创制出来的。可以预测,这套方案将会同汉字一样长期生存下去,它能有效地弥补汉字表音功能的不足。

四

汉字体系是以表形字为基础发展而成的,表形字是原始图画文字的继续与发展。图画要画得像,"画成其物,随体诘诎",笔画就多,写起来费时费力。因此,在整个汉字发展的历史中,简省笔画一直是汉字演变的趋势。文字符号的简单化,是一切文字的共同点,拼音文字的几十个字母都是从较繁复的表形字借为表音字以后又逐渐简化而成的。汉字体系由于形音兼顾,不可能简化成拼音文字的字母。但是,在不损害汉字体系的范围内减少笔画,则是大势所趋。

"五四"以后,有些学者一度提倡过俗字、简体字。刘复的《宋元以来俗字谱》就是那时编成的。他在《序》中说:"近十余年来,颇有人提倡写简笔字,如陈大齐、钱玄同、陆费逵诸先生,都做过文章;胡怀琛、陈光尧两位先生,都做过单行的小册子。我以为汉字在没有能找到极好的方法改为拼音制之前,写简笔字实在是一种必不可少的过渡方法。"刘先生的设想未必正确,但他对历代简笔字的搜集计划则是可取的。

中华人民共和国成立后,人民政府非常重视汉字的整理和汉字简化工作。

1955年公布了经过整理的“异体字表”，淘汰了一千多个异体字。1956年国务院通过了《汉字简化方案》，向全国发布。这个方案包括515个简化字和54个简化偏旁。1964年又由文字改革委员会、文化部、教育部发出《关于简化字的联合通知》，扩大了简化字的范围和字数。这是两千年来第一次大规模的汉字改革。近40年的实践，证明简化字在普及教育、文字书写等方面发挥了很大的作用。

简化字中的一部分，实际上是经过一千多年或几百年实践检验的旧简笔字。例如：

“牦”字《说文解字》本作“犛”，从牛、𠩺声。《集韵》中已有了“牦”字，是声符改造的新形声字，比“犛”字表音明确，笔画减少。《异体字表》和《简化字表》都采用了。

“杯”字《说文解字》作“桮”，但汉简多作“杯”。以后《广韵》中又有“盃”字。简化字采用了“杯”。

“鉢”字《说文解字》作“盋”，重文作“鉢”。明代《正字通》中又有“缽”的写法。简化字采用了“鉢”。

“灯”字《说文解字》作“錠”，徐鉉注说：“錠中置燭，故谓之鐙。今俗作燈。”《玉篇》始有“灯”字。《正字通》说：“灯，俗燈字。”可见“灯”是宋代出现的，被简化字采用了。

“党”字《说文解字》作“黨”，《集韵》中已有“党”字。

“籴”字《说文解字》作“糴”，从籴、翟声。《广韵》中有“籴”，为简化字所采用。

“担”字《说文解字》作“儋”，徐铉注说：“俗别作擔。”《玉篇》有“担”字，解释为：“拂也。”本无担负义，清翟灏《通俗编》说：“俗以此通儋负之儋。”宋元以来通俗文学著作多以“担”为“擔”“儋”，简化字采用了。

“达”字《说文解字》作“達”，重文作“达”。简化字据重文。

“从”字《说文解字》分为“從”“从”二字，其实当是一组异体字。徐灏《说文注笺》说：“从、從古今字。从，二人相随，即从行之义，后加义符辵，随行之义遂为從字所专。”简化字恢复初文“从”。

“辞”是“辭”字的省简，南北朝时已有此写法，宋元以来俗文学习用。

“处”字见《说文解字》，重文作“處”。唐以后以“處”为正字，但俗文学多用初文“处”，为简化字所本。

“蚕”字《说文解字》作“蠶”，从䖵、朁声。《广韵》中有“蚕”字，乃由“蝅”再简化而成，变成了从天从虫的会意字蚕。这虽不符合汉字以形声字为发展方向的趋势，但因为笔画减少，仍易为社会接受。

“尘”字《说文解字》作“𪋻”,从麤从土,会众鹿飞奔尘土飞扬义。明代《字汇补》中有“尘”字,笔画极简,会意显豁,为简化字采用。

这类简化字很多,不再多举例。

有些简化字虽不见前人用过,但很符合汉字发展的规律,也很容易被人接受。例如:

“彻”是“徹”的简化字。《说文解字》:“徹,通也。从彳、从攴、从育。”又说:“徹,古文徹。”“徹”字中的“育”当是“鬲”的讹变,甲骨文有“”字,像以手持鬲形,罗振玉以为“盖食毕而徹去之”。当是“徹”字初文。“徹”是个讹变的会意字,今简化为“彻”,成为形声字,易写易解。

“宾”是“賓”的简化。《说文解字》解“賓”为“从贝、𡧍声”。甲骨文“賓”字作“”,像主人在室内迎接宾客形,是个会意字。金文变为从宀、从止、从贝,字义转晦,许慎因此误解为形声字。今简化为从宀、兵声的新形声字,易写易认。以“賓”为声符的“儐”“濱”“擯”“殯”等字也简化为“傧”“滨”“摈”“殡”。

“础”是“礎”的简化字,声符由繁变简。从音韵的演变看,“楚”中古音属语韵,上声;“出”字属入声术韵,两字本不同音。但北方官话在入声消失后,两字读音相近(只是声调不同),以“出”代“楚”作声符,符合形声字声符追随音变的规律。这类变化,在若干年后可能还要增多。现在有些酒店把“酒”写作“氿”,家具店把“漆”写作“汘”,虽然不是规范的简化字,却符合形声字发展的规律(“酒”中古音属精母,“九”属见母,今音同)。

“齿”是“齒”的简化字。《说文解字》列出古文的写法“𠚕”,较原形省简。简化字又省简为“齿”。以“齿”为形符的字也简化为“龄”“龅”“龈”“龋”“龉”等。

“窜”是“竄”字的简化。“竄”字从穴从鼠,是个会意字,改为从穴、串声的形声字,笔画减少,并且符合汉字发展规律。以“竄”为声符的字也改为“撺”“蹿”。

“辽”是“遼”字的简化,改声符“尞”为“了”。“療”字也简化为“疗”(但“僚”“獠”“撩”“燎”“瞭”等字未简化)。

“讲”是“講”的简化,改声符为“井”,较与“讲”字音近。“講”字属见母江韵,“冓”字上古属“侯”部。以“冓”为“講”字声符,可能因为“冓”本有“江”音,后来韵尾辅音消失而入侯韵,所以“講”字犹存“江韵”音,但早已失去声符功能,改从“井”声,较“冓”声切近,并且减少了笔画。

以上这些例子可以说明,简化字的方向符合汉字发展的趋势。四十多年来推行简化字的经验也说明人民群众是欢迎这个方案的。

从另一方面看，简化字也并非全无可议之处。例如，像“邓”“欢”“难”“树”“戏”“对”等字的部件“又”，代替“登”“雚”“莫”“壴”“虘”等声韵不同的声符；有些草书楷化的写法同楷书的结构不合；有些同音代替字也有可斟酌处。但是，文字的规范一旦确定下来，就不能朝令夕改，也不能各行其是、放任自流，因为这一方案是全国统一的书面交际工具，在没有新的规定以前，不应该随意加以变更。

最近十多年来，关于繁体字和简化字的问题有一些争论，也出现了一些随意使用繁体字的现象。出现这种现象的原因之一，是改革开放后内地与香港、台湾同胞和海外侨胞的交往大大增加，他们用的是传统的繁体字，内地用的是简化字，这自然增加了交际的不便，于是海外的华人也有些人学用简化字，国内的报刊也出现了用繁体字排印的海外版，这在国内外用字尚未取得一致以前，是很自然的过渡办法。至于书法家的作品，各界人士的各种题词，从来都是繁简混用，并不违反规定。1956年国务院《关于公布汉字简化方案的决议》中说：“（简化字）在全国印刷的和书写的文件上一律通用，除翻印古籍和有其他特殊原因的以外，原来的繁体字应该在印刷物上停止使用。”这就是说，繁体字并未被废除，在必要时仍可使用。上面说的那些情况，多半属于“特殊原因”。至于文化程度较高的人，也还是要以“认识”（不使用）繁体字为好，一方面为了理解汉字的结构，便于学习、记忆，另一方面也便于阅读古籍和国外的汉语论著。况且，从20世纪50年代直到最近出版的汉字字典如《新华字典》《汉语大字典》都是繁简字并收，用意大概也在于此。

汉字是中国文化的载体，又是中国文化的一个方面。对于汉字，也要像对于中国传统文化一样，一是要继承传统而不能割断传统，二是要改革，按照汉字本身的发展规律，使之成为更好的交际工具。

目前，由于中国的日益发展，世界上学习汉语汉字的人越来越多。在各国教汉语的教师，有的来自台湾，有的来自大陆，在教汉字时也就自然有繁体和简化两套教法。看来这类问题的解决也会逐渐成为必要，将来总会有一天，海峡两岸和海外的有关人士和专家会聚集一堂研讨这个问题，预计将来的方案很可能是对现行简化字方案的修正。这只是我们的一点看法。

五

关于汉字教学问题,多年来有两个问题需要讨论:一是对汉字的评价问题;二是汉字教学方法问题。

大约从清朝末年起,一些提倡政治革新和普及国民教育的先进人物就看到了汉字和文言文的弊病。到了"五四"时期,有些进步人士甚至主张废除汉字,改用拼音文字。这种思想一直延续到20世纪50年代。在这种思潮影响下,对汉字的缺点说得很多,对优点根本不说,自然对汉字没有公平的评价。近十几年来,由于与前者相反意见的兴起,对汉字的认识稍有变化。但是一些老看法仍然有不小的影响,大部分教科书在讲到汉字时,多是含糊其词,不敢理直气壮地说出汉字的优点,没有认识到汉字的历史价值和现实价值。我们认为,有关教材应当在这方面加以修订。应该指出,汉字是中华民族文化的一个组成部分和文化的载体,应该教育青少年正确认识汉字,培养其学习汉语汉字的热情。

汉字教学方法的改革是个重要问题。从古至今,这个问题一直没有解决好。古人从小学开始就要识字,但识字的方法却一直没有形成合理的规范。许慎的《说文解字》对每个字都作了形、音、义的分析,他还对"六书"——六种造字方法作了说明,他是主张用这一套方法教学汉字的,这是比较科学的方法。但是,"六书"说有缺点,他自己在《说文解字》中也并没有完全应用这一套理论,一一说出某字是哪一"书",以后的文字学家讨论"六书"的著述多不胜数,也没有哪一个学者能够把汉字严格地分为六类。我们认为,按照汉字的造字方法教学汉字,这个原则是对的,但是对"六书"说必须加以扬弃。

前面已经说过,"六书"说有合理的部分,也有不合理的部分。根据比较文字学的研究,我们在唐兰先生"三书"说的基础上提出了表形、借音、形声这个新的"三书"说。这个新三书说,包括了"六书"中的合理部分,淘汰了"转注"。表形字包括"六书"中的象形、指事、会意这"三书"。借音字就是假借,改称"借音字"或"表音字",是因为有些人认为假借中还有一种"借形"字,无中生有,徒乱人意。唐兰先生是大胆改革"六书"说的第一人,这功绩早已载入史册。但他把"假借"字排除在外,把用表形法造成的字勉强分为"象形"和"象意"两类,都不妥当,因为假借字在上古汉字中曾居主要地位,在现代汉字中也还有几百个。象形字和象意字都是表形字,很难加以区别。许慎在解说会意字时,往往用"像某某形"这类的说法,可见许慎对象形和会意的区分也感到困难。我们提出的新"三书",既吸取了前辈的研究成果,也弥补了前辈的不足之处。经过认真检验,这“三书”可以包括几乎所有的汉字。现代汉字中的形声字最多,表形字和假借字都不多,一共不过一千多个。在汉字中还有少数来历不明不能归类的字,这些是极少数,可以归入假借类。

掌握“三书”的划分标准,对于汉字教学有很大的作用。过去的汉字教学,因为不能准确掌握造字法,只好把汉字当作无理性的符号死记硬背,增加了学习的困难。于是形成了一种错误观念,认为汉字难学难记。其实,同拼音文字比较,汉字基本上属于有理性的文字,拼音文字是无理性的文字。从符号学的角度看,这两种符号在认记时很不相同。马路转弯处的牌子上画个弯道形,上面画个喇叭,提示汽车司机走到这里要按喇叭;在装毒药的瓶子上画个骷髅标签,提示毒药可以毒死人,这些都是有理性的符号。算术中的+(加)、-(减)、×(乘)、÷(除)、=(等于)、<(小于)……是无理性符号,这类符号同所表示的词语没有必然的联系。文字也是这样。汉字在这方面有很大的优越性。

在表形、借音、形声三类汉字中,表形字和形声字都是有理性的文字,只有假借字是无理性的文字。在教学时,对前两类字要尽量利用其有理性的特点,以提高学习者的学习兴趣。

例如,表形字中的“日”“月”“山”“水”“虫”“鱼”“人”“女”“牛”“羊”“马”“鹿”“虎”“龙”“林”“眉”“有”“解”“鲜”“光”“明”“朝”“寸”“上”“下”等字,可以跟古文字的形状相比较,以唤起学习者的某些感性认识。“日”字甲骨文金文都画作圆形,中间一点表示日光,楷书变成方形,一点变成短横,只是线条发生了变化。“心”字古文字作“”,像心形,后来楷化为“心”。“祭”字的“夕”像肉形,“又”是手形,“示”是祭祀的神主,用手拿着肉供献给神就是祭——用这样的方法教学生,学生学起来不会感到枯燥无味。

有些简化字,需要同繁体字比较,才能说明变化的过程。例如:“鸡”字为什么从“又”从“鸟”? 繁体本作“鷄”,从鳥、奚声,“奚”是声符,简化为“鸡”,用“又”代“奚”。这样解说,似乎很麻烦,但是经过这个解释,可以使许多简化字容易理解,从无理性的文字变为有理性文字,这从教育心理学的角度看,是可取的。

有些笔画较多的字,如果当作无理性符号学习,一定会感到难写难记,若是知道造字者的用意,便可变难为易。例如,“龟”字,《说文解字》有古文作“”,大概是战国文字的写法,简化字即据此楷化。

又如:“函”字为什么这么写? 连许慎也讲错了,他认为“函”是“舌”的象形,但他也说不清楚“函”为什么像舌形。甲骨文作“”“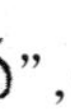”,像以囊盛矢形,本义

是盛矢所用的囊橐，引申为信函的“函”，因为写了信要封装在信封中，也如矢在囊中。楷化时笔画变易，因成今形。

形声字的特点是以形符表示事物的类属，以声符表音。例如，“江”“河”二字，因江河都属水类，形符用“水”（氵）；“工”“可”两个声符分别表示两字的读音，使人一望而知其类，一读而知其音，形（类）音结合，很容易同它记录的词联系起来，这是形声字的巧妙处。

形符的作用可以用一些同音字的比较看出来。例如，读作péng音的常用字有“朋”“棚”“硼”“鹏”“鬅”“澎”“膨”“蟛”“蓬”“篷”等字，形符从木的“棚”表示窝棚、牛棚的棚，因搭棚需用木；“硼”为非金属元素，因属石类；“鹏”为鸟类，“澎”与水有关，所以分别从鸟从水。汉字的同音字很多，形声字可以比较清楚地加以区分。

形声字的声符，大多数能够对字音的读法有不同程度的提示作用。例如，从“工”声的字“攻”“空”“红”“虹”“功”“贡”等字；从“同”声的“筒”“桐”“洞”“铜”“衕”“恫”等字；从“共”声的“供”“烘”“恭”“洪”“拱”“閧”“栱”等字；从“司”声的“笥”“嗣”“词”“祠”等字；从“其”声的“箕”“祺”“期”“欺”“棋”“淇”“麒”“基”“旗”等字；从“票”声的“漂”“镖”“飘”“膘”“瓢”“瞟”等字；从“肖”声的“宵”“削”“梢”“稍”“悄”“娋”“霄”“哨”等字；从“召”声的“苕”“超”“诏”“韶”“昭”“照”“沼”“招”“绍”“邵”等字。这些字的读音，跟声符的读音或完全同音，或稍有变易，都能起到表音的提示或注音作用。这类字在形声字中占大多数。

有些声符因语音变易很难担任注音作用，这类字并不太多。例如：从“寺”声的“時”“侍”“痔”“持”“恃”等字都与“寺”同音或音近，但“等”“待”两字读音相差很大；从台声的“殆”“抬”“胎”“怠”等字读音与“台”相同或相近，但“始”“治”“怡”“冶”等字读音各异；从“各”声的“格”“胳”“阁”“骼”等字读音与“各”相同，但与“洛”“落”“络”“烙”等字读音不同。这些声符与字音的差异，都是语音变易的结果，每一个字都可以用音韵学的知识指出其变易的经过。但是在汉字教学时不必这样做，只须指出其读音，当作半无理性的文字就是了。这有点像英语的“laugh”[la:f]把/gh/读作[f]一样。但这些汉字还有形符起提示作用，所以叫“半无理性”文字。

现代汉字中有三百多个假借字，还有一些兼任的假借字。这些字多半是纯记音文字，在教学时一般要像学拼音文字一样死记硬背，是汉字中的无理性文字。虚词字、天干地支一类的记号字，古代流传下来的假借字，都属于这一类。文字学家往往要花很多时间考证这些假借字的本义，但在一般的汉字教学中，都不必这样做,只要当作约定俗成的记音符号来学就是了。例如,表示副词的“也”字在现代汉语中有好几种用法,在古汉语中多做语尾词,对“也”字的本义(即造字之义)说法不一,至今没有定论,在教学时只应把它当作记音符号,记录口语中的那个词,不必管它的本义。有的字是兼职的,如甲乙丙丁的“甲”,本义当是甲胄、盔甲,“甲”字像盔甲的甲片形,但用作甲乙丙丁的“甲”,则是个借音符号字,只借用其读音,不能用字本义加以附会。三百多个假借字学起来比表形字、形声字要难一些,但数目不算多,估计在小学汉字教学中不会有太大的困难。

无理性文字,还包括少数来历不明或古已有之的错讹字。例如,数目字“五”“六”“七”等是不是假借字?甲骨文“隻”字用同“獲”,但二字读音全异,《说文解字》:“隻,鸟一枚也。”同今语,这两个字不会是假借关系,那么又是什么关系?这类问题,可以提出一些。不过这是文字学家研究的问题,不应该拿到识字教学中来。

要把汉字教学改革好,当然还需要编写一些教材和工具书,供教师使用,也还需要一些对这一改革有志趣的小学教师、心理学专家和文字学家共同努力。如果这项工作做好了,汉字难学的旧观念就会彻底改变。

以上几个问题的总结和讨论,就是我们对汉字发展历史的总的看法和对于汉字前途的期望。希望这些问题能引起大家心平气和的讨论。

本书所引书刊简称表

原书名	作者	简称
①铁云藏龟	刘 鹗	铁
②殷虚书契前编	罗振玉	前
③殷虚书契後编	罗振玉	後
④殷虚书契菁华	罗振玉	菁
⑤殷虚书契续编	罗振玉	续
⑥殷契佚存	商承祚	佚
⑦小屯·殷虚文字甲编	董作宾	甲
⑧小屯·殷虚文字乙编	董作宾	乙
⑨殷契卜辞	容庚、瞿润缗	燕
⑩殷契拾掇	郭若愚	掇一
⑪殷契拾掇二编	郭若愚	掇二
⑫龟甲兽骨文字	[日]林泰辅	林
⑬福氏所藏甲骨文字	商承祚	福
⑭铁云藏龟拾遗	刘鹗、叶玉森	拾
⑮殷虚卜辞	明义士	明
⑯殷契粹编	郭沫若	粹
⑰小屯南地甲骨	中国社会科学院考古研究所	屯南
⑱甲骨续存	胡厚宣	存
⑲邺中片羽初集(二集、三集)	黄濬	邺一(二、三)

续表

原书名	作者	简称
⑳战後宁沪新获甲骨集	胡厚宣	宁
㉑殷契摭佚续编	李亚农	摭续
㉒戬寿堂所藏殷虚文字	姬佛陀	戬
㉓库方二氏藏甲骨卜辞	[美]方法敛	库
㉔殷契遗珠	金祖同	遗
㉕天壤阁甲骨文存并考释	唐兰	天
㉖簠室殷契徵文	王襄	簠
㉗金璋所藏甲骨卜辞	[美]方法敛	金
㉘甲骨缀合编	曾毅公	缀
㉙卜辞通纂	郭沫若	通
㉚战後南北所见甲骨录	胡厚宣	南
㉛柏根氏旧藏甲骨卜辞	明义士	明藏
㉜殷虚文字缀合	郭若愚等	合
㉝战後京津新获甲骨集	胡厚宣	京(京津)
㉞京都大学人文科学研究院所藏甲骨文字	贝塚茂树	人(京都)
㉟周原甲骨初探	王守信	周甲
㊱甲骨文合集	郭沫若	合集
㊲诚斋殷虚文字	孙海波	诚
㊳三代吉金文存	罗振玉	三代
㊴中山王嚳器文字编	张守中	中山
㊵云梦睡虎地秦简	文物出版社	秦简
㊶古玺彙编	罗福颐等	玺彙
㊷古玺文编	罗福颐等	玺文
㊸古钱大辞典	丁福保	古钱
㊹匋文编	袁仲一	匋文

跋

又辛先生的《汉字发展史纲要》，有许多凿破混沌的学术观点。又书中八、九两章，是先生研究生方有国撰写的，也值得高度评价，可谓大师传人！

语言是有声音的，表示有声语言的视觉符号就是汉语的文字，具有一定的内部发展体系；它与图画同源而图画没有声音，也以此同汉字发展异流。不是百年来中外学者表形字表意字说能如此清晰而圆满地界定汉字性质的，也对进步的意音文字新说，觉如盖天思想无不覆。这是我第一个读后感。

不论何种语言的音节都不是很多的。如果文字采取复音制，同音词就少，如英语；但如果文字采取单音制，同音词就多了，如汉语。同音词多，易影响为互相假借，甲骨文假借最多，是汉字同音词多造成的；社会越进步，抽象词就越多，它给不能脱离形义关系的汉字造字法带来极大困难，在未有其他办法以前，也只有让由此而产生的本无其字的假借字可同音通用（如甲骨文那样）倒还便于解决问题。在甲骨文里，最常用的抽象词如十大天干"甲""乙""丙""丁""戊""己""庚""辛""壬""癸"十字，如十二地支"子""丑""寅""卯""辰""巳""午""未""申""酉""戌""亥"十二字，无一不是难造形义关系故用同音假借字。方位词东本橐字，南本乐器名，西本栖初文，北本背先造字，也无一不是难造形义关系的抽象词的同音假借字。甲骨文同音假借使用率占70%，在本质上作为一个假借阶段划出来是又辛先生书的最大特点,十分符合汉字发展史,令人信服,发人之所未发,也使人不能为此赞一辞。这是我第二个读后感。

一个音素相同的音节,可以变成四个不同的声调用来区别意义的词,如果如今人研究,声调是后起的,是不是化同音为异音的汉字构词法呢?这样变还不够,又有在甲骨文后几百年的荀子所谓"单足以喻则单,单不足以喻则兼"的汉字构词法;单指单音词,兼指复合词,而复合词也是走的避免同音词的发展道路。而最主要的还有,又利用同音字加上形符以区别同音词的构词法大量发展形声字。可称为意音文字名实更明白。它完成于汉代,占了汉字字数80%以上,在本质上大异于同音假借的汉字发展阶段,至今汉字也还属于这个阶段。这是又辛先生40年前就坚持的观点。我知又辛先生迟,愧!愧!这是我第三个读后感。

汉字、拼音文字各有优缺点,又辛先生做了全面分析。汉字是能表现历史社会意识有理性的文字,易认易记;拼音文字是决不能表现历史社会意识的无理性文字,只有死记硬背,我尤其欣赏这一分析。汉字虽然不一定发生在母系也必在最早的父系氏族社会,"但后世造字之观念,必根于前人思想"(柳诒徵《中国文化史》)。例如:

初——始也,从衣从刀,裁衣之始也。必非一般裁衣之始,而是指人类发展进步到知制衣服之始(相传始于黄帝)。

安——定居,指母系氏族女领袖率全集团人定居于某地,故从女从宀。

姓——一种族号,指不知父的母系氏族人群只能从母姓的事实,如姒姜姬等姓即其遗俗。

娶——甲骨文有"娶"字,男自女家取女为娶,是父系氏族社会意识形态。

農——古今从辰俱未变。"辰"同"蜃",指原始农业用蚌除草木耕地。后林变作"晨"上臼,小篆自晨加"囟"声作"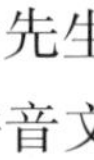"。

齲——在医学上甲骨文中出现"齲"病字,要比埃及出现"齲"病字早1300多年,比印度出现"齲"病字早1600多年,值得自豪。

自汉字考释历史,以汉字为不受古今历史限制的载体,在理论上又辛先生称汉字为超历史性文字,这个观点我佩服得五体投地,不禁情动于中,而发于言,幸教!幸教!这是我第四个读后感。

正字法一节上联甲骨文金文考释各章节,可以概括为汉字形义学。如果只讲约定俗成此则罢了，在学术研究上不能不重视汉字形义学啊！举个简单的例子：

穴——“室”之初文。上古穴居野处，及为宫室，亦犹像穴形—
“窒”（“室”之异文，鲁论语以室以窒，借为塞，以为窒碍字）

讹为“覀”—“覆”（土室，从穴复声，亦作复、作覆，后覆引申用为覆盖义）

宀——甲骨文金文作“”“”，与“穴”一字。“宫”（室也，甲骨文作“吕”，金文作“吕”或作“口”，本像室之围蔽。以疑于脊吕字，始加宀为宫）

变为入——甲骨文作“”，金文作“”“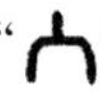”，并“宀”之异文，上古穴居野处，穿土为“”，人入居之，故即以为出入之入。—内（甲骨文金文作“”，从二人，即从二宀，穴中有穴，所以为内）

亦为六（甲骨文金文作“”“”，并皆入字，借为数名六字）

讹为勹—匋（作瓦器灶，从宀缶声，宀讹为勹，但匋在寶字中作声符仍从宀为窑）

广——若今庵形，三面有壁而缺其前蔽。用同宀勹～廫（亦作寥），庡（亦作廐、匓）

讹为尸—屋（屋庢室一字。屋从广之讹文“至”声开口变合口）
層（重屋也，从广之讹文“曾”声）屛（二痵）

以上这些汉字，不从事形义学的研究，怎能理解呢？学习正字法一节，我反复回翻先生旁征博引精心考释甲骨文、金文的各章节，似一永不知足之书痴！这是我第五个读后感。

不能尽，又在病中，暂搁笔。

赵克刚于重庆师范学院（今重庆师范大学）
1997年12月28日

附录1

关于汉字发展史的几个问题

刘又辛

我和方有国写的《汉字发展史纲要》(此书为中华基金资助项目)一书就要出版了。在研究和撰写过程中,有几个关键性的问题,需要从理论上加以探讨,因为体例所限,有些话不能在书中多说,于是决定写这篇文章。这里打算谈五个方面的问题:第一,“六书”和“三书”;第二,汉字的发展和划分阶段的依据;第三,秦代“书同文字”政策的实质;第四,比较文字学的研究方法;第五,研究汉字发展史的意义。

一、“六书”和“三书”

“六书”是研究汉字必须熟悉的问题,也是当代文字学必须弄清楚的一个根本问题。

班固在《汉书·艺文志》中首先列出“六书”的名称,许慎在《说文解字·叙》中才对指事、象形、形声、会意、转注、假借这“六书”做了简略的解释,并举出例证。从此“六书”就成为历代文字学家研究汉字构造的标准框架。有的人至今深信不疑,有的稍加修正,但至今尚无定论,成为汉字学中一个重大的疑难问题。

从比较文字学的观点看，许慎的“六书”说有可取的一面，也有不合理的一面。

在1800多年前，许慎对汉字的构造勾画出了“六书”的框架，这是个很了不起的成就。他对于象形字、假借字、形声字的解释，比欧洲学者要早一千六七百年。法国学者对埃及象形文字、假借字的研究，一直到19世纪才初见端倪；近代大语言学家布龙菲尔德，还把形声字和会意字混而为一，不知二者的区别。从这一方面看，许慎的“六书”说的确是了不起的成就。

但是，“六书”说有好些缺点。第一，同拼音文字比较，汉字的造字方法的确比较复杂，不像拼音文字只用几十个拼音字母单纯记录词语语音，只用一种方法。但是也不会竟用六种造字方法。第二，他把象形、指事、会意分列为三种造字法，其实这三类应合并为一类，这三类都是表形字。象形字“画成其物，随体诘诎”，是用写实的手法表形；指事字“视而可识，察而可见”，是用象征的手法表形；会意字“比类合谊，以见为㧑”，是用较繁复的象形法表形。这三类字实际上是一类。事物有具体抽象之分，因而手法也同中有异。具体之物如“人、马、竹、木、山、水”之类，可以直接描绘，就用写实法。“上”“下”“一”“二”“三”等，无法用写实法描绘，就用象征法。繁复的事物，如“武”字从止从戈，“止”像“趾”形，“戈”是武器，用以表示荷戈出征的意思，这就是“武”字的本义；“林”字、“森”字用两木（树木）、三木表示树林、森林，都是会意字。但是有很多字是“兼类”的，例如“亦”字古文字作“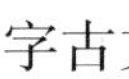”，像一人站立，两腋下各点一点表示腋的部位，只好说它是象形兼指事。“刃”字从刀，再加一点，也属于此类。这类字同会意字也难区分。“粪”字的古文写作“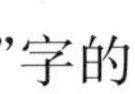”，像两手持箕，倒掉秽物形，可以说是个会意字；但用几个小点表示秽物，因而又有人说它是会意兼指事。许慎并没有在《说文解字》中一一注明某字属某“书”，在解说中有时也说得极含混。清代的王筠在《文字蒙求》一书中，曾用“六书”（转注、假借除外）对所收字一一加以分类，于是出现了许多新类。例如，象形字中有“以会意定象形者”“以会意定象形而别加一形者”“兼声意之象形”“似会意之象形”“全无形而以意声为形者”等小类；指事字中除“纯体指事”外，又有“以会意定指事者”“即意即事者”“兼意兼声兼形者”“省象形字以指事者”“形不可象变而为指事者”“借象形为指事者”“亦借象形为指事而兼意者”等小类。名目烦琐，令人发笑。其实这不完全是王筠的过错。归根到底，“六书”中的象形、指事、会意这“三书”本来就只是一类，这一类字是从远古的记事图画演变而成的，其共同点是用表形法（描绘事物的形状、形态、特点)记录词语。在造字方法上当归为一类,不必分成三“书”。这三“书”合而为一同形声、假借两“书”并列,才属于一个层次。假借字只用其音,不用其形,是表音字,形声字兼表形和音。汉字的造字法也只有这三类。

清代的文字学家已经发现了“六书”说的缺点。戴震首先提出“四体二用”说,认为造字法只有象形、指事、会意、形声这四类;假借和转注两者是用字法,不是造字法。这个说法影响很大,很多大文字学家都接受了他的观点。现在看起来,他把转注排除在造字法之外是正确的;但是把假借也加以排除,认为这不是造字法,则是很大的错误。其次,他没有提出象形、指事、会意这三书应该合并的问题。

近代文字学家第一个提出“三书”说的是唐兰先生,他打破了两千年来的“六书”传统,提出“象形”“象意”“形声”的三书说,可以说是汉字学领域内的一次大胆的革命性新说。他的破旧立新之功在学术界已有定论。但一种新学说往往带有某些缺陷。唐先生的“三书”说也有两个缺点:一是“象形”和“象意”这两类字难以区分,实质上是把“六书”中的象形、指事、会意合并为两类;这两类都是表形字,没有本质差异;第二是把假借字排除在外。在汉字中除掉表音的假借字,是个很大的缺失。假借字不但在古汉字中占有极重要的位置,在现代汉字中也还保留了两三百个。不承认假借字是汉字造字法的一种,就不可能对汉字的性质做出科学的说明,也不可能对汉字体系做出全面的分析。

经过几十年的学习、思考,我在1957年提出了汉字发展三阶段的“假说”(见《文字训诂论集·从汉字演变的历史看文字改革》一文,中华书局1993年版)。在这篇文章中,我提出了新的“三书”说,认为汉字的造字方法有三种:一是表形字。这是继承远古人类记事图画的方法造出的文字。一切古文字如埃及古文字、苏美尔文字以及云南纳西族的象形文字,都有大量与汉字手法相同的表形字。第二种是假借字。假借字就是借音字,用一个表形字表示一个同音词,只用其音,不用其形。这是文字脱离表形的束缚向表音文字发展的一个关键性变化。例如,甲骨文的“其”字本像“箕”形,本义当为簸箕,却借为“其雨”“其风”的虚词“其”,“西”字本像鸟栖巢中形,是“栖”(棲)字初文,但古代文献都借用为东西南北的西。这种文字,在古埃及文字、苏美尔文字中也大量存在。法国学者19世纪破译出埃及碑刻中的一些借音字,给这类字取了“rebus”(字谜、画谜)这么个怪名字,其实就是许慎说的假借字。第三种是形声字。这是兼用表形、表声方法造成的字。这种造字法在埃及古文字和纳西文字中都有,但是为数不多,只有汉字发展成以形声字为主体的文字体系。人类创造文字也只有这三种方式：或表形，或表音，或兼表形音。除此以外，还有少数既不表形也不表音的约定俗成的符号。例如数学上的+(加)、-(减)、×(乘)、÷(除)等符号，使用汉语的人读作加、减、乘、除，使用英语、俄语、日语的人，各有不同的读法。这类符号不是文字，只是约定俗成的书写符号。

用这“三书”来审查汉字，可以免除“六书”说中的兼类苦恼，又可用以说明汉字发展过程中这三类字的变化、主次问题。因为在书中举出例证很多，这里就不再举例了。

陈梦家先生在他的《殷虚卜辞综述》一书中，把甲骨文字也划分为象形、假借、形声三类，同我的“三书”说相同。陈先生从甲骨文字的发展中得出了这个结论，我是从比较文字学的角度得出了相同的结论。但是，我的看法又有同陈先生大不相同的地方。我的“三书”说同汉字发展三阶段的假说相联系；陈先生则认为，甲骨文字已经定型，三千年来的汉字没有本质的变化，这是二者的大不相同处。关于这个问题，我在《论假借》一文中说得比较清楚(《文字训话论集》，中华书局1993年版，第42–46页)，这里就不多说了。

“六书”中还有个转注的问题，是至今还纠缠不休的问题。其实许慎在解释转注时，也并不是把它当作造字法来对待的，他说“建类一首，同意相受，考老是也”，是说“考”和“老”两字的关系是“同意相受”。他在解“老”字的构造时，则说“从人、毛、匕，言须发变白也”，明明定其为会意字。在“考”字下说“从老省、丂声”，明其为形声字。可见“六书”中的转注，许慎也并没有说是造字法。段玉裁明确说明：“转注犹言互训也……数字辗转互相为训。”这个解释比较符合许慎的原意。关于这个问题，至今还有人讨论，如果把有关的论文搜集起来，可以编成厚厚的一部书，只用上面的两段话，当然不能令人心服，我准备另写一篇关于转注的专文，这里就不多说了。

我的“三书”说，排除了这个掺杂在造字法中而实际上并非造字法的转注，汉字造字法就显得非常简明而且容易理解了。

二、汉字的发展阶段问题

汉字，从甲骨文到现在已经有三四千年的历史。在这么长的时间里，汉字在字体上发生了几次大的变化，从甲骨文、金文变成小篆，又从小篆变为隶书、楷书。这种变化，古人早有认识。三国时张揖曾写过《古今字诂》，南北朝时江式著《古今文字》，都以解说小篆隶变过程中产生的异体字为主。

除了汉字字体的变化以外，古今汉字是否还有什么本质性的变化？遍读群书，只有清代的文字学家段玉裁曾谈到了这个问题。他在《说文解字注》“谊”字下说：

> 凡读经书者，不可不知古今字，古今无定时，周为古则汉为今，汉为古则晋为今，随时异用者谓之古今字，非如今人所言古文籀文为古字、小篆隶书为今字也。

段氏明确指出，所谓古今字不同，不是字体的不同，而是文字的不同。例如，《说文解字》：“谊，人所宜也。”段氏说：“谊、義古今字，周时作谊，汉时作義，皆今之仁義字也。其威儀字则周时作義，汉时作儀。”解说“谊”“義”“儀”三个字的时代变化，非常清楚。

段氏在书中解说了很多古今字的变化，使人们树立了古今文字发展变化的观点。这是个了不起的发现。可惜，他只是列举了古今文字变化的大量实例，却没有从这些资料中归纳出古今文字变化的规律。后来的学者虽然有人探讨文字孳乳变化的问题，但多半不是从文字的历史演变着眼，所以段氏的这一发现，迄今没有得到发展。

近代研究汉字演变的专著，当以容庚先生的《中国文字学形篇》(燕京大学国学研究所1931年版)为最早，影响也较大。这部书共分两章：第一章“叙说”，为绪论；第二章为“字体”，下分“造字之传说”“字体之种类”“古文”“小篆”“隶书”“正书”“草书”“行书”等八节。这种以字体演变为汉字发展框架的看法，对近几十年的文字史研究影响很大，这个框架也代表了一两千年来文字学论著的传统看法。

欧洲人到19世纪才对古文字的研究有所突破。1821年，向波良(Jenn Francois Champollion)利用罗塞塔石碑(Rosetta Stone)的铭文，译释出古埃及象形文字中的假借字(他名之为字谜、画谜“rebus”)。在这块石碑上，刻有并列的埃及圣书字和希腊文，用希腊字母文字同埃及古文字逐一对照，因而得知圣书字的意思。用同样的方法，其他学者还分别释读了巴比伦—亚述利亚语的铭文，利用希太特语的字典形式的词表铭砖，释读了希太特文。在释读古文字的基础上，20世纪形成了比较文字学的雏形。

欧洲的比较文字学研究，建立了人类文字从原始的象形文字发展成拼音文字的框架，功不可没。但是，直到现在，他们都没有对汉字的发展史做过认真的研究，甚至连古今汉字的区别也没有谈到。

沈兼士先生在20世纪20年代首先注意到汉字的历史发展，他提出了“文字画”这个有名的观点。他认为，在甲骨文、金文以前，有个文字画阶段，是原始记事图画向文字发展过渡期的初期。这个设想很了不起。我提出的汉字发展三阶段说的第一阶段，基本上采纳了沈先生的意见。

但是，沈先生关于汉字历史阶段的划分，只是把“六书”加以先后排列，没有加以认真地分析。

我的三阶段说，把第二阶段（从商代到秦始皇时期）的汉字叫作假借字阶段。这一阶段使用的假借字，占70%左右，表形字只占20%左右，形声字更少，只有10%左右。假借字就是表音字，因此，这一阶段的汉字可以叫作表音文字，或者叫作以表音文字为主的阶段。

秦汉文字的特点，是大量汉字演变成形声字。《说文解字》所收的形声字竟占80%以上，这是个本质性的变化，也是汉字与世界拼音文字分道扬镳形成特殊文字体系的根本区别。因此，我们把秦汉以后的文字划为第三阶段，这样古今汉字的区别就清楚了。根据三阶段的划分法，可以纠正国外文字学家把汉字看作象形文字、表意文字或表音文字等举棋不定但都不准确的观点。

将这个划分法同我国传统的以字体为标准的划分办法比较，可以明显地看出二者的优劣。字体的变化，是一切文字都有的，拼音文字只有几十个字母，也有大写、小写、正体、手写体等许多不同的字体，有些字体也与历史演变有关，但是都不能把字体当作划分文字发展阶段的标准。汉字字体的演变，确实与时代的关系很密切，但同样不能把它当作划分历史阶段的标准，更不能把它当成唯一的或主要的标准。

三、关于秦始皇“书同文字”政策的实质

从中国历史上看，秦始皇灭六国，建立了第一个封建大帝国，对后来两千多年的历史格局产生了巨大的影响。从中国文字发展史的角度看，当时的“书同文字”政策，也为两千多年来的汉字体系建立了基础。有些人对于秦代“书同文字”的实质弄不清楚，认为秦始皇统一天下，骄横自专，硬将六国文字废除，只准用秦国自造的文字；秦亡后，这个政策也就中止了。这类看法如不清除，就不能正

确理解汉字发展史，不能理解我们为什么把秦代当作汉字发展第二阶段和第三阶段的界限。

关于这一段历史，《史记·秦始皇本纪》《李斯列传》《六国年表》都有记载，但对“书同文字”的内容却都没有说。说得较详细的是许慎。许慎的《说文解字·叙》中说，周代原来的文字本是统一的，到战国时代，“诸侯力政，不统于王，恶礼乐之害己，而皆去其典籍，分为七国。田畴异亩，车涂异轨，律令异法，衣冠异制，言语异声，文字异形，秦始皇帝初兼天下，丞相李斯乃奏同之，罢其不与秦文合者。斯作《仓颉篇》，中车府令赵高作《爰历篇》，太史令胡毋敬作《博学篇》，皆取史籀大篆，或颇省改，所谓小篆者也，是时……初有隶书，以趣约易，而古文由此绝矣”。这一段话是理解秦代书同文字政策的最重要的材料。

战国时期，七国“不统于王”，即脱离周王朝的统治，各自向独立的方向发展，语言文字也有“言语异声，文字异形”的独立发展趋势。秦始皇统一六国后，因“文字异形”不便于统治，便以秦国通行的文字为规范，废除六国文字中与秦文字不合的异体字，这就是“书同文字”的具体内容。

为什么把秦文字当作“书同文字”的规范呢？这还得从秦民族的历史和文化继承关系谈起。据《史记·秦本纪》记载，秦人的祖先大概属于西戎的一支，同周民族的关系较密切。秦人本是西北方的游牧民族，历来以善养马、驾车马著名，后来逐渐与周民族融合，接受了周民族的文化。周平王东迁后，秦人据有了周民族在西北的土地并继承了周民族的全部文化，也包括周民族的文字。

李斯等人编写的字书《仓颉篇》等，许慎说是“皆取史籀大篆，或颇省改”。史籀就是周宣王时的《史籀篇》，是中国第一部字典。这部字典是根据西周时王室使用的文字编纂的。西周还处在奴隶制社会，那时只有王室的史官（家内奴隶的一种，相当于现在某些少数民族的巫师）能使用文字，这些人世代相传，各地小奴隶主的史官也是从王室派下来的。所以很少有文字异形的情况。但到东周以后，奴隶制解体，形成“诸侯力政，不统于王”的局面。文字的创造使用权也从史官扩大到新兴的“士”这个阶层，自然很容易形成文字异形的情况。于是六国文字逐渐同西周《史籀篇》的文字不相同了。

但秦国文字却“皆取史籀”，同传统的《史籀篇》文字基本一致，只是“或颇省改”而已。“或”是少数字，少数字或有所省简，或有所改变。许慎时《史籀篇》和李斯等人的三部字书都还在，用以比较，得出二者基本相同的结论。许慎的话是可靠的。

中国的字典有个传统，后出的字典总是把前代的字典中收的字几乎全部收进去，然后加以增补。李斯等三人编的三部字书，几乎把《史籀篇》的字全部收录（只是“或颇省改”）。许慎的《说文解字》也依照这个原则，把《仓颉》《爰历》《博学》三部字书的字全予收录，又加进汉代出现的大量新字。现在我们已经看不到周代和秦代的字书了，但这些字典所收的字却基本上都保存在《说文解字》中；而《说文解字》中的字，又被后来的字书保存下来。从《说文解字》的收字以及许慎的话可以看出，秦国文字基本上保存了西周文字的传统，只是字体上稍有变化。所以秦始皇时的“书同文字”政策，不过是以西周以来的传统写法为规范，并不是凭借其权势硬把一套秦国新造的文字强加给统一后的全国人。也正因为这一点，秦代虽然很快就灭亡了，但是李斯等人所推行的文字政策却并未失败，汉代及以后的文字，都是在李斯等人的文字政策下向前发展的。

再看看，所谓六国文字异形，究竟差异在哪里。

据考察，我们得出两点结论。第一，并不是六国所有的文字都与秦文字不同，不同的只是一小部分。第二，所谓“异形”，多半是异体字的不同。比如，“春、夏、秋、冬”四个字，楚国文字多写作“萅、頣、昹、耆”，四个字都是以“日”为形符的形声字或表形字（见《楚帛书》）。中山国文字的“燕”作“郾”，“上”作“尚”，“從”作“从止”，“反”作“彶”，“將”作“牆”等（见《中山王礨方壶》）。这类异形字不少，都是异体字，一部分是因假借字不同而形成的通用字。汉字在三四千年的发展过程中，都在不断地产生异体字，历代政府也不断地加以干预规范，至今未止。李斯等人的“书同文字”政策，可以看作中国历史上第一次异体字整理和规范工作。

除异体字外，秦文字还有一个特点，就是形声字的增多。从战国时期各国的文字看，形声字增加是一种普遍现象。但比较起来，秦文字的这一趋势更为明显。例如，六国文字“謂”字都用假借字“胃”，秦国的《石鼓文》已用形声字“謂”。六国文字“诸”“論”用“者”“侖”，秦国的《睡虎地秦简》已用“诸”“論”，这种向形声字发展的趋势，是汉字从表音文字（假借）向形声文字演变的重要标志，所以李斯的文字政策又是符合汉字自身发展规律的。以后历代的文字改革，凡是符合这个规律的，就容易成功，否则就会失败。例如，南北朝时期出现了许多新造的会意字，武则天做皇帝时也硬造了许多新字，但都因为不符合汉字发展的规律而被淘汰了。这正反两方面的经验教训，很可以说明秦代文字改革的实质。

四、比较文字学的研究方法

用历史比较法研究社会文化，是19世纪以来的主要学术思潮。摩尔根的《古代社会》（又名《人类从蒙昧经过野蛮至文明之发展道路研究》*Researches in the Lines of Human Progress from Savagery through Barbarism to Civilization*），于1878年出版。恩格斯根据马克思读此书的笔记，写成《家族、私有财产及国家的起源》，于1884年出版。后者成为历史唯物史观的经典著作。自此以后，研究社会、政治、文化等方面的学者，几乎都采用了这种历史比较法。

用历史比较法研究语言，也是在这种风气下形成的。欧洲语言学家博普、格林等人用这种方法对印欧语系做了深入研究，拟测出印欧语诸语言发展变化的谱系。这个学派形成了19世纪到20世纪语言研究的主流。

用历史比较法研究汉语，是从高本汉、罗常培、赵元任、李方桂几位先生开始的。他们应用这种方法调查汉语方音，以音韵的变化规律为主，拟测上古、中古音系。他们的研究，使汉语音韵学的研究跃入一个新阶段。

用历史比较法研究文字，成效不像语言研究那样显著。我想，这有两个原因。第一，世界上仍在使用的文字，绝大多数都是字母文字。上古时期曾经使用过的古文字，如埃及象形文字、苏美尔文字以及墨西哥发现的古文字全都成了“死文字”，只有汉字是例外，但是，国外的语言文字学家都对汉字的历史所知甚少，而国内的文字学家又对历史比较法不甚熟悉。第二，用历史比较法研究文字发展史，同研究语言、语法、音韵很不相同。这两个原因，使汉字历史研究领域至今还处于摸索的阶段。

我们在研究汉字发展史时，首先考虑到用纳西文字同汉字做比较研究，用埃及象形文字做参考。因为除汉字外，纳西象形文字是现在仍在应用的古老文字。这种文字虽然只有一千多年的历史，但就文字的性质来说，却同商周的古汉字属于同一个发展阶段，比商周文字更具原始性。经过比较，我们发现这两种文字有许多共同点，也有明显的差异。

纳西象形文字的基础是表形字，这同甲骨文金文的情况基本相同，凡是有形可象的具体事物，如自然界的山水草木，人身的手足五官，动物中的鸟兽虫鱼，都有相应的象形字，较复杂的事物则用会意、指事等手法，只是许多象形字更接近图画，更接近实物的形状，而甲骨文、金文则明显地简化了。

两种文字都有大量假借字，纳西象形文字的假借字更多，几乎每一个表形字都有两种或两种以上的用法，一种用法同字形相合，另一两种用法是假借。

甲骨文中的假借字也很多，也有一个字借用为两三个同音字的情况，但是不像纳西文字那么多，许多表形字并不兼做假借字。

两者都有一些形声字，但甲骨文、金文中的形声字已形成兼表音、形的特点，而纳西文字中的这类字，形和声的结合不够紧密，同汉字的形声字还不完全相同(详见《纳西文字、汉字的形声字比较》，中央民族学院学报1993年第1期)。甲骨文、金文中的形声字虽然不多(估计只占百分之二十几)，但这种新出现的结构已经显示出很强的生命力。到春秋战国时期，形声字发展很快，估计已达到40%左右。

由于这两种文字的共同点，我们把这两种文字划为同一个发展阶段——以表形文字为基础以假借字为主体的初级表音文字阶段。以此类推，所谓埃及象形文字，其实也同纳西文字相类，也属于这个阶段。因而进一步得出结论：世界上一切古文字的发展，都曾经历过以假借字为主的阶段，这是所有文字发展的共同道路。为什么不同民族不同时代的文字竟会按照同一规律发展？这是在人类文化研究中经常遇到的问题，都可以用历史唯物主义的分析予以解答。文字是记录语言的书写符号。这种符号从最原始的表形法发展成为以记音为主的假借法，这是文字的一次大发展。不管哪一种文字，如果没有经过这个发展，就不能创造出成熟的或较成熟的文字，而只能停留在记事图画阶段。

根据两种文字的差异，我们又拟测出商代以前的文字面貌。甲骨文是今天所能看到的中国最早的文字(有些学者认为，仰韶文化陶器上的几十个符号是夏代的文字，这种看法不可靠)，但甲骨文已是比较成熟的文字。根据历史记载，夏代肯定已有了文字，这种文字应以表形字为主体，假借字很少。纳西族东巴教的经文，常常只用表形字(或加上少数假借字)记录一段话中的主要词语，只有熟悉经文的经师(巫祝)才能把全部语句一一念诵出来。我们认为，汉字的前身——夏代文字，可能同纳西文字的这类情况相同，这种构拟法是比较文字学方法的一个方面。

人类文字经过假借字阶段以后，分别向两个方向发展。大多数文字从初期表音阶段(假借字阶段)继续向表音的高级阶段发展，成为表音节的音节文字(如日本的片假名音节文字)和表音素的拼音文字。这类文字用几十个字母记录各自语言的语音。纳西文字也向这一方向发展，因而创造了一套表音文字，叫作哥巴字。不过用这种文字写的经文很少。

与此相异，汉字却向形声字方向发展。到秦汉以后，这种文字体系完全成熟，成为一种既表形又表音的独特文字体系。

过去国外的语言文字学家，以欧洲文字为标准，认为拼音文字是最进步的文字，认为汉字是同埃及古文字、苏美尔文字等属于同一发展阶段的原始文字，他们不知道汉字有古今的明显区别。因此，他们描绘的世界古今文字发展图表，不能反映汉字的发展道路，也不能正确表示人类文字发展的全貌。我们研究的结果，纠正了这类偏见，勾画出新的文字发展蓝图，从而使人们可以从宏观上理解汉字在世界文字发展历史中的地位。人类文字从初期表音文字（假借字）向前发展，不仅可以发展为拼音文字，还可以发展成兼表形音的形声文字。至于向哪个方向发展，由内因和外因两方面的因素来决定。汉字之所以走向形声字方向，内因是汉语是以单音节词为基础的语言，同音词特别多，用单纯的表音文字，不易区分意义，采用兼表形音的方法可以解决这个矛盾；外因则是中国从夏商开始，已经倾向于建立以中原地区为中心的统一政治实体，秦始皇建立了第一个统一的封建帝国以后，这种统一局面更为明显，在如此幅员广大、方言有分歧的大国，必须采用以形声字为主的文字，才能充任全国人的书面交际工具，这是历史的选择。所以，汉字体系绝不是落后的原始文字。

文字学的历史比较法同语言的历史比较法有很大的区别。文字是人类创造的文化中的一种，不同地区、不同民族的文化，往往有惊人的相似之处，许多文化的发展，也常常按照相同的规律前进。文字也是这样。有些欧洲学者认为甲骨文是从埃及传到中国来的，这是误会，他们不懂得文字创造中不谋而合的特点。纳西象形文字虽产生在中国，纳西族虽然也是华夏族的一个分支（纳西族原是羌族的一支），但纳西象形文字同甲骨文并没有任何继承关系。这是运用历史比较法时必须注意的问题。

用历史比较法研究文字，还有许多工作要做。马学良先生在为本书写的序言中说：

> 我国比较文字学起步较晚……汉字比较应收集国内外汉字型文字比较，仅国内少数民族汉字型文字就有30种。我们有如此丰富的文字遗产，正是文字比较的珍贵资料。当然，文字比较跟语言历史比较不一样，首先要有正确的文字比较的方法论。作者在本书中对甲骨文与纳西文字的比较研究，已做出古汉字与其他文字比较的示范。

我希望对此感兴趣的同好，在这方面多做些比较研究，把这项研究推向一个新阶段。

五、研究汉字发展史的意义

最后谈谈研究汉字发展史的意义。

第一,可以使人们对汉字有个正确的看法。

从清末开始,国内有些改革家、教育家就提出过改造汉字的方案,五四运动时更有废除汉字的主张,国外语言学家的汉字落后观点对国内学者的影响也很大,因而在语言学界形成了一系列对汉字的错误观点,如认为汉字难学难记、落后等等,这些观点同汉字在历史上的地位和国际地位极不协调。汉字已经使用了三四千年,是中华民族五千年文明史的主要文化载体,用汉字写下的典籍,其数量之大、内容之丰富,举世无双。在当前,汉字是中华儿女的主要交际工具,使用人数之多远远超过其他文字。目前,我们国家的国际地位日益提高,世界各国学习汉语汉字的人日益增多,中国正处在国运中兴的时代。在这样的形势下,过去那些对汉字的不公正的评价和错误观点,应该加以纠正了。

我们在本书中提出的世界文字发展历史新框架,把汉字发展的形声文字阶段,同表音文字的字母文字阶段列为并行的两条发展道路,这样便纠正了汉字落后的谬论。可以理直气壮地说,现代汉字是中国人民两三千年来创造的一种具有中国特色的文字,是一种伟大的创造。我希望,在有关教材中要把这一点写进去。中华民族的传统道德之一就是爱国,爱我们的优秀文化,汉字应该包括在内。

第二,有助于汉字教学。

汉字教学历来是个尚待解决的难题。小孩子从小学开始就学认字、写字。一向流行的方法是从学习笔画的顺序开始,先写哪一画,再写哪一画,每一个字都是无理性的符号。“人”字先写一撇,再写一捺;“山”字先写中间一竖,再写“凵”至于“人”和“山”为什么要这么写,不必去管。这样教汉字,当然难学、难记。从符号学的角度看,符号有两类,一类是无理性的符号,一类是有理性的符号。数学中的加(+)、减(-)、乘(×)、除(÷)等符号是无理性符号,符号与它所表示的事物没有必然的联系,只是硬性规定、约定俗成,这叫作无理性符号。马路转弯的牌子上画个弯道形,再画个喇叭,告诉汽车司机要注意,要按喇叭。装毒药的瓶子上画个打“×”的骷髅,表示这是毒药,小心中毒。这些符号,人人看了就懂,这是有理性的符号。

文字也有这样的两类。一切拼音文字都是无理性文字。汉字中的绝大部分是有理性的文字。例如,英语“男人”一词写作“man”,用三个字母记下这个词的音。这三个字母和“男人”没有实质性的联系。汉字的“男”字从田从力，表示一个人用力（古文字“力”即“耒”字，像掘土农具耒形）在田中劳动，是有理性的文字。学习前者必须用死记硬背的办法，学习后者则有形象可据，要容易得多。

现代汉字字库中包括三类字：第一类是表形字（包括“六书”中的象形、指事、会意这三类字），第二类是形声字，这两类字都是有理性的文字。第三类是假借字，这类字是无理性的文字，学习时要用死记硬背的办法。例如，“者”（学者），“也”（你去，我也去），“其”（其他）、“岂”（岂有此理）等，这类字原来多是有理性的表形字，但用为假借字后，丢掉了原来的字义，只当作记音的符号，就变成无理性的字了。

清代的王筠写过一部《文字蒙求》，用“六书”的分类讲解汉字的构造，用以教学童识字。他的用意是好的，但由于“六书”说的缺点，搞得分类（兼类）极复杂，因而失败了。根据我们的三类划分法，基本上可以把汉字划为三类，大部分汉字都可以用理性分析法进行教学。如果这个设想实现了，那么，传统的汉字教学法将会彻底改变，汉字难学、难记的错误观念也将一扫而光。

当然，要做到这一点，还有许多工作要做。例如，要编写一两部适合中小学语文教师用的汉字教学字典；必要时，要对教师进行短期培训；要编写新的文字学教材。

第三，可以总结历代的文字整理经验和教训，当作今后文字改革的参考。

从汉字发展的历史可以看出，汉字的发展受到内因和外因的制约，形成了自身特有的发展规律，规律的主要内容是从初期表音文字（以假借字为主）向兼表形音的文字（以形声字为主）发展，这是个总趋势。

历代的政府和文字使用者经常有意或无意地对文字进行改革或创造，这些改革有成功的，也有失败的。凡是符合汉字发展规律的，都是成功的；反之，则是失败的。秦始皇的“书同文字”政策是成功的；南北朝时和武则天时创造新会意字的做法是失败的。从汉代开始用“正字”以区别异体字中俗字、通用字的做法，基本上符合汉字发展的规律，是行之有效的。

当前的汉字，也有一些尽人皆知的“文字异形”现象，例如，国内和新加坡、马来西亚等华人社区使用简化字，台、港、澳及一些国外华人使用繁体字，将来必会有一天要趋向于“书同文字”。这个问题不可能立即解决。简化字已经在国内实行了几十年，不能轻易变动，但也不能立即要求台湾和海外华人废繁用简，只能等待将来再解决。目前可以进行学术讨论，有关的理论问题和具体问题研究清楚了，将来改革时可以少些失误。

在国内，关于繁简字的使用也并不一致。书法家完全用简化字确实有困难。用楷书或隶书写“书”字、“尧”字，怎么下笔？就是著书也有困难。就拿我写的这本书来说，本来是用的简化字，但引用古书，讲文字的字形结构，有时又不能不用繁体，取舍之间简直伤透了脑筋。这类问题，也不是靠政府一个命令或一个条文所能解决的。

汉字体系也像其他文字一样，还处在不断变化中。比较起来，汉字的变化也许会更大些。因为语音的变化，许多形声字的声符已经失去了表音功能，有些字的笔画还需要合理的简化，用新形声字取代旧字的情况会继续出现。唐兰先生曾设计过一个大胆的方案，把所有的形声字声符都改用注音符号。这等于废除所有的汉字，重新创造一种新的形音文字。这个设想好像很好，实际上做不到。因为汉字有悠久的历史，中国人民对于汉字有不可估量的深厚的民族感情，任何想要废除或变相废除汉字体系的设想都是行不通的。为了弥补汉字表音的不足，似乎只能加强拼音方案的辅助作用。

以上五个方面的问题，有的是语言文字学界争论未决的问题，有的是尚待讨论的问题。我们在《汉字发展史纲要》一书即将出版的时候，特别把这些问题提出来向专家同行和关心这些问题的朋友请教。

原载《语文建设》1998年第11—12期

附录2

国家社会科学规划项目成果要报

第6期(总第141期)

全国哲学社会科学规划办公室　1999年3月6日

西南师范大学刘又辛教授承担的国家社会科学规划项目,其最终成果是专著《汉字发展史纲要》(未出版),该著作提出了一些值得关注的新见解。

一、汉字发展史的三阶段

在汉字发展史中,有不同的发展阶段。传统的分期是以汉字字体变化为标准,即以大篆、小篆、隶书、楷书为标准划分为四个阶段。这项成果提出,字体变化不是汉字发展中的本质变化,不能说明汉字的历史发展规律,而应从汉字构造方法的变化来说明汉字的本质变化。这项成果在这个认识的基础上,进一步提出汉字发展三阶段的理论。即:第一阶段是图画文字阶段。商代以前的文字应该属于这个阶段。第二阶段是以表形文字为基础,以表音文字为主体的表音文字阶段。从甲骨文到秦代的文字都属于这个阶段。第三阶段是以形声字为主体,还保留了一些表形字和表音字的形音文字阶段。从秦汉时期的文字到现代汉字都属于这个阶段。

二、汉字的优缺点

现在世界上比较通行的文字有两种：一是用几十个字母记录词语语音的表音文字；二是兼表音和表形的汉字。这两类文字体系，都各有优点和缺点，不能说哪种文字绝对好，哪种文字绝对不好。欧洲的一些学者认为，表音字是最进步的文字，汉字则是一种落后文字。这种偏见被国内的一些学者所接受，他们在书刊上谈到汉字时，很少说到汉字的优点，这是片面的。

1.汉字的优点。汉字的最大优点，是它的超方言性。中国是地域广阔、方言复杂的国家。在古代不可能做到语言规范化，就是现在推广普通话，也还不能在短期内完成。但是汉字却是全国通行的书面语言交际工具。语言不同，以笔代口写出字来，却完全一样。如果是文字拼音化，就会出现广东文、闽南文、上海文、北京文等，妨碍人们语言交流。汉字的另一优点，是它的有理性。文字是一种符号体系，它可分为有理性文字和无理性文字两大类。所谓无理性，是指纯表音文字，如假借字、音节文字、字母文字等，这种文字纯系一种符号，与要表达的事物没有直接联系。所谓有理性文字如汉字，它除了表示词的读音，还是事物形类的标志。如“水”字，是从象形文字水流的形状演变而来的。它有表形和表音两个作用。再如“汪”“洋”两字，用“水”表示类属，用“王”“羊”表示读音，叫作形声字，是汉字的主体，这种形音兼顾的特点，便于识别和记忆。

2.汉字在表音方面的缺点。汉字表形字中，有一小部分长期被当作假借字使用，这是汉字中的表音字。由于它的数目不大，多为常用字，可以不谈。在这里，只讲形声字的表音功能。形声字的声符大都是可以单独使用的表形字，用以当作表音的声符，不如字母表音准确。汉字在表音功能方面有不少缺点，而主要是以下三点：(1)形声字的声符不能区分声调的差异，同一个声符往往表示不同的调类。如“胡”字是阳平字，但“糊涂”的“糊”读阳平，“糊弄”的“糊”读去声；(2)形声字的声符，往往因语音的变易，而丧失或减弱了表音功能。如“尚”读 shàng，但以“尚”为声符的“倘”“躺”读 tǎng、“党”读 dǎng，“徜”“常”读 cháng，“敞”读 chǎng；(3)汉字的一字多读的重音现象。如“参”字，“参加”“参观”等词中读 cān，“人参”中读 shēn，“参差不齐”中读 cēn，共有三个读音。

三、汉字的简化问题

汉字是从图画文字演变发展而来的。若画成其物,笔画就多。从汉字发展史来看,简省笔画一直是汉字演变的明显倾向。1956年公布汉字简化方案,1964年又扩大了简化字的范围和字数,这是两千多年来第一次大规模的汉字改革。四十几年的实践证明,简化字在普及教育和书写等方面发挥了很大作用。从另一方面看,简化字也并非全无可议之处。如"邓""欢""难""树""戏""对"等字,其部件"又",代替了"登"等声韵不同的声符,有些草书楷化的写法同楷书的结构不合,有些同音代替字也有可斟酌处。但文字的规范一经确定,就不能朝令夕改,也不能各行其是、放任自流。汉字是中国优秀文化的载体,又是中国文化的一个方面。对于汉字也要像对待中国传统文化一样:一是要继承传统而不能割断传统;二是要改革,按照汉字本身的发展规律,使之成为更好的交际工具。随着中国国际地位的提高,经济的发展,学习汉语汉字的人越来越多。在各国教汉语的教师中,有的来自台湾,有的来自大陆,在教汉字时自然就出现繁简两套教法。对这两套教法是否统一,或如何统一,有待海峡两岸及海外有关人士和专家聚集一堂,共同讨论解决。

四、汉字不能走拼音文字发展的方向

1958年国家公布了汉语拼音方案。它的作用是作为推广普通话的工具,以及给汉字注音。目前拼音方案的应用范围还有扩大的可能。如小学生在作文时,遇到不会写的汉字,可以用拼音写这个词,书刊中的难字僻字可以加上拼音,在应用外国的人名、地名时,有人主张用拼音方案拼译等。可以预测,这套方案将会同汉字一样长期生存下去。但曾有人认为,人类语言的书面符号都应走向拼音文字的道路,不符合这个标准的文字一概视为落后文字。这是毫无科学根据的偏见。汉字是中华民族创造的优秀文化之一,它不但是中国几千年来的文化载体,而且在现在,仍然是全世界中华儿女共同的交际工具。现在越来越多的国外有识之士都认识到汉字的优越性,这个文字体系不可能也没有必要重新走拼音文字的道路。

五、汉字教学问题

按照汉字的造字方法教学汉字，这个原则是对的。但是陈腐的“六书”说（六种造字方法）必须改革。这项成果根据比较文字学的研究，并在唐兰先生“三书”论的基础上，提出了表形、借音、形声这个“新三书”说。它包括了“六书”中的合理部分，淘汰了“转注”。表形字包括“六书”中的象形、指事、会意这三书；借音字就是假借。改称借音字或表音字，是因为有些人认为假借中还有一种借形字，无中生有，徒乱人意。在唐兰先生的“三书”中，把假借字排除在外，把用表形法造的字勉强分为象形和象意两类，都不妥当。“新三书”中，既吸取了前辈的研究成果，也纠正了前辈的不足之处。掌握“新三书”的划分标准，对于汉字教学可以发挥很大的作用。